CSSCI 来源集刊
AMI 核心集刊
武汉大学哲学学院◎编

哲學評論

哲学评论

Wuda Philosophical Review

第31辑

岳麓書社·长沙

《哲学评论》编委会

编 辑 部

目　录

形而上学与知识论

当代本体论的“鸟瞰景观”与“天穹景观”

陈常燊*

摘要：本体论依赖关注世界的层级结构。以谢弗尔、法因等“山地景观论者”或奠基理论家为代表，当代主流的形而上学基础主义者，假定了本体论依赖的方向性、层级性、基础性、偶然性和一致性等特征。然而，批评者们从不同角度质疑了这些特征。特别是，如果我们将基础主义的方向性从“下降性观点”替换为“上升性观点”，将“山地景观”中预设的“鸟瞰景观”替换为“天穹景观”，世界的层级结构将会是另一番模样。“鸟瞰景观”涉及层级性、基础性、偶然性和一致性等论题，相应形成了基础主义、细分无限论、下降融贯论、理性主义、副基础主义等形而上学立场；“天穹景观”则涉及层级性、拱顶性、偶然性和一致性等论题，相应形成了偶然一元论、堆垒无限论、上升融贯论与必然一元论等形而上学立场。考察这两种本体论景观在论题和立场上的异同，追问二者在形而上学上是否等价，具有重要哲学意义。

关键词：本体论依赖；下降性观点；上升性观点；鸟瞰景观；天穹景观

* 作者简介：陈常燊，山西大学哲学社会学学院教授、博士生导师，主要研究方向为分析的形而上学和维特根斯坦哲学。电子邮箱：ccs314@ sxu. edu. cn。

一、世界结构与本体论依赖

当代形而上学中的“山地景观论者”（mountaineers）主张，世界在本体论上具有层级结构（hierarchical structure）特征。譬如，作为当前的一个热点话题，谢弗尔（Jonathan Schaffer）、法因（Kit Fine）等“奠基”（grounding）理论家们认为，世界上的某些事物是最基础的，或者至少比其他事物更为基础，后者在本体论上依赖于前者，反过来，前者奠基了后者。[1] 奠基关系被认为具有非自返、非对称、可传递和非单调等逻辑特征。[2] 而本体论的当前任务，就是为这个层级结构提供形而上学解释。[3]

这种层级结构的世界观可谓古已有之。据罗素（Bertrand Russell）描述，某个印度思想家相信地球建立在一头大象之上。当被问及大象栖息在什么上面时，他回答说它栖息在乌龟身上。当被问到乌龟躺在什么上面时，他说：“我厌倦了。我们换个话题吧。”[4] 而如果我们的世界真的被构造成依赖的链条，那么一个重要的问题就是，这个链条是否终止于某处或某物。换言之，假定支撑世界的巨龟一路向下，问题就成为，究竟是每只巨龟下面总有另一只巨龟，还是有一只最后的、底部的巨龟支撑着所有其他的巨龟？

上述“世界—大象—巨龟”的神话图景，显然并不符合现代的科学世

---

[1] Jonathan Schaffer, “On What Grounds What,” in *Metametaphysics*. eds. D. Chalmers, D. Manley and R. Wasserman (Oxford: Oxford University Press, 2009), pp. 347—383. Kit Fine, “Guide to Ground,” in *Metaphysical Grounding: Understanding the Structure of Reality*. eds. F. Correia and B. Schnieder (Cambridge: Cambridge University Press, 2012), pp. 37—80.

[2] R. Bliss and G. Priest (eds.), *Reality and Its Structure: Essays in Fundamentality* (New York: Oxford University Press, 2018), p. 2.

[3] Kristie Miller, “Is our world structured?” in *What is this thing called Philosophy. ed.* Duncan Pritchard (London: Routledge, 2015), pp. 223—235.

[4] Bertrand Russell, “Is There a God?” (1952), in *The Collected Papers of Bertrand Russell, Volume 11: Last Philosophical Testament 1943–68*, eds. John G. Slater and Peter Köllner (London: Routledge, 1997), p. 544.

界观，但它仍以一种独特的隐喻方式为我们带来了一个深刻启发：世界在本体论上是有结构的。哲学家们称这种结构为“本体论的依赖链条”（ontological dependent chains）：世界依赖于四头大象，它们又依赖于一只巨龟，这只巨龟又依赖于另一只巨龟。这里的问题在于，这个本体论依赖链条是否终止于某处或某物呢？这使得哲学家们意识到，我们需要在“形而上学的工具箱”中引入新的概念工具来理解世界的结构，因为我们的世界是由依赖链构成的。其中的一个关键概念是，一个实体的存在依赖于另一个实体，它不仅仅是因果意义上的，而是更深层级的本体论意义上的。

鉴于此，笔者认为有必要区分三种类型的“奠基”：首先是“垂直性奠基”（vertical grounding），奠基是针对某些事实或真理的独特的形而上学解释，它区别于因果解释之处在于，因果概念着眼于事物在水平层级上的联系，而奠基着眼于事物在垂直层级上的联系，因此奠基解释的任务不再是在平面上开疆拓土，而是要向下挖掘到终极的基础性（fundamentality）层级。法因把这种奠基看作是一种“地鼠”（groundhog）：这种动物原本指一种生活在构造复杂的洞穴中，主要以地基为食的生物，在此被视为关于基础性层级的隐喻。[1] 其次是“本质性奠基”（essential grounding），奠基是由实体的本质或真实性质所产生的实体之间的依赖关系：x 依赖于 y，假使 y 作为 x 本质或实质性定义中的一个组成部分出现，我们称之为“本体论依赖”（ontological dependence）。例如，法因的《本质与模态》一文中，颠覆了以必然性解释本质性的传统观点，转而主张以本质性解释必然性——在这里，必然性的模态概念在本体论上依赖于本质性概念，而非相反。[2] 最后是“构成性奠基”（constituted grounding），奠基是实体之间构成或构造的关系：x 依赖于 y，假使 x 是由 y 构成的，或者 y 是构成 x 的一个基本元素。比如，一座房子依赖于它的砖块，一个有机体依赖于它的

---

[1] Kit Fine, “The Essential Glossary of Ground,” in *The Routledge Handbook of Metaphysical Grounding*. ed. Michael J. Raven (New York: Routledge, 2020), p. 521.

[2] Kit Fine, “Essence and Modality: The Second Philosophical Perspectives Lecture,” *Philosophical Perspectives*, no. 8 (1994): 1—16.

细胞。

当代本体论的“山地景观”最为倚重“垂直性奠基”。当一个事实或事物从形而上学的角度解释另一个事实或事物时，前者通常被认为比后者更基础。但在笔者看来，问题在于，这里的“奠基”和“基础性”概念对于我们理解本体论依赖关系，都可能产生误导。主流形而上学的奠基概念是下降性的，当我们说 x 奠基了 y 时，意指 x 比 y 更基础。然而，这种下降性观点导致我们对本体论依赖产生了片面的理解。当我们说世界并不能在一个水平层面上理解，而应该在垂直层级上理解时，我们并没有假定这里的垂直关系只是“垂直向下”关系，而不是“垂直向上”关系。这里的确假定了我们的本体论依赖关系是垂直的或层级性的，因此区别于平原景观的形而上学，以及像因果关系那样的水平关系。此外，这里还假定了本体论依赖关系是有方向的，这意味着奠基关系不能是对称的。然而，这里并没有假定本体论依赖的方向性（即依赖之箭）只是向下的，那就是那些处于实在上层的事物依赖于下层的事物。如果存在原始实体，那么所有其他事物都依赖于它，因为它处于实在的最底层。

对此，笔者的看法是，不管哲学家们如何理解这里的“奠基”“基础性”和“原始物”（primitives）概念，这里的“本体论依赖之箭”，都可以朝着反方向进行，因此形成了一种有别于下降性观点（即“鸟瞰景观”）的上升性观点，即“天穹景观”。笔者倾向于在下述两个观点之间，“山地景观”应当保持中立：

（1）下降性观点（the descent view），即“鸟瞰景观”，主张实在的依赖箭头是逐层下降的，上层依赖下层，依次类推；

（2）上升性观点（the ascend view），即“天穹景观”，主张实在的依赖箭头是逐层上升的，下层依赖上层，依次类推。

通观哲学史，在实在的层级结构中，原子论者主张部分奠基了整体，一元论主张作为整体的宇宙奠基了其所有部分，因此奠基的方法应该中立于下降性观点（即鸟瞰景观）与上升性观点（即天穹景观）。这样我们就能将“鸟瞰景观”和“天穹景观”视为“山地景观”的两种形态，前者的本体论依赖箭头向下，后者箭头向上。后者的灵感来自古希腊哲学家巴门尼德的“存在是一”的本体论，近代斯宾诺莎（Baruch Spinoza）的实体一元论，以及当代谢弗尔的宇宙一元论。但本文讨论问题的基本框架并非来自他们，而是来自关于本体论依赖的一个主流观点，即作为下降性观点的“鸟瞰景观”。本文的写作初衷基于下述考虑：一方面，关于“鸟瞰景观”内部的诸多论题以及由此而形成的诸多形而上学立场之间的关系，并没有获得令人满意的厘清；另一方面，关于“天穹景观”概念的提出，以及它与“鸟瞰景观”之间的比较性研究，学界目前仍在探索之中。

这里似有必要稍作概念澄清。使用“上升—下降”这种关系性概念来表征依赖之箭或者奠基链条是有歧义的。空间上的“上—下”方位，在形而上学上是等价的，两者没有实质性的差异。换成分体论（mereology）概念“大—小”要好一些。比如，可以假设宇宙在下面，粒子在上面。但是，我们不能假设宇宙比粒子更小，粒子比宇宙更大。从整体—部分关系看，所谓“上—下”就是指“整体（大）—部分（小）”。整体比部分更大，但它未必在部分的上面。然而，即便使用分体论的“大—小”概念，也会遇到反直觉的情况。譬如，按照融贯论，基本粒子在本体论上依赖于整体宇宙（当前宇宙学所理解的），奠基链条转了一圈之后，整体宇宙又反过来依赖基本粒子，这样宇宙似乎比粒子更“小”，但从直觉上看，最大的东西不会比最小的东西更小。鉴于我们不能仅仅依据它的反直觉性来驳斥融贯论，故而这里的本体论依赖之箭与“上—下”“大—小”的字面含义皆有所不同，尽管借助它们便于我们的讨论更加形象。

二、“鸟瞰景观”与下降性观点

如果有这样的终点，在这里，奠基解释了基础性和/或解释上的优先权（explanatory priority），那么不仅有些东西比其他东西更基础，而且有些东西乃是绝对基础的和无奠基的（ungrounded），或者指向它们就意味着能够提供最终的解释。它们构成了实在的基础层面；它们不依赖任何东西，反过来，其他一切都依赖于它们。对此有不同的回答：

（1）“基础巨龟”，即形而上学的基础主义，主张奠基链条必将结束于某处，它为所有其他事物提供了完全奠基（full grounding）；如果某一类事实在本体论上的优先性次序终止于某个基础层级，通常称之为“基础良好”（well-foundedness）的；

（2）“无限巨龟”，即形而上学的无限主义（metaphysical infinitism），主张依赖的链条是无限的，永远不会终止于根本的东西；

（3）“循环巨龟”，即形而上学的融贯论（metaphysical coherentism），它否认线性的奠基链条，主张循环的依赖链条，这样链子即使只有有限几个成员，但链条中的每个成员都依赖于其他成员，反过来其他成员又都依赖于它。

事实的基础性与无奠基性（ungroundedness）与本体论独立性（ontological independence）密切相关：一个事实是基础的，当且仅当，它被获得并且无需奠基于任何其他事实。以“基础巨龟”为例，粒子物理学告诉我们，每个物质实体都是由基础粒子组成的。因此，人们可能会认为粒子物理学的目的是描述实在的基础层级，其中包含了自然界的基础要素。然后，我们可以使用相对基础性的概念，它使我们能够表达科学揭示的实在的层级性，根据这一层级性，生物化学的事实依赖于基础化学的事实，而基础化学又依赖于所谓的基础粒子物理的事实。借助事物（如人类）在本体论上的依赖链条“心理→生物→化学→物理”，可以将上述三种巨龟图示如下：

图 1　“基础巨龟”

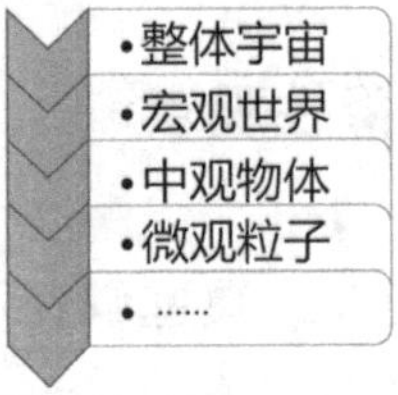

图 2　“无限巨龟”

图 3　“循环巨龟”

基础主义有助于我们捕捉世界上有一些基础的或原始的东西的想法。根据无奠基性，可以定义“绝对基础性”概念。形而上学的基础主义通常

涉及下述论题：[1]

（1）层级性论题（the hierarchy thesis）：实在处于一种非对称的、传递的和非自返的奠基关系的层级结构中；

（2）基础性论题（the fundamentality thesis）：有一些东西是基础的，本体论依赖链条终止于某处；

（3）偶然性论题（the contingency thesis）：任何的基础事物都只是偶然存在的；

（4）一致性论题（the consistency thesis）：依赖链条具有一致性的结构性质。

毋庸讳言，这四个论题所涉及的只是一种主流的基础主义立场。基础主义的批评者们，可能在上述四个论题中的一个或者几个方面，都持反对态度。比如下述形而上学立场：

（1）细分无限论（gunk infinitism）：以塔赫克（Tuomas E. Tahko）为代表，形而上学的无限论者否定基础性论题[2]；

（2）下降融贯论（descent coherentism）：以莫甘迪（Matteo Morganti）和托玛森（Naomi Thompson）等人为代表，形而上学的融贯论者否认基础性论题和层级性论题[3]；

（3）理性主义（rationalism）：以达斯古普塔（Shamik Dasgupta）为代表，形而上学理性主义者否认偶然性论题；[4]

---

[1] R. Bliss and G. Priest (eds.), *Reality and Its Structure: Essays in Fundamentality* (New York: Oxford University Press, 2018), p. 2.

[2] Tuomas Tahko, "Boring Infinite Descent," *Metaphilosophy* 45, no. 2 (2014): 257—269.

[3] Matteo Morganti, "The Structure of Physical Reality: Beyond Foundationalism," in *Reality and Its Structure: Essays in Fundamentality*. eds. Ricki Bliss and Graham Priest (New York: Oxford University Press, 2018). Naomi Thompson, "Metaphysical Interdependence, Epistemic Coherentism and Holistic Explanation," in *Reality and Its Structure: Essays in Fundamentality*. eds. Ricki Bliss and Graham Priest (New York: Oxford University Press, 2018).

[4] Shamik Dasgupta, "Metaphysical Rationalism," *Nous* 50, no. 2 (2016): 379—418.

(4) 副基础主义(para - foundationalism): 以海德格尔(Martin Heidegger)为代表,形而上学副基础主义者否认偶然性和一致性论题。[1]

表1给出了上述论题与理论的对应关系:

论题 理论	层级性	基础性	偶然性	一致性
基础主义	√	√	√	√
细分无限论	√	×	√	√
下降融贯论	×	×	√	√
理性主义	√	√	×	√
副基础主义	√	√	×	×

表1　本体论的"鸟瞰景观"

"鸟瞰景观"对世界的细分方向是垂直向下的,而不是平面的或横向的;相较而言,时间之箭或因果依赖箭头对世界的细分方式则可能是平面的或横向的。"山地景观"的典型方法是分体论的,比如说,整体依赖于部分,特别是依赖于是基本粒子式的简单物;或者反过来,部分依赖于整体;或者,部分与整体相互依赖。借助达斯古普塔的一般主义(generalism),比如"作为共相的属性"观点,那么这种"山地景观"就成为一般主义或共相论上的一元论,而不是作为整体论或分体论意义上的一元论。

至于细分无限论,实际上涉及分体论上的三种"无限"原则:

(1) 下降性的"无限细分原则"(gunk principle): 主张世界可以无限往下细分;

(2) 上升性的"无限堆垒原则"(junk principle): 主张世界可以无限

[1] Filippo Casati, "Heidegger's Grund," in *Reality and Its Structure: Essays in Fundamentality*. eds. Ricki Bliss and Graham Priest (New York: Oxford University Press, 2018), pp. 291—312.

往上堆垒；

(3) 双向性的“无限细分—堆垒原则” (gunk-junk principle)：主张世界既可以无限往下细分，也可以无限往上堆垒。

上述细分原则，不同于塞德尔（Theodore Sider）的“洋葱世界”(onion world)。[1] 后者虽然也是一个无尽复杂的世界，比如，在每个层级上，物理属性都会分解为更基础的物理属性，永远存在宏观物理、微观物理、微微观物理……但是，洋葱世界不是指分体论上，世界可以分拆成无数小块，而是指属性上，世界的每一个小属性都能分解为更小的属性，以至于无穷。如果洋葱世界是无限的属性细分，那么无限的属性合并是什么？那是一种“单一一元论”。与分体论的一元论不同，这种属性的一元论难以避免“无限上升”的问题。作为共相的属性，是一种抽象物，它与具体物（殊相）的关系是被例示物与例示物的关系。

现在看来，前四种立场共享了一个论题，即一致性论题。为什么它们都必须假定一致性论题呢？尽管围绕本体论依赖问题产生了大量形而上学分歧，但所有这些理论都有一个共同的特征，即各自所承诺的基础实体是一致的。然而也有例外，譬如，根据对海德格尔的诠释，卡萨蒂（Filippo Casati）得出结论说，基于后者的形而上学前提，作为基础实体的“存在”(*Sein*) 是不一致的：它是一个实体，又不是一个实体。[2]

此外，还有一个观点实际上也被这四种立场共享，也就是“下降性观点”或“鸟瞰景观”。它相当于一种元形而上学方法，上述四种观点都预设了它。如果不预设它，转向寻求一种“上升性观点”或“天穹景观”，由“向下俯瞰”变成“向上仰望”，实在界各个层级的本体论依赖箭头也发生了 180 度的大转变，又会出现怎样的本体论景观呢？

---

[1] Theodore Sider, “Naturalness, Intrinsicality, and Duplication” (PhD diss., University of Massachusetts, 1993), p. 38.

[2] Filippo Casati, “Heidegger's Grund,” in *Reality and Its Structure: Essays in Fundamentality*. eds. Ricki Bliss and Graham Priest (New York: Oxford University Press, 2018), p. 306.

三、“天穹景观”与上升性观点

把本体论依赖的方向倒转过来，让它箭头朝上之后，上述有些论题仍然维持了其生命力，同时，鉴于这种景观的特殊性，在其中的一个论题上，发生了替换，也就是将“鸟瞰景观”中的“基础性论题”替代为“拱顶性论题”，即在本体论依赖链条中，处于世界结构最顶端的某个“拱顶石”，奠基了所有的其他事物。譬如，谢弗尔的整体一元论，主张整体优先于部分，作为整体的宇宙最终奠基了宇宙内所有的事物。不管是物理学上还是分体论上的考虑都支持这种整体的优先性：在物理上，有充分的证据表明宇宙形成了一个纠缠系统，也有充分的理由将纠缠系统视为不可还原的整体；分体论上允许否认原子主义的“无限细分”（atomless gunk）的可能性，没有终极部分供多元论者援引作为存在的基础。[1] 这仍然是一种“山地景观”的本体论，因为它并非主张只有作为整体的“一”（One）存在，而是主张粒子、卵石、行星或任何其他部分都要依赖于这个“一”。

当然，在尚未发生替代的其余论题上，尽管其字面意思相似，但实质内容也发生了重要变化，于是上述四个论题必须被重新表述如下：

（1）层级性论题（the hierarchy thesis）：实在处于一种非自返、非对称和传递的奠基关系的层级结构中；

（2）拱顶性论题（the keystone thesis）：存在某个实体，它是全部实在的拱顶石；

（3）偶然性论题（the contingency thesis）：任何基础的东西都只是偶然存在的；

（4）一致性论题（the consistency thesis）：依赖链条具有一致性的结构性质。

上述论题的合取，指向的是一种我们称之为“偶然一元论”

---

[1] Jonathan Schaffer, “Monism: The Priority of the Whole,” *Philosophical Review* 119, no. 1 (2010): 31—76.

(contingent monism) 的形而上学立场。目前我们还不清楚具体有哪些哲学家分别支持这种偶然一元论立场。比如，我们从谢弗尔的整体一元论中能够识别出偶然一元论立场吗？至于其他一些形而上学立场，则会否认其中的一个或几个论题，为此形成了下述形而上学立场：

(1) 堆垒无限论 (junk infinitism)：否认拱顶性论题；

(2) 上升融贯论 (ascent coherentism)：否认层级性和拱顶性论题；

(3) 必然一元论 (necessary monism)：否认偶然性论题。

结合偶然一元论及其批评性立场，表2给出了上述论题与理论的对应关系：

论题 理论	层级性	拱顶性	偶然性	一致性
偶然一元论	√	√	√	√
堆垒无限论	√	×	√	√
上升融贯论	×	×	√	√
必然一元论	√	√	×	√

表2 本体论的“天穹景观”

堆垒无限论，对应于分体论中的“堆垒原则” (junk principle)，即主张世界可以无限往上堆垒。至于上升融贯论，它与下降融贯论的最显著区别似乎就在于依赖箭头的方向是相反的：假定“微观粒子—中观物体—宏观世界—整体宇宙”的结构层级不会变，那么，下降融贯论的依赖箭头沿着逆时针方向传递（如图3所示的“循环海龟”），而上升融贯论的依赖箭头则沿着顺时针方向传递（如图4所示）。

图4 上升融贯论

哲学史上，斯宾诺莎通常被认为支持一种必然一元论立场。他在《伦理学》中指出：

除了神以外，不能有任何实体，也不能设想任何实体。[1]

自然中没有任何偶然的东西（contingens），反之一切事物都受神的本性的必然性所决定而以一定方式存在和动作。[2]

类似观点还源自他的《形而上学思想》：

万物由于神的决定才是必然的，而不是一种事物由于事物自身是必然的，另一种事物由于神的决定是必然的。[3]

只要他考虑一下自然以及自然对神的依赖，他就会发现没有什么东西是偶然的，没有什么东西既可以存在又可以不存在，或者用通常习惯的说法，即没有真正偶然的东西（contingens reale）。[4]

上述立场与偶然主义论立场一样，都共享了"天穹景观"的一致性。但是这种"天穹景观"的四种立场所共享的一致性论题，与"鸟瞰景观"的四种立场所共享的一致性论题，这两者之间有区别吗？至少目前我们没有文献表明，在"天穹景观"中同样存在一种类似于海德格尔式"副基础主义"的立场。

四、"鸟瞰景观"与"天穹景观"是否形而上学等价？

当代本体论的一个新近进展，就是"形而上学等价性"（metaphysical

---

[1] ［荷兰］斯宾诺莎：《伦理学》，贺麟译，商务印书馆，1983 年，第 14 页。

[2] 同上书，第 29 页。

[3] ［荷兰］斯宾诺莎：《笛卡尔哲学原理（附录：形而上学思想）》，王荫庭译，商务印书馆，2019 年，第 137 页。

[4] 同上书，第 111 页。

equivalence）概念的提出。如何理解这个概念呢？米勒（Kristie Miller）给出了一个基于“真值”（truth value）概念的定义：任何两个理论 x 和 y 是形而上学等价的，当且仅当，在 x 为真的所有世界中，y 都是真的；反过来，在 x 为假的所有世界中，y 都是错误的。[1] 问题在于，评价一个理论命题真值的标准是什么？塞德尔认为，最好的办法是诉诸“基础性”概念：理论 x 与理论 y 是形而上学等价的，当且仅当，它们在基础层面上对世界表征了相同的事实，换言之，它们用基础概念对世界作出了相同的描述。[2] 这里有一个所谓“等价性论题”（equivalence thesis），亦即，对同一个事实的不同表征之间可能是等价的，它们共享了基础性事实（fundamental facts）。对于基础性事实，可以诉诸基础物理学语言，将之视为原子事实（atomic facts），也可以诉诸素朴实在论的假定。比如，“美国在二战末期对日本投下了核武器”和“日本（在二战末期）投降了”是两个基础事实，它们是解释（包括因果解释）或评价事件的前提，它们不是原子事实。

举个例子，在赫希（Eli Hirsh）看来，以下两种说法是等价的：

（1）范因瓦根（Peter van Inwage）：存在某些关于亚原子粒子的特定的“椅状”（chairlike）的 C 排列；并不存在任何包含这些粒子作为其诸部分的进一步的对象（即椅子）；

（2）刘易斯（David Lewis）：存在亚原子粒子的 C 排列，并且还存在一个进一步的对象（即椅子），包含这些亚原子粒子作为其诸部分。

赫希的理由是，本质上，范因瓦根和刘易斯都可以用各自的存在概念

[1] Kristie Miller, *Issues in Theoretical Diversity: Persistence, Composition, and Time* (Dordrecht: Springer, 2007), p. 4.

[2] Theodore Sider, *The Tools of Metaphysics and the Metaphysics of Science* (Oxford: Oxford University Press, 2020), pp. 177—182.

来定义一个符合对方理论的概念，因此它们各自的“存在”（there being）概念并无实质差别。[1]

然而，不管是塞德尔还是赫希，他们的“形而上学等价性”概念是为那些一阶形而上学理论所准备的，范因瓦根与刘易斯围绕物质组合（material composition）论题的上述分歧就是这样的一阶形而上学分歧。塞德尔认为，我们可以借助“基础性”这个二阶形而上学（the second-order metaphysics）或“元形而上学”（metametaphysics）概念来化解这个分歧。但问题在于，我们这一节要讨论的“鸟瞰景观”与“天穹景观”的本体论之争，无法假定这个“基础性”概念；相反，这个概念本身就假定了“鸟瞰景观”的本体论。于是我们必须借助某种“三阶形而上学”（the third-order metaphysics）或“元元形而上学”（meta-metametaphysics），才能解决元形而上学的分歧（比如，“鸟瞰景观”与“天穹景观”之间的分歧），用它来评估这两种本体论景观的形而上学等价性问题。可能会有此困惑：“鸟瞰景观”与“天穹景观”的本体论之争，为什么不只是一种“语词之争”（verbal dispute），而没有实质不同？下面分别以“鸟瞰景观”中的基础主义和“天穹景观”中的偶然一元论为例，我们来看看它们在本体论依赖链条的起点、方向、终点上的区别——如果这些区别是实质性的，那么向下奠基与向上奠基的区别就是真实的，换言之，它们不是等价的。

首先来看基础主义。它的本体论依赖链条的起点是整体宇宙，方向是下降性的，依次经过宏观世界和中观物体，终点是微观粒子。或者，没有明确的起点，依次经过整体宇宙、宏观世界和中观物体，方向是下降性的，终点是微观粒子。这意味着，基础主义也许能够与堆垒无限论的立场兼容。塔可（Tuomas Tahko）特别论证道，基础主义甚至可以与下降性的细分无限论兼容。无限下降的本体论依赖链条可能并不总是恶性的。换言之，一种基础主义与无限下降结合，甚至可能有空间，只要这种下降是

---

[1] Eli Hirsch, “Quantifier Variance and Realism,” in *Quantifier Variance and Realism: Essays in Metaontology*. ed. Eli Hirsch (New York: Oxford University Press, 2011) .

“无聊的”（boring），也就是说，同样的结构会无限重复。[1]

再来看偶然一元论。它的本体论依赖链条的起点要么是基本粒子，方向是上升性的，依次经过中观物体、宏观世界，最终到达整体宇宙；要么并不存在一个明确的起点，方向是上升性的，依次经过（当前物理学所理解的）基本粒子、中观物体、宏观世界，最终到达整体宇宙。这意味着，这种（偶然）一元论也许能与向下细分的无限论兼容。但无论如何，迄今未见有任何文献，借助一种类似于塔可的“无聊”策略，为（偶然）一元论与上升性的堆垒无限性立场之间的兼容性提出正面辩护。

根据上述分析，我们可知：如果无限论只能是上升性的，那么基础主义与无限主义的兼容是琐碎的；如果只能向下无限，那么一元论与无限主义的兼容是琐碎的。只有向上向下都无限，无限主义与基础主义以及一元论的兼容才不是琐碎的。当然，如果这也能兼容，那么基础主义与一元论的兼容也是可能的。进一步，基础主义与一元论还可以有有限主义的兼容方式，譬如，即便本体论依赖链条在下降和上升这两个方向都是有起点和终点的，我们仍然可能在理论上探讨二者之间的兼容性问题，比如说，也许对于刻画世界层级结构的本体论依赖链条来说，方向和起点—终点（基础性或拱顶性）并不重要，真正重要的只是层级性、偶然性（或必然性）或一致性论题。对此我们需要进一步研究。

毋庸讳言，这一节更多的是提出问题，而不是去解决它们。譬如，我们还可以基于下述视角来讨论“鸟瞰景观”与“天穹景观”在形而上学上是否等价：

首先，对于基础主义与（偶然）整体来说，这种起点和终点上的区别是不是实质性的？如果说，在融贯论（下降融贯论和上升融贯论）的意义上，这些区别是不重要的，那么为什么在基础主义——一元论问题上就很重要呢？

其次，对于下降融贯论与上升融贯论来说，如果它们在本体论依赖链

[1] Tuomas Tahko, “Boring Infinite Descent,” *Metaphilosophy* 45, no. 2 (2014): 257—269.

条的起点和终点上的区分是不重要的，那么，它们的方向重要吗？换言之，方向的差异是实质性的差异吗？也许一个人可以说，方向不同，但是它的层级性、一致性或偶然性（或必然性）还是相似的。从整体上看，结构也是不会改变的。但问题在于，我们有客观标准来判断这种“本体论依赖循环”是否发生了方向上的变化吗？

最后，对于理性主义与必然一元论来说，它们所共享的某种“必然性”概念之间是否存在实质差别？由于达斯古普塔的理性主义被放在“鸟瞰景观”当中，这与斯宾诺莎的必然一元论之间就可能存在某种张力。当然，实际情况也可能如此：这两种必然主义是兼容的，换言之，必然的下降性依赖链条，能够与必然的上升性依赖链条兼容；换作“奠基”概念，情况也是如此，只不过奠基链条的方向与依赖链条相反：在本体论上，x 奠基了 y，当且仅当，y 依赖 x。

五、结语

世界的层级结构是当代本体论的关注焦点之一。总结全文，我们首先在“山地景观”的本体论之下，区分了“鸟瞰景观”与“天穹景观”。这个区分的意义在于：一方面，有助于我们澄清一个不必要的误解，即本体论依赖和奠基只能按照单一的方向来进行，比如说，宏观世界和中观物体依赖于基本粒子，物理性质奠基了非物理性质（如心理性质）；另一方面，“天穹景观”概念的提出帮助我们认识到上升性的本体论依赖链条与下降性的同样精彩，同时还可以启发我们考虑向下与向上同时兼顾的可能性，就像双向性的“细分—堆垒原则”提示我们的那样。其次，我们详细梳理和对比了“鸟瞰景观”和“天穹景观”下的一系列相关的论题，以及与之相应的一系列形而上学立场，相关讨论属于当下前沿，本文具有开拓性质。最后，通过追问这两种本体论景观是否在形而上学上等价，譬如，在细分无限论与堆垒无限论之间，以及在下降融贯论与上升融贯论之间，是否存在实质性的区别，我们引入了一个“三阶形而上学”或“元元形而上学”的视角。笔者认为这个问题本身具有重要的方法论意义。总之，我们认为，当代本体论领域的确存在“鸟瞰景观”与“天穹景观”的分歧，它们虽同处于“山地景观”之下，但大量的问题仍然隐而不显。对这些问题进行厘清是必要的，有助于在新的论域中打开形而上学的新局面。

“Bird’s-eye View” and “Vault View” in Contemporary Ontology

(Chen Changshen, School of Philosophy and Sociology, Shanxi University, Taiyuan, 030006)

Abstract: Ontology relies on focusing on the hierarchical structure of the world. Represented by “mountain landscape theorists” or grounding theorists such as Schaffer and Fine, contemporary mainstream metaphysical fundamentalists assume the characteristics of ontological dependence, such as orientation, hierarchy, fundamentality, contingency and consistency. Critics, however, question these features from different perspectives. In particular, if we replace the orientation of fundamentalism from the “descending view” to the “ascending view”, and the “bird’s-eye view” preset in the “mountain landscape” to the “vault view”, the hierarchical structure of the world will be quite different. “Bird’s eye view of landscape” involves such topics as hierarchy, foundation, contingency and consistency. Accordingly, metaphysical positions such as fundamentalism, subdivision infinity theory, descending convergence theory, rationalism and para-foundationalism are formed. The “vault view” involves hierarchy, keystone, contingency and consistency, and forms corresponding metaphysical positions such as accidental monism, junk infinitism, ascent coherentism, and necessary monism. It is of great philosophical significance to investigate the similarities and differences between these two ontological landscapes in their topics and positions and to inquire whether they are equivalent in metaphysics.

Keywords: ontological dependence; descending view; ascending view; bird’s-eye view; vault view

解决认知分歧：专家证言的作用与限度

喻郭飞*

摘要：在当代知识论中，证言（testimony）被人们视作知识的重要来源之一，大家依靠他人特别是不同领域内专家提供的证言为自己相信某个命题进行认知辩护，以获得新的知识。在此过程中，人们面临着如何合理地对待专家证言、避免过分依赖或盲目迷信的困境，尤其是人们如何运用专家证言解决认知分歧成为当前知识论的热点议题。本文通过考察专家证言的特征及其在认知辩护中的作用与限度，从认知自主性、认知责任和认知依赖之间的关系入手，阐明专家证言对于解决认知分歧的意义。

关键词：专家证言；认知分歧；自主性；认知责任；认知依赖

在当代知识论中，大家形成的一个重要共识是：证言与知觉、记忆、推理一同构成了人类知识四种来源。其中，知觉、记忆和推理作为人类获取知识的重要方式，在很大程度上体现了一个人在认知活动中的自主性，即他（她）能够对其获得知识的整个过程进行自主的控制，并且因此要为其关于某个目标命题持有的信念态度（doxastic attitude）提供充分的认知辩护。但是对于任何个体认知者而言，上述四种获得知识的方式在时空上都存在一定的限度，因此，人们在很多时候需要依靠他人尤其是专家提供的证言进行（间接性的）认知辩护，以获得关于陌生领域的新知识。近些年来，以寇迪（C. A. J. Coady 1992）、索萨（Ernest Sosa 2006）、莱姬

* 作者简介：喻郭飞，哲学博士，华侨大学哲学与社会发展学院副教授，主要研究方向为外国哲学。电子邮箱：1917117@163.com。本文系国家社会科学基金一般项目“道德分歧的认识论研究”（20BZX100）的阶段性成果。

（Jennifer Lackey 2008）、格尔菲特（Axel Gelfert 2014）、丛杭青（2005）、郑伟平（2018）、潘磊（2021）为代表的一批学者分别从不同角度考察了证言的类型与特征、证言与其他知识来源的关系及其在认知辩护过程中的作用等问题。在证据法学领域，也有一些学者关注专家证言（expert testimony）在案件审理过程中所发挥的作用及其面临的知识论问题，艾伦（Ronald J. Allen 2014）、程乐、王欣（2017）、丁宇峰（2019）分别围绕“专家证言面临的概念性挑战”“认知偏差对专家证人和法院的影响”“美国法科学争议中专家证言的可采性原则”等问题展开研究。本文通过考察专家证言的特征及其在认知辩护过程中的作用与限度，旨在从认知自主性、认知责任和认知依赖之间的关系入手，阐明专家证言对于解决认知分歧的意义。

一、知识论中的“专家证言”概念

当代知识论中宽泛意义上的“证言”概念是指：

“当且仅当，认知者 S 对于命题 p 的陈述构成了 S 关于 p 的思想的表达，S（的这一言语行为）是对 p 进行佐证。”[1]

著名的语言哲学家奥斯汀（J. L. Austin）将一个人为其他人提供证言的行为看作“某种以言行事的言语行为，这种行为伴随着特定的意图并且能够在一定条件下得以施行”[2]。比如，一个人向其他人就某件事做出承诺、下命令或者进行相关的知识断言等都被奥斯汀视作宽泛意义上提供证言的言语行为。在人们的日常生活中，无论是书面的还是口头的表达、正式的语言还是非正式的符号、手势甚至面部表情都有可能被当作证言，成为某个认知者相信一个命题为真的依据。

---

[1] Jennifer Lackey, *Learning from Words*: *Testimony as a Source of Knowledge* (Oxford: Oxford University Press, 2008), p. 20.

[2] C. A. J. Coady, *Testimony*: *A Philosophical Study* (Oxford: Clarendon Press, 1992), p. 25.

而当代知识论中严格意义上的“证言”概念是指：

“一种交流行为A是关于命题p的证言，仅当证言的提供者希望借助实施行为A传达关于命题p的信息或者证言的接受者有理由借助行为A所交流的内容相信它所传达的关于命题p（为真的信息）。”[1]

因此，基于上述对“证言”概念的刻画，人们不难理解，一方面，每一个具体的认知者需要运用自身的知觉能力、记忆能力和推理能力获得关于外部世界和自身的各种知识；另一方面，不同的认知者在获取知识的过程中彼此依赖，经常借助他人提供的证言进行认知辩护，各种知识在人际间进行传播和交流，以弥补个体认知者在时空上的有限性。随着现代社会交往复杂程度的增加，不同学科之间的分化越来越精细，“隔行如隔山”的现象十分普遍，因此，依靠他人特别是各个领域内的专家所提供的证言成为人们（包括专家自身）获取新知识的一种快速而经济的方式，专家证言在知识的产生、传播以及认知辩护的过程中扮演着越来越重要的角色。

当代知识论中的“专家证言”概念是指受过特殊训练的、具备专门知识或经验的人所提供的证言，它是各种类型的证言中专业性最强、可信度最高的一类，无论是在个体的认知辩护活动中还是集体的认知决策过程中都发挥着重要而特殊的作用。现代社会中认知分工的细化以及各种信息的爆炸式增长，使得任何个体认知者所掌握的信息都只局限在一定的时空范围之内。因此，当普通人希望获取关于陌生领域的新知识的时候，他们对专家证言的认知依赖就越来越常见。比如，病人依靠医生的专业知识和丰富的经验对疾病进行诊断和治疗、企业管理者依靠专家组进行技术攻关和新产品的研发、政府依靠各种类型的智库提供的建议做出合理的决策等等，社会认知的许多层面都将专家证言视作知识最可靠的来源和处理认知分歧最有效的裁判。

当然，也有人担心，现代社会中人们对于各行各业专家证言的依赖是否会超出合理的限度，以至于陷入盲从。特别是对于普通的认知者而言，

---

[1] Joseph Shieber, *Testimony: A Philosophical Introduction* (New York: Routledge, 2015), p. 15.

在其进行认知辩护以获取知识的过程中，他（她）对专家证言的信任与依赖如何与发挥其认知自主性保持适当的平衡？由于普通认知者难以辨识专家的真伪或水平的高低，在出现认知分歧（特别是专家证言之间的分歧）的时候，人们究竟应该相信哪位（些）专家？因此，人们在利用专家证言进行认知辩护的过程中面临着某种形式的“二难抉择”：一方面，如果普通认知者选择无条件地相信、轻信甚至盲信专家证言，那么他（她）的认知自主性与责任就会受到挑战，尤其是在不同的专家证言之间产生深层次分歧的时候，普通人实际上难以取舍；另一方面，如果普通认知者可以在一些情况下对专家证言提出质疑，那么他（她）自己必须先成为专家吗？换言之，一个认知者合理的悬置或质疑专家证言的（充分或必要）条件是什么？接下来，我们将从考察专家证言在认知辩护中的作用与限度入手，梳理专家证言与认知自主性、认知责任和认知依赖的关系，从而思考如何依靠专家证言进行认知辩护、获得新知识、解决认知分歧。

二、认知分歧与辩护

（一）什么是认知分歧？

当代知识论中严格意义上的认知分歧是指，“两个或两个以上的认知者关于同一个命题（之真值）持有不同的命题态度或主观置信度”[1]。人与人之间形成认知分歧的原因复杂多样，可能源自各方掌握的证据不同，也可能源自不同认知者对于证据集的评估不同，还可能涉及一些认知偏好或者偏见。由此，认知分歧可以大体被区分为“表层的”和“深层的”。表层的认知分歧往往出现在一些认知能力不对等的老手和新手之间，这样的情况比较容易处理，新手采取“遵从”模式听取老手的建议就能够化解分歧。而人们在知识论意义上更加关注的也更加难以处理的情况是在“认知伙伴”（epistemic peers）之间产生的深层的认知分歧，因为他们的认知

[1] 喻郭飞：《认知分歧中的证据与合理性》，《湖北大学学报》（哲学社会科学版）2017 年第 6 期，第 162 页。

能力大体相当，都掌握着丰富甚至相同的证据集，才被当作“认知伙伴”。这种情形下彼此都难以通过理性的方式说服对方改变原来的立场，那么究竟谁关于目标命题的认知态度才“更为”合理呢？显然，此时仅仅依靠他们各自提供的认知辩护对于解决分歧是不够的，专家证言的引入就显得尤为必要。

（二）解决认知分歧需要何种认知辩护？

通常，人们需要为自己作出的知识断言提供充分的认知辩护，才能合理地形成关于某个目标命题的认知态度，这也是知识论之规范性的要求之一。但是，当一个认知者和其他人尤其是认知伙伴对于同一目标命题产生分歧的情况下，无论人们对证据本身及其发挥作用的机制进行内在主义的还是外在主义的刻画，他（她）原来掌握的证据集都难以使其保持原有的命题态度或者主观置信度。他（她）不能对其他认知者（尤其是认知伙伴）对于同一目标命题持有不同态度的事实视而不见，也不能通过“重复计算”（double counting）他（她）掌握的证据集为其二阶的“固执己见”（steadfast view）提供充足的认知辩护，因此，在这种情况下，解决认知分歧所需要提供的认知辩护比个体认知者对于自身命题态度的认知辩护要求更高，也更为复杂，专家证言自然而然地被人们纳入认知分歧的解决过程之中，并期待它能够发挥特殊的作用，进而解决认知分歧。

三、专家证言在认知辩护中的作用

如前所述，人们之所以重视证言、特别是专家证言在认知辩护过程中的作用，根本原因就在于每个人的认知能力和经验都具有一定的限度，而依靠专家提供的可靠证言，普通人更容易获得他们原本不掌握的各种知识。比如，关于“土星上是否存在水”这样一个问题，普通人很难亲身去寻找回答上述问题所需要的证据。但是，美国国家航空航天局（NASA）的科学家在 2017 年 4 月 13 日《科学》杂志上发表的文章中所列举的“卡西尼”号探测器传回了一系列科学数据，人们可以将这些专家提供的数据作为其相信“土星上存在水”这一命题（为真）的充足理由。

随着现代社会信息化程度的不断加深，知识的生产与传播过程呈现出高度的复杂性和专业性，人与人之间的认知分工更加精细，跨学科的“通才”越来越少，这使得普通人在获取知识的过程中越来越依赖专家证言。在科学研究活动中，“合作，而不是理智上的自我依赖，对于任何一个科学共同体的成员都是（一种）重要的品德”[1]。比如在生物学领域，面对人类基因组测序这样复杂而耗资巨大的任务，任何单个科学家或科学组织所掌握的信息、方法和资源都有一定的局限性，因而不能单独为其最终的研究结论提供完整的认知辩护，相互合作成为科学研究活动的常态。在现实生活中，一个普通人时常会碰到自身无法为目标命题提供直接的认知辩护的情况，他（她）需要依靠相关领域的专家证言以及对于这些专家的充分信任来提供针对目标命题的间接的认知辩护。毋庸置疑，人类在认知活动中的分工与协作和其他类型的劳动分工、语言分工相类似，在节约成本的同时提高了获得知识的效率。

一些学者认为，普通人接受专家证言为其自身所持有的目标命题进行认知辩护的过程实际上就是专家向其传递知识的过程，“为了使得听者依据说话者的证言获得关于命题 p 的（证言性的）知识，说话者自身需要率先具备关于命题 p 的知识”[2]。换言之，他们认为专家向普通认知者提供证言的过程实际上进行了直接的知识传递（knowledge transmission），因此专家证言对于普通人获取知识才显得如此重要。但是实际情况真的如此吗？

如果一个人接受专家证言的过程实际上等同于知识传递的过程的话，那么证言的接受者是否还有必要或者说能够为其持有的信念状态提供真正的认知辩护呢？如果没有提供真正的认知辩护的话，证言的接受者能否像专家一样有资格（be qualified）进行相应的知识断言（knowledge claim）呢？在我看来，一个认知者接受专家证言进而为其关于目标命题的信念态

---

[1] 丛杭青：《陈词证据研究》，人民出版社，2005 年，第 233 页。

[2] Axel Gelfert, *A Critical Introduction to Testimony* (New York: Bloomsbury Publishing Plc., 2014), p. 146.

度提供认知辩护的过程并不是直接传递知识的过程；更确切地说，专家证言的提供者与证言的接受者之间传递的是关于证据的信念，证言的提供者（专家）所传递的信念为证言的接受者相信目标命题为真提供了支持，而证言接受者是否有资格进行相应的知识断言还取决于其他因素。

一方面，一个认知者 H 基于另一个认知者 S 所提供的证言获得了关于命题 p 的知识并不要求 S 率先拥有关于 p 的知识，而仅仅要求 S 所提供的证言能够为 H 相信命题 p 为真提供充分的认知辩护。比如，一个侦查员 I 怀疑某个案件的主谋是已经拘捕的嫌犯中的某一位，这时某位证人 T 提供的目击证词帮助侦查员 I 最终准确锁定了罪犯，但是实际上证人 T 自己并不了解案件本身的全部细节以及究竟谁是罪犯。“对于说话者 S 和听者 H，如果 H 要通过 S 对命题 p 的陈述知道 p，那么 S 对于 p 的陈述与事实 p 存在恰当的联系。”[1] 换言之，证言提供者传递给证言接受者的事物是使后者相信目标命题为真的理由，证言提供者本身不必拥有关于目标命题的知识。如前所述，尽管专家证言比普通认知者提供的证言具有更高的可信度，但是人们不必也不可能强求专家证言百分之百为真，专家也无须因为提供证言而承担过重的认知辩护责任。

另一方面，即使证言提供者实际上预先拥有关于目标命题的知识，人们也不能保证专家证言传递给证言接受者的信息就是知识。“如果认知者 S 知道命题 p 并且诚实地陈述 p，而听者 H 有充分的理由相信 S 对命题 p 的陈述为真，那么 H 知道 p。”[2] 比如，一位专家 E 拥有充分的理由 e 使其相信目标命题 p 为真，普通认知者 S 基于对 E 长期以来形成的信任以及 E 关于理由 e 准确、真实的陈述而相信命题 p 为真。在这种情况下，人们有充分的理由认为 S 和 E 都拥有关于命题 p 的知识，但是值得大家注意的是，他们各自为其关于目标命题 p 的信念态度所提供的认知辩护存在明显的差别。专家 E 是直接依靠对于理由 e 的把握，而普通认知者 S 没有直接

[1] Jennifer Lackey, "Testimonial Knowledge and Transmission," *The Philosophical Quarterly* 49, no. 197 (1999): 489.

[2] Peter J. Graham, "Transferring Knowledge," *Nous* 34, no. 1 (2000): 131.

把握到理由 e，否则他（她）就不需要依赖专家 E 提供的证言了；S 相信目标命题 p 为真的理由在于，他（她）相信 E 声称拥有理由 e 的陈述是真的，并且这一信念为其关于命题 p 的信念态度提供了很好的认知辩护。专家 E 和普通认知者 S 都相信命题 p 为真，但是他们的理由并不完全一样，E 是直接依靠对理由 e 的把握，虽然 S 的信念态度从根本上讲也依赖于理由 e，但是他（她）接受理由 e 的方式是间接的，还依靠其对专家 E 的信任以及 E 提供的关于理由 e 的证言。如果 S 没有充分的理由使其信任专家 E，那么借助 E 提供的证言本身并不能确保 S 相信目标命题 p 为真，从而获得相关的知识。事实上，正如一些学者指出的，在通常情况下，普通认知者 S 对专家 E 关于理由 e 的陈述的完全信任多少带有一些盲目性。因为，如果 S 对专家 E 的权威性产生了质疑，即便 E 提供的证言本身事实上是可靠的，它也无法在认知辩护过程中充分发挥作用，进而无法使证言接受者获得相应的知识。只不过在实际的认知活动中，普通人通常很少质疑专家证言的权威性。一方面，由于认知能力与经验上的不对称性，普通人难以对专家证言的真伪和论证强度进行有效的鉴别；另一方面，出于认知过程中便宜行事的考虑，普通人也不会轻易地质疑专家而增加自身的举证负担。

因此，人们有充分的理由相信，专家证言没有甚至也不必向证言接受者直接传递知识。一方面，知识的直接传递会让普通人的认知自主性缺位，使其获得新知识的过程变得太容易，哪怕不假思索地盲信专家或接受专家证言也行；另一方面，如果专家证言的真实性以及普通人信任专家的合理性无法率先得到确认，那么专家证言实际上就难以帮助其接受者通过认知辩护获得新知识。专家通过证言传递给普通认知者的事物是关于证据的信念，而且是具有较高可信度的一类信念，它们只有纳入到证言接受者关于目标命题的认知辩护过程中才能真正发挥作用，为其持有的信念态度提供合理的支持，进而为证言接受者做出相关知识断言提供有力的证据。也只有将专家证言纳入到认知辩护过程之中，证言接受者的认知自主性与认知责任才能得到充分体现，他（她）才有资格做出“我知道命题 p”的知识断言。

值得一提的是，专家和普通认知者之间在认知能力与经验方面的不对称性使得“普通认知者应该如何合理地对待专家证言”成为一个重要的问题，“专家拥有某一领域全面而系统的知识，对于相关的事实和方法都非常熟悉，”[1] 所以，在面对专家的时候，普通人往往处在一种认知上的“弱势”地位，他（她）对专家证言以及专家本身（道德）品质的信任多少带有一些盲目性。由于缺乏相关的背景知识以及不熟悉具体的研究方法，普通认知者通常难以在专家关于事实的真实表述和玩笑，甚至欺骗之间进行准确的区分，更难在产生认知分歧的不同专家之间判断孰是孰非，除非他（她）自己率先成为相关领域的专家。比如，一个普通人通常没有能力读懂医生为其所做的各种检查报告的细节并理解它们代表的意义，而只能请医学专家来说明相关的检查报告或影像资料所反映的病情。如果换了一家医院，即便不涉及牟利的因素，其他专家也往往会要求病人重新做检查，并且可能做出不同的诊断，这样的认知分歧常常会使病人陷入茫然，不知道谁对谁错。关于专家证言，伯吉（Tyler Burge）提出了所谓的“接受原则”（Acceptance Principle），即“一个人有理由将别人告诉他为真的命题当作真的，只要这样做对他而言是合理的，除非他有更强的理由采取相反的态度”[2]。是否接受“接受原则”为真，不同认知者的态度可能不一样，正如有人认为“知识始于相信”，也有人认为“知识始于怀疑”。一个普通认知者接受专家证言的合理性既取决于专家证言在内容方面的真实性，也取决于他（她）信任专家的理由本身是否充分。伯吉提出的对待专家证言的要求显得过于严格，毕竟多数普通人很难找出充分的理由去怀疑专家证言的真实性与可靠性，反倒是选择直接相信、轻信甚至迷信专家证言是一件更为轻松简单的事。因此，在凭借专家证言进行认知辩护进而获取知识的问题上，普通人很难放弃捷径不走而处处依靠自己使得求知过程变得异常艰难。但是，人们需要避免形成路径依赖，由于“理智上的懒

---

[1] Axel Gelfert, *A Critical Introduction to Testimony* (New York: Bloomsbury Publishing Plc., 2014), p. 182.

[2] Tyler Burge, "Content Preservation," *Philosophical Review* 102, no. 4. (1993): 467.

惰”盲从专家而使知识来得太容易并丧失认知自主性。普通人在合理信赖专家证言与盲从专家证言之间面临着一种张力，这种张力反映出普通人在认知辩护过程中的认知自主性与对专家证言的认知依赖之间的矛盾，也促使我们思考专家证言在认知辩护中的限度。

四、专家证言在认知辩护中的限度

在许多情况下，出于认知活动中便宜行事的考虑以及对于科学共同体在认知方面权威性形成的信任，普通认知者往往倾向于承认“接受原则”的合理性，直接将专家证言作为进行认知辩护和获取新知识的来源，“当听从专家的权威是适宜的时候，试图亲自去观察和推理就是非理性的”[1]。但是，即便承认“接受原则”的合理性，人们也要看到专家证言不是万能的，它在认知辩护中的作用具有一定的限度。如果一个认知者就某一问题求助的多位旗鼓相当的专家所提供的证言之间出现了不一致，那么作为外行的普通认知者如何在不一致的专家证言之间进行合理的选择就成为一个格外棘手的问题，即专家证言如何才能解决（专家之间的）认知分歧。

比如，在一些诉讼案件中，主审法官或者陪审团成员一般都不是相关具体领域的专家，法庭上对于证据的认定和说明主要是由法医、科学家、专利拥有者、鉴定人员等拥有专业知识的人来完成的。“对于专家而言，他们的任务是针对目标问题提供更好的专家意见；而对新手而言，他们的任务是去决定哪一个专家意见是更好的，或哪一位专家更好地运用了他的专家意见来解答手头的问题。”[2] 然而，此时普通认知者面临的困境恰恰在于，既然他（她）不具备相关领域的专业知识，他（她）如何有能力在产生认知分歧的专家证言之间做出合理的抉择呢？所以，“当对证言的理

---

[1] B. Matilal and A. Chakrabarti, *Knowing from Words* (Dordrecht: Kluwer, 1994), p. 2.

[2] 丛杭青：《陈词证据研究》，第 261 页。

解需要运用到事实认定者们所不具备的知识或技能时，事实认定者对于这种证人证言所欲表达之意的理解力就几乎为零，或至少无法有效地评估其所述内容之真伪性”[1]。由于专家通常很难在有限的时间内向证言接受者进行有效的教育和说明，而简单的“遵从”模式在面对产生认知分歧的专家证言的时候又会失效，进而让普通认知者无所适从。所以在“专家：你该相信哪一个?”一文中，阿尔文·戈德曼（Alvin Goldman）提出了回应上述问题的几点建议：（考察）“A. 相互竞争的（两位）专家所提出的、支持自身观点和批驳对手观点的论证；B. 来自其他专家对于争论双方中某位专家的支持；C. 元专家（meta-expert）对于争论双方的专业资质的评价；D. 关于专家的利益偏好的证据；E. 关于专家以往表现的证据”[2]。关于依据A，戈德曼认为论证的流畅性和构造反论证的敏捷性可以作为人们识别更优秀的专家意见的标志物（indicator），但是熟练地运用论证技巧本身并不能保证专家证言的真实性和有效性。依据B是诉诸“少数服从多数”的原则，如果某位专家获得了更多同行的认可，那么他（她）就比竞争对手更加值得相信。戈德曼指出，“数量原则起作用的前提是，发表意见的专家应该是在相互独立的状态下完成各自的研究，他们得出结论的方法、手段和途径不尽相同”[3]。更为关键的是，人数优势并不能保证专家证言的真实性与有效性。依据C是诉诸更高层次的专家来评判专家的资质，但是这会面临“无限回溯”的困难。因为判断什么样的专家有资格成为“专家中的专家（元专家）”面临着如何率先确定更高层次专家的标准问题，而这并不是外行能够胜任的工作。关于依据D，戈德曼认为像撒谎、明显的认知偏见或不当的利益诉求都可以作为人们质疑某些专家证言的恰当理由，只是对于普通认知者而言，要快速准确地在专家证言中识别出上

---

[1] B. Matilal and A. Chakrabarti, *Knowing from Words* (Dordrecht: Kluwer, 1994), p. 2.

[2] A. Goldman and D. Whitcomb (eds.), *Social Epistemology: Essential Readings* (New York: Oxford University Press, 2011), p. 116.

[3] Alvin Goldman, *Pathways to Knowledge: Private and Public* (New York: Oxford University Press, 2002), p. 151.

述特征并非易事。关于依据 E，即借助公认的专家以往取得成功的认知记录来评价他们在当前问题上给出正确答案的可能性，戈德曼认为，“这也许为新手的信任选择提供了最好的证据资源”[1]。

尽管戈德曼提出的上述几种依据中的任何一种都无法单独保证人们在相互竞争的专家证言中一定能够做出合理的选择，但是它们确实有助于缩小普通认知者在相互竞争的专家证言之间进行合理选择的范围。更重要的是，它们揭示了专家证言在认知辩护中的限度，一方面，涉及同一目标命题的不同专家证言之间可能会出现冲突，特别是在出现认知分歧的情况下，单纯的“遵从”模式会失效，普通认知者难以合理地决断究竟该相信哪位（些）专家提供的证言；另一方面，在对目标命题进行认知辩护的过程中，认知自主性与认知者做出相应知识断言的“资格”之间存在密切的联系，因此，普通人对于专家证言的认知依赖不能以牺牲或放弃认知自主性为代价。

五、认知依赖、自主性与责任

在追寻真理的过程中，人们不仅需要通过自主探究为其相信的目标命题提供充分的认知辩护，也需要借助他人（尤其是专家）提供的证言以间接的方式获取知识，对于他人的认知依赖（epistemic dependence）体现了在信息大爆炸和知识专业化时代人类真实的认知境遇。知识的快速增长、碎片化以及个体认知能力的有限性，使得认知分工越来越精细，随之而来的不同学科、不同领域之间的专业壁垒也越发明显。跨越专业壁垒并非易事，因此每个人在追寻知识的过程中都不同程度地依赖他人，特别是专家提供的证言，专家证言也成为普通认知者能够依赖的一种快速而有效的获得新知识的方式。在科学知识的生产与传播过程中，“不同的人员负责专门的部分，彼此之间相互依赖。团队成员之间通过证言来分享研究成果，

[1] Alvin Goldman, *Pathways to Knowledge: Private and Public* (New York: Oxford University Press, 2002), p. 157.

他们一般不直接共享支撑结论的那些原初的辩护，这不单是出于效率的考虑，更是因为单个认知者不可能掌握全部相关的专业知识和技能来理解和评价与项目研究相关的方面”[1]。所以，知识的生产与传播过程中都存在人与人之间的认知依赖，特别是对于普通认知者而言，他们借助专家证言为其相信的目标命题提供认知辩护，以获得陌生领域的新知识。

另一方面，人们越来越清醒地意识到，普通人在认知辩护过程中的自主性与责任同上述对专家证言的认知依赖之间形成了一定的张力。众所周知，笛卡儿以来的知识论传统，特别是内在主义传统强调认知者自身的辩护在其进行知识断言过程中的重要性，换言之，一个人进行合理知识断言的前提是认知主体能够为其持有的命题态度提供充分的认知辩护，而不是依靠运气或者道听途说的方式碰巧获得真信念。所以，在面对专家证言时，如果一个证言的接受者仅仅依靠专家提供了证言这一行为本身就相信目标命题为真，那么他（她）在这一过程中就没有充分发挥出其认知上的自主性，他（她）获取知识的过程会显得太过容易。人们时常会碰到如下情况，当一个人被问及为什么相信某个命题是真的，他（她）的回答直截了当：“某某专家如是说！”但是，除此之外，他（她）无法为其信以为真的目标命题提供相应的认知辩护，而更可能是轻信或者人云亦云。人们认为一个认知者的自主性与其应该承担的认知责任之间存在紧密的联系，如果他（她）没有为其相信的目标命题提供充分的认知辩护，他（她）就会被视作没有履行其在认知活动中应该承担的责任。换言之，人们会认为他（她）在相关认知活动中的表现是轻率的、不负责任的，因为他（她）没有提供充分的理由使其有资格进行相应的知识断言。

而当一个普通认知者面对不同专家提供的证言，特别是不一致的专家证言的时候，如何处理好对专家证言的认知依赖与履行他（她）所肩负的认知责任之间的张力就显得更加棘手。我们之前已经阐明，人们不应该轻率地认为专家证言直接向证言接受者传递了知识，事实上也并不存在某种

---

[1] Jeroen de Ridder, “Epistemic dependence and collective scientific knowledge,” *Synthese* 191, no. 1 (2014): 46.

一劳永逸的方式或者程序能够帮助一个普通认知者在面对认知分歧的时候轻松准确地判断孰是孰非。虽然专家证言为普通认知者提供了获取知识与进行认知辩护的重要资源，但是如何恰当地对待并利用好这些资源既取决于专家证言本身的真实性与可靠性，也取决于普通认知者接受专家证言的合理性。只有在证言接受者对目标命题进行认知辩护的过程中，专家证言才可能发挥其应有的作用，并充分体现出认知者的自主性及其应该履行的认知责任。正如在司法实践中，"法官要对专家证言提供主体的资格、专家证言的产生手段与专家证言的关联性这三个维度进行可采性裁量"[1]。换言之，一位负责任的法官不仅需要有能力判断提供证言的主体是否具备相关的专业背景以及主体的专业背景是否可以直接用于分析待证对象，而且还要能够判断专家证言与案件本身的关联性的强弱，以决定采纳还是排除专家证言。事实上，近些年来这种更高的认知要求客观上提高了法官队伍的专业化水平，法庭中出现认知分歧情况时的最终裁定权交给了法官。而在日常的认知情境中，当普通认知者面对不一致的专家证言时，他们往往难以找到这样公正、可信赖的法官。所以，为了避免对专家证言的盲从，同时为了应对在产生分歧的专家证言之间的选择困境，普通认知者需要积极承担起自身的认知责任，即便不是直接对专家证言与目标命题之间的关联性进行亲身探究，也至少要对不同专家的可信赖程度进行分辨，这样才能在对专家证言过分的认知依赖与充分发挥自身的认知自主性之间保持一种恰当的平衡，毕竟追求真理不是一件容易的事。

专家证言为人们进行认知辩护提供了重要的依据，是普通人获取知识的重要来源。但是面对认知分歧，尤其是对于处理好在充分发挥专家证言的辩护效力和盲目迷信专家证言之间的张力而言，人们不仅需要客观定位专家证言在认知辩护中的作用与限度，还需要充分考虑认知者自身的辩护责任与认知自主性，以及自证与他证在认知辩护过程中的关系，这样才能更加合理地对待与运用专家证言，减少认知分歧，扩大共识进而获得真理。

---

[1] 程乐、王欣：《语言证据与专家证言：美国司法实践视域下的可采性研究及其启示》，《浙江大学学报》（人文社会科学版）2017 年第 6 期，第 188 页。

Expert Testimony and Its Limits in Resolving Epistemic Disagreement

(Yu Guofei, School of Philosophy and Sociology, Huaqiao University, Xiamen, 361021)

Abstract: Testimony is considered to be one of the most important resources for knowledge in contemporary social epistemology. With the testimony provided by others, and expert testimony in particular, people can make a better epistemic justification and therefore achieve knowledge in an indirect way. However, in the process of epistemic justification, there is a dilemma for us to use expert testimony properly rather than follow it blindly. Especially in the scenario of peer disagreement, it is a perplexing and vital problem for us to make a rational choice between conflicting testimonies. This essay aims at explicating the characteristics of expert testimony, and its role in epistemic justification and limits, deepening our understanding of the relationship among epistemic autonomy, responsibility and dependence, therefore, figuring out the significance of expert testimony for the resolution of the epistemic disagreement.

Keywords: expert testimony; epistemic disagreement; autonomy; epistemic responsibility; epistemic dependence

伦理学与政治哲学

超人类主义会损害平等吗？
——驳福山的生物保守主义观点

钟焕林*

摘要：超人类主义主张依靠科技手段从根本上超越人自身的生物极限以改善人的境况；但以福山为代表的生物保守主义者担忧，这一方案将从根本上触动人的本质，以及建基于其上的人的平等和尊严。本文则力图指出：福山所主张的“自然权利”理论将允许权利分配的等级制度；并且，由于他对人的本质及其与平等的关系的错误理解，福山反对超人类主义之论证的两个关键前提是错误的，因此他的整个论证不能成功。

关键词：超人类主义；增强；人的本质；平等；福山

一、引言：超人类主义的理想

人类在体力、智力、情感、意志和寿命等方面都存在十分明显的极限。人类自身的这种有限性和外部世界的无限性之间的矛盾从根本上决定了人类的境况在很多方面都不尽如人意。为了改善这种境况，在持续改造外部世界的实践之外，不断超越人在上述各方面的极限也是人类世世代代的追求。

传统上，这种超越的追求主要依靠教育（即在体力、智力、情感、意

---

* 作者简介：钟焕林，湖南大学岳麓书院哲学系助理教授，主要研究方向为形而上学。电子邮箱：zhonghuanlin@126.com。本文系国家社科基金青年项目“分析哲学视阈下的同一性问题研究”（18CZX047）的阶段性研究成果。

志和行为等方面对人进行的培养和训练）来实现。事实证明，人类在这方面的努力虽然不能说毫无成效，但远没有取得决定性的突破。

现代科技的勃兴，以及人类依靠科技手段在改造外部世界方面取得的丰功伟绩，让人们看到了科技的巨大力量。超人类主义（transhumanism）主张，就像我们可以使用科技手段改造外部世界一样，我们也可以用科技手段直接改造我们自身（即人的生物有机体），以便增强（enhance）人各方面的功能和表现，超越人类现有的存在形式和极限，克服衰老甚至死亡，并最终改善人类的境况。例如：通过基因工程修复人类基因中的缺陷来增强人类的体力、智力，克服疾病和衰老过程，改变由“自然彩票”的随机分配带来的人类个体间自然天赋的不平等；使用纳米机器人发现和修复受损的人体组织和器官；用再生医学帮助肢体残疾患者重获新生，甚至通过“上载”（uploading）等方式来实现永生。超人类主义的方案如此具有颠覆性，以至于法国哲学家吕克·费希称之为一场“革命”[1]。

20 世纪以来，高新科技的高歌猛进，让人们（包括超人类主义的反对者们）相信超人类主义的“革命理想”具备了现实的可能性。这种可能性引发了包括生物保守主义者（bioconservatives）在内的一部分人的强烈担忧。他们认为，超人类主义是“世界上最危险的想法”[2]。这种担忧，在最深层次上无关功利后果，而是担心在生物层面对人的增强将从根本上触动人的本质或人性。

鉴于生物保守主义者声称拥有人的本质是享有平等尊严和权利的基础，这种对平等的担忧无疑已成为超人类主义面临的一个重要挑战。本文则旨在回应生物保守主义者这种对平等的关切。具体说来，我将在本文的第二部分重点分析著名的生物保守主义者弗朗西斯·福山有关平等的观点和论证，以及由此而来的对超人类主义和人类增强的担忧；然后在本文的第三部分证明福山试图把权利上的平等建基于自然上的平等的做法是南辕

[1] ［法］吕克·费希：《超人类革命》，周行译，湖南科学技术出版社，2017 年，第 4 页。

[2] Francis Fukuyama, “Transhumanism,” *Foreign Policy* 144 (2004): 42.

北辙的，因为其坚持的“自然权利”理论将导致事与愿违的逻辑结论；最后在本文的第四、五部分指出福山反对超人类主义的论证所依赖的两个重要前提是错误的。本文认为，福山对人和技术的本质等关键问题的理解是错误的，他从人的本质出发构建起的有关平等的论证和对超人类主义的反驳不能成功。生物保守主义者对未知的畏惧心理和保守态度不足以应对人类面临的各种已知的和未知的事关存亡的风险（existential risks）。

二、福山的担忧：平等成为牺牲品

生物保守主义者对超人类主义的构想充满了担忧。他们认为，生物增强技术对人体的增强、改造和介入会在生命安全与健康、经济成本和社会生活等方面引发不利后果[1]，也难以保证每一个人在获得增强技术带来的好处方面享有平等的机会，而且在涉及竞争的领域可能导致不公平[2]。

但上述功利方面的考虑远非他们心中最深层的忧虑。著名的生物保守主义者福山说：

> 虽然对非预期的后果和无法预见的代价的担忧是合理的，人们对技术表现出的最深层次的恐惧却完全无关功利，而毋宁说是害怕技术最终将以某种方式使我们丧失人性——始终构成我们理解我们是谁、我们将向何处去的基础的一些本质属性，尽管在历史的进程中人类的状况已经发生了很多显著的变化。[3]

福山认为，我们正在跨越人类和后人类历史的分水岭而不自知，因为

[1] cf. Francis Fukuyama, *Our Posthuman Future*: *Consequences of the Biotechnology Revolution* (New York: Farrar, Straus and Giroux, 2002), pp. 91—97.

[2] cf. President's Council on Bioethics, *Beyond Therapy*: *Biotechnology and the Pursuit of Happiness* (Washington, D.C., 2003), pp. 280—283, accessed May 2, 2022, http://hdl.handle.net/10822/55934.

[3] Fukuyama, *Our Posthuman Future*, p. 101.

我们忘记了我们的本质是什么；而这个在生物技术革命中因被我们遗忘而可能丧失的人的本质或人性，是"所有人作为人而共有的典型物种特征"，也是"生物技术革命的最终风险所在"。[1]

人的本质被福山看作最终风险所在，原因在于他把人的本质和人的平等与尊严联系在一起。他认为"要求平等承认或尊重是现代性的支配性激情"，保证每一个人都享有最基本的平等权利或尊严至关重要。[2] 并且，在福山看来，权利的平等完全建基于人在自然上的平等。他说："人会有平等的自由，只是因为人在自然上就平等。或者，以更肯定的方式说，人在自然上平等的事实要求实现政治权利的平等。"[3]

所谓人在自然上平等（或"生而平等"），对福山而言，只是说人都拥有一个共同的、固定的本质或人性。福山认为，人们因个体差异和所属文化的不同而呈现出千差万别的状态，但我们享有共同的人类本质；正是这一个普遍存在的共同点使得每一个人都享有同等的基本权利或尊严。[4] 他说：

> 权利平等观念的基础，是相信我们都拥有人的本质并且它使得我们在肤色、容貌甚至智力上的明显差异不再重要。这一本质以及认为所有个人因此有了内在价值的观点，是政治自由主义的核心。[5]
>
> 对平等承认的要求意味着，当我们剥除一个人身上偶发的和偶然的特性，在其下仍然有某些本质性的人类品质——且称之为 X 因子（Factor X）——值得受到最起码的尊重。[6]

这就是说，拥有一个共同的人的本质是享有最基本的平等权利或尊严

[1] Fukuyama, *Our Posthuman Future*, p. 101.
[2] Ibid., p. 149.
[3] Ibid., p. 216.
[4] cf. Ibid., p. 9.
[5] Francis Fukuyama, "Transhumanism," *Foreign Policy* 144 (2004): 42.
[6] Fukuyama, *Our Posthuman Future*, p. 149.

的充分条件。不仅如此，福山还认为前者是后者的必要条件。在福山看来，“像平等这样的政治原则，必须建基于对人类‘本性’如何的经验观察”[1]。他说，我们不需要在所有方面都完全一样，“但我们必须在某些关键方面一样才能享有平等的权利”[2]。这个“关键方面”就是我们的本质或人性。拥有这个共同的本质，是我们享有平等权利或尊严的必要条件。如果没有这个共同的本质或人性，我们将“没有任何可能的理由”反对不平等。[3]

但是，福山认为改变这一本质是超人类主义方案的核心。他担心，当我们对一部分人进行增强时，我们就再难以保证这种造物和我们之间的平等，因为他们不再和我们拥有相同的本质，或者说因为他们已经不是人类。

简而言之，福山认为人类个体之间的平等完全取决于我们拥有共同的、固定的人类本质，生物技术对人体的增强势必改变我们的固有本质，继而不可避免地会对人类个体之间的平等造成损害。所以，他担心“超人类主义的第一个牺牲品可能就是平等”[4]。但显然，福山真正想要说的是，每个人的平等不容牺牲，所以必须全面禁止在生物层面对人类的增强。

三、对福山的初步回应

按照尼克·波斯特洛姆（Nick Bostrom）的总结，福山这里的关键论点是，捍卫每个人的平等权利和拥护人类增强这两者不相容。他认为福山的论证预设了三个前提：“（1）存在一个独一无二的‘人的本质’；（2）只有拥有这个神秘本质的那些个体才有内在价值，才配享有平等权利；并

---

[1] Fukuyama, *Our Posthuman Future*, p. 111.

[2] Ibid., p. 153.

[3] cf. Ibid., p. 154.

[4] Francis Fukuyama, “Transhumanism,” *Foreign Policy* 144 (2004): 42.

且（3）超人类主义者提倡的增强会消除这一本质。”[1]

为了回应福山的挑战，超人类主义者通常把直接证明上述前提的错误当作主要工作。[2] 虽然我认为他们的回应在不同程度上都是成功的，但对于包括福山在内的生物保守主义者而言，这些回应都是一种外部批判，他们很难接受对其论证前提的直接否定。为了防止一开始就陷入对这些前提的无休止的争论，本文将采取一种略为不同的策略，即一种类似于归谬法的策略。具体说来，我将先暂时假定福山的论证所依赖的前提都是正确的，然后证明它们所蕴含的逻辑结论实质上将与他的目标背道而驰，达到“以子之矛攻子之盾”的效果。

我们已经看到，福山坚信自然上的平等是权利上平等的必要条件。而所谓自然上平等，对他而言只意味着拥有一个共同的人性。那么到底什么是人性或人的本质呢？颇具讽刺意味的是，“言必称人性”的福山给出的答案却是一个神秘的未知数“X”。他说：“X 因子（Factor X）就是人的本质，是人之为人的最基本意义。”[3] 他认为，人的本质与“我们都是复杂的整体”这一事实相关，因此“X 因子不能被还原为拥有道德选择、理性、语言、社会性、感知、情感、意识或任何被当作人之尊严的基础而提出的其他性质。正是一起出现在一个人的整体中的所有这些性质构成了 X 因子”[4]。也就是说，无论我们如何定义这个被称为“X 因子”的人性，它都并非某个单一的性质，而是构成人这个复合整体的一簇性质的集合，

---

[1] Nick Bostrom, “Transhumanism: The World's Most Dangerous Idea?” accessed May 2, 2022, https://www.nickbostrom.com/papers/dangerous.html.

[2] cf. Nick Bostrom, “In Defense of Posthuman Dignity,” *Bioethics* 19, no. 3 (2005): 202—214; Mark Solomon and Nick Bostrom, “The Transhumanist Dream,” *Foreign Policy* 146 (2005): 4; Allen E. Buchanan, *Beyond Humanity: The Ethics of Biomedical Enhancement* (Oxford: Oxford University Press, 2011); 吕克·费希：《超人类革命》，第 82—91 页。

[3] Fukuyama, *Our Posthuman Future*, p. 150.

[4] Ibid., p. 171.

即“人这个物种源于遗传而非环境因素的典型行为与特征[1]的总和”[2]。

这意味着“是否拥有人性”将会是一个或多或少的问题，而非全有或全无的问题。首先，并非所有人类个体都拥有全部的物种典型行为与特征。对福山而言，作为物种典型行为与特征的人性，与其说是所有人类个体身上都有的、数学意义上的一个“公因数”，不如说是统计学意义上的一个“中位数”。[3]其次，即使是几乎所有人都拥有的那些典型行为与特征，不同的人类个体拥有它们的程度也是有差别的。正如福山自己所言：“理性、道德选择和具有物种典型的全部情感，这些几乎是所有人都享有的东西，并因此是普遍平等的基础，但不同个体拥有这些特质的量或多或少：有的人比其他人更理性，更有良知或情感上更敏感。”[4]概而言之，不同的人类个体可能或强或弱地拥有不同数量的人类物种典型行为与特征——这里存在某种“程度”。

人在拥有人性方面事实上存在的这种“程度”，意味着人在自然上是不平等的——哪怕在最基本的层面上也是如此。但按照福山的理论，自然上的平等是权利上平等的必要条件；因此，人在权利上平等的必要条件显然没法得到满足。换言之，严守福山的理论，人在权利上的平等就不能得到保证。

另外，根据福山的“自然权利”理论，人的权利完全根植于自然——特别是人之自然（human nature），即人性。不仅自然上的平等是权利上平等的必要条件，而且自然上的差等序列和权利上的差等序列存在一个正相关的对应关系，自然上越是优越则权利上越是优先，反之亦然。由此推论，人性概念所允许的这种“程度”将合乎逻辑地带来权利上的更为细致的相应等级。

---

[1] 所谓人类“典型行为与特征”，福山虽有举例但并未对其进行严格界定。他承认：“对于赋予个体权利的人类本质特征的清单，就其准确定义而言，并没有共识。”（Fukuyama, *Our Posthuman Future*, p. 175.）

[2] Fukuyama, *Our Posthuman Future*, p. 130.

[3] Ibid.

[4] Ibid., pp. 174—175.

福山自己也注意到了这一点。他说:"乍看起来,把人的尊严建基于人类具有某种独一无二的特征这一事实之上的自然权利理论,似乎会允许根据这一物种的所有单个成员享有那些特征的不同程度来划分权利的等级。"[1]他承认这种划分的可能性,并认为这在历史上也实际发生过——比如"天生的贵族"(natural aristocracy)这一提法所反映的情况。

但是,他又说:"不过存在一个强有力的审慎理由能够说明,为什么在政治权利的分配上不要太过等级化。"[2]他的这个理由就是,人们对能够赋予人权利的人类本质特征没有共识,并且很难就某个人类个体拥有这些特征的程度做出客观的判断,因为几乎没有一个判断者不是利益相关方。福山认为,现实世界中存在的贵族都并非天生,而是源于社会惯例或规约,他们宣称源自天然的特权实际上也都是通过强力或社会惯例获得的。

我认为,福山在此未能坚持其自身理论的一贯逻辑。出于审慎的考虑而在实践层面上的保留,并不能否定一个理论在逻辑层面上的后果——政治权利分配的等级化风险仍然会是其理论无法排除且不得不面对的逻辑结论。这一点也正好说明了为什么历史上存在的某些特权阶层要宣称他们是"天生的贵族"。他们正是意识到福山式的"自然权利"理论能够被利用才声称自己在自然上的(天生的)优越性,因为按照这一理论,自然上的优越意味着权利上的优先。现实世界中的贵族事实上是通过强力或社会惯例攫取特权这一点,并不能否认在学理上"自然权利"理论蕴含权利分配的等级制度这一结论。

这一结论恐怕是福山始料未及的。他试图用来为平等奠基的"自然权利"理论不无吊诡地走向了其反面,并成为优越阶层攫取特权的理论利器。可以说福山试图用"自然权利"理论来捍卫平等的做法是南辕北辙、抱薪救火。

总而言之,我们基于福山的"自然权利"理论,符合逻辑地推出了福

---

[1] Fukuyama, *Our Posthuman Future*, p. 174.

[2] Ibid., p. 175.

山自己也不能接受的结论。如果我们坚信人人都应该享有最基本的平等权利或尊严（这一点也正是福山力图捍卫的），那么问题只能是出在福山自己的理论上。

我们在上文中的推理完全是基于福山理论中的如下两个预设：一是关于人性（人的本质）的预设，即人性是人这个物种源于遗传而非环境因素的典型行为与特征的总和；二是关于人性和权利之关系的预设，即自然上的平等（或者说，拥有一个共同的人的本质或人性）是拥有最基本的平等权利或尊严的必要条件。如果上文的分析是正确的，那么福山理论中的这两个预设必有一假（事实上我们将证明福山的两个预设都为假）。并且，我们将看到，如果福山的第一个预设为假，那么超人类主义提倡的增强就未必会损害人的本质；如果福山的第二个预设为假，那未被增强者和被增强者未必不能享有平等权利和尊严。

四、自然上的平等并非权利上平等的必要条件

我们先来看福山的第二个预设，然后在本文的下一节中讨论福山的第一个预设。我认为，福山的第二个预设（即尼克·波斯特洛姆所说的前提2）必须被抛弃。

首先，福山对这一预设的论证不能成功。按照这一预设，拥有人的本质对享有最基本的平等权利或尊严是必要的；换言之，只有人才能享有最基本的平等权利或尊严。但是，为何只有人才能享有这种权利或尊严？

福山的回答是，因为人是独特的。他说：“物种主义（speciesism）未必就是人类无知和自私的偏见，而是一种关于人类尊严的信念，这一信念可以基于对人的独特性的实证性观点得到辩护。”[1]换言之，“人类身上有某种独特的东西，它赋予这一物种的每个成员高于自然世界其他成员的道德地位”[2]。这种独特性即人所独有的那些典型物种特征。

---

[1] Fukuyama, *Our Posthuman Future*, p. 147.

[2] Ibid., p. 160.

现在的问题是，几乎每种动物都是独特的，为什么只有人类的物种独特性能匹配这种道德地位或尊严？为什么人在生物层面的独特性具有道德方面的意义？福山的回答是，人的独特性更高级、更优越。

但我认为，福山这种基于物种独特性上的差别来为道德地位上的差别作辩护的做法不能成功。原因有三：第一，按照福山的“自然权利”理论，自然上的优越是权利上优先的基础，但所谓“自然上的优越”已经预设了价值判断——实际上，各物种的物种独特性只是不同种类的生物事实，本身并没有绝对的优劣之分；第二，即使各物种的物种独特性有所谓优劣之分，福山也很难证明人的独特性更优越，因为动物在很多能力上都超过人类（当然，反之亦然）；第三，福山本人并不能一贯地坚持这一论证的内在逻辑。也就是说，他在对待非人类动物和被增强者时不能采取一致的立场。按照福山的逻辑，那些在对人的本质而言十分关键的能力方面被增强的造物就应该享有高于人的权利或尊严（就像人类相对于其他动物享有更高的权利和尊严一样），因为它们在自然上将比人类更优越，虽然这样的生物尚不存在。但是福山显然不准备接受这一点。事实上，他对这种被增强的造物充满了担忧并力图阻止其产生。福山一方面基于物种主义立场认为人类享有比现有其他动物更高的地位和尊严，另一方面却极力反对由于增强而产生的后人类享有高于人的道德地位和权利。这显然不是一种一致的立场。[1]

其次，这一预设面临明显的反例，即福山所说的“并不完全拥有被我们定义为刻画了人的独特性的那些能力的人”[2]。如果前提（2）是真的，那么他们的平等权利或尊严就得不到保证，因为很难说他们拥有那个神秘的人类本质“X 因子”。但是，对于植物人、阿尔茨海默病患者、智力严重残疾者、婴儿（甚至胎儿），我们通常都赋予他们最基本的平等权利或

[1] 需要特别注意的是，我们这个论述并非要反对福山的人类中心主义立场，也不是要主张超人类和后人类（或其他比人类强大的存在者）应该享有高于人的权利和道德地位，而是要反对福山关于什么是享有最基本的平等权利或尊严的必要条件的观点和论证。

[2] Fukuyama, *Our Posthuman Future*, p. 174.

尊严，虽然他们并不拥有或极少拥有福山所说的理性、道德选择、全部的人类情感等“X因子”的关键要素（即所谓“刻画了人的独特性的那些能力”）。如果人类社会的这种赋予他们最基本的平等权利或尊严的做法是合理的（这一点不容否认），那么拥有或完全拥有人的本质就不是享有最基本的平等权利或尊严的必要条件。福山的预设显然太强了。[1]

福山的这一过强的预设给他自己带来了很多理论难题。例如，福山在批评西尔弗（Lee M. Silver）时说，如无一个稳定的、为所有人共有的本质，那么西尔弗将“没有任何可能的理由”能够反对基因富足阶层要求赋予自己相对于基因贫困阶层更高权利的企图。[2] 但是，“没有任何可能的理由”反对这种不平等的不正是福山自己吗？按照他的理论，自然上的平等对于权利和尊严上的平等是必要的；但这恰恰是不同的基因阶层不能满足的。他唯恐出现基因上不平等的造物（他忽视了在基因层面我们每个人本来就不平等这一事实），唯恐人类掌握改变自身本质的力量，原因仅仅在于这一旦成为现实，他自己的理论将再难以为他们的平等提供理论基础或正当性辩护。

这也许可以解释为什么福山要特别强调人在自然上的平等是一个“经验事实”[3]。其实，这完全不是什么“经验事实”——事实正好与此相反，人生来就不平等。正如我们在上文中所见，即使按照福山自己的观

[1] 为了应对这类反例，物种主义者的通常做法是声称：一个物种的成员拥有某种道德地位的原因在于这一物种的普通或典型成员拥有某种独特性或能力，而不在于这一个物种的每个成员都拥有这种能力。但这类辩护不能成功，因为问题仍然挥之不去：“如果一个物种的成员的道德地位被证明是基于该物种成年的普通成员碰巧拥有的那些能力，那么仍然不清楚的是为什么该物种中缺乏这些能力的成员应该被赋予完全的道德地位。”［Steve Clarke and Julian Savulescu，“Rethinking our Assumptions about Moral Status，” in *Rethinking Moral Status*. eds. Steve Clarke，Hazem Zohny and Julian Savulescu（Oxford：Oxford University Press，2021），pp. 6—7.］另外，这些能力有可能被其他物种的成员所具有，没有理由认为被增强后的人类个体或后人类个体不能具有这种能力。由此看来，拥有人的本质或人类物种成员身份对享有完全的道德地位而言并非必要的。

[2] Fukuyama，*Our Posthuman Future*，p. 154.

[3] Ibid.，p. 9.

点，在拥有人的本质这一薄弱的共同点上，人与人之间也有十分大的差别；更不用说不同的人类个体在肤色、身高、性别、体力、智力等方面都存在很大的差别。这意味着，按照福山的理论，现存人类、人类被增强者以及其他形式的智慧生命之间（甚至人与人之间）的最基本的平等得不到保证。

福山自己的解决办法是，全面禁止对人类的生物增强，不要让在自然上更高级的东西产生。他说："最明智的做法，很简单，就是禁止使用生物技术增强人的特质，并防止这方面的竞争。"[1] 我不知道这种对未知事物的拒绝是否是"最明智的"，但肯定不像他想象的那么"简单"。

我认为，最简单的办法恰恰应该是抛弃福山的"自然权利"理论所预设的错误前提，即前提（2）。一种好的理论应该对现实具有很强的解释力并支持我们所珍视的价值。现代生物技术的发展，虽然带来了新的基因阶层产生的风险，但也为改变"基因博彩"在人的自然禀赋分配上的不公平提供了转机。通过增强而产生的超人类或后人类并不一定会对平等造成损害，因为保证权利的平等并非只有保证自然上的平等这一途径。正如尼克·波斯特洛姆所言：

> 福山担心，通过增强一部分人并改变共有的"人的本质"，超人类主义的计划将破坏权利平等的基础。这种担忧是错置的。自由民主制所说的"人的平等"，并非字面意义上所说的所有人在他们的各种属性上平等，而是说他们在法律面前一律平等。拥有被改变或被增强的能力的人仍将保有道德行动的能力，并因此保有"人的本质"的核心部分。目前超人类主义面临的真正挑战是确保每个人都能获得它所提供的机会。[2]

如果福山的前提（2）是错误的（这一点我相信在上文中我已经证

---

[1] Fukuyama, *Our Posthuman Future*, p. 158.

[2] Nick Bostrom, "The Transhumanist Dream," *Foreign Policy* 146 (2005): 4.

明)，那么超人类主义面临的有关平等的挑战就不是形而上层面的，而仅仅是一个分配正义问题，即尼克·波斯特洛姆所说的如何保证每一个人都能获得超人类主义计划所提供的机会的问题。这一问题相对于人类目前面临的其他分配正义问题并没有太多特殊性。

如果自然上的平等并非权利上平等的必要条件，那么人类（未被增强者）和后人类（被增强者）之间的平等未必不能保证，即使像福山说的那样“一部分人背上长出马鞍，而另一部分人则生而拥有马靴和马刺”[1]。问题的关键不在于事实上是否存在不平等，而在于这种不平等是否能被合理地反对。权利上的“应然”往往是对“实然”的否定。即使在目前这个世界中，也有人因财富、权力、地位等因素的“增强”而获得了相对于他人的优势地位，但这并不意味着这种优势地位是合理的。现代社会中人在权利上的平等正是对人在自然上的不平等的超越，强者和弱者在权利上的平等并非建立在他们天生平等这一基础之上——事实是他们生而不平等。我们都是人这一事实并未为我们之间的平等贡献多少力量，人的平等、尊严和权利完全不是自然的产物，而是人类经过艰苦斗争创造的文明成果。人类和后人类在权利上的平等之建立将亦复如是。

五、人的本质并不在于成为一个动物机体

现在让我们再来看福山的理论关于人性的预设。我认为福山对人性(人的本质）的理解是片面和狭隘的。福山说：“我将在此使用的人性(human nature）一词的定义如下：人性是人这个物种源于遗传而非环境因素的典型行为与特征的总和。”[2]这一定义是从人的动物性的角度来理解人和人的本质，把人看作生物学意义上的一个物种。福山认为，人类“源于遗传”的典型行为与特征从根本上说是由基因决定的。如果暂不考虑基因结构和人的行为与特征之间的复杂关系，也暂且不提增强人类的手段并

---

[1] Fukuyama, *Our Posthuman Future*, p. 10.

[2] Ibid., p. 130.

非只有基因改造这一种，那么我们就不难理解，为什么福山认为人有独特的、固定的本质并且超人类主义的方案会损害这一本质。

福山在《我们的后人类未来：生物技术革命的后果》一书首章的题记中曾引用海德格尔《技术的追问》一文中的一段话：

> 对人类的威胁不只来自可能有致命作用的技术机械和装置。真正的威胁已经在人类的本质处触动了人类。集–置之统治地位咄咄逼人，带着一种可能性，即：人类或许已经不得逗留于一种更为原始的解蔽之中，从而去经验一种更原初的真理的呼声了。[1]

引起福山共鸣的大概是海德格尔断言技术的威胁“已经在人类的本质处触动了人类”这一点。但是，当福山对这一点津津乐道时，他似乎并没有真正理解上面这段话，因为他对人之本质和技术之本质的理解与海德格尔的观点相差甚远。

海德格尔说，“人的本质并不在于成为一个动物机体”[2]。他认为，当我们把人当作所有动物中的一员，并通过指出人的某些独有的特征、行为或能力而与其他动物划清界限时，人还是落入了动物性之本质领域内，虽然我们总是能够关于人说出某种正确的东西，但我们并没有走在理解人之本质的正确道路上。[3]

对于海德格尔来说，人是存在之澄明，即绽出之生存。人的本质就在他的绽出之生存中，而“绽出之生存也决不能被看作其他各种生物中间的特殊的一种”[4]。海德格尔说：“说到底，当我们把人之人性规定为绽出之生存时，关键的一点就是：本质性的东西并非人，而是存在，即作为绽

[1] ［德］海德格尔：《技术的追问》，载《演讲与论文集》，孙周兴译，商务印书馆，2020 年，第 31 页。

[2] ［德］海德格尔：《关于人道主义的书信》，载《路标》，孙周兴译，商务印书馆，2000 年，第 381 页。

[3] 同上书，第 378—379 页。

[4] 同上书，第 380 页。

出之生存的绽出状态之维度的存在。”[1] 人的本质显然并非某种固定不变的东西，超人类主义的方案也未必会伤害人的这一存在维度。换言之，人的本质就是其存在。如果不能理解这一点，就很难正确地谈论人和人的权利与尊严。正如吕克·费希所说，如果不把人理解为具有超越自然本性的自由的存在，“那么我们就得谈动物行为学而非伦理学，我们就得描述事实的行为、根植于习俗的思维方式，而非谈强制性规范”[2]。

此外，福山所理解的技术对人的威胁，还停留在海德格尔所说的“技术机械和装置”层面，即停留在具体的技术（例如基因编辑技术）对人的威胁这一层面，但海德格尔所说的“真正的威胁”并不在此。海德格尔认为，“技术不同于技术之本质”——就其本质而言，技术乃是一种解蔽方式，而“完全不是什么技术因素”；[3] 相应地，“这个危险的东西并不是技术，……技术之本质作为解蔽之命运乃是危险”[4]。简而言之，海德格尔更多的是强调技术之本质［即“集-置”（Ge-stell）］对人的威胁，而不是具体的技术对人的威胁。集-置之危险在于，凡是它占统治地位之处，“便驱除任何另一种解蔽的可能性”[5]，以至于人不能进入更原初的无蔽领域并体验更原初的真理的呼声。技术之本质所带来的危险，对生物保守主义者和超人类主义者而言都是一样的。

这种“最高意义上的危险”[6] 是生物保守主义者也必须面对的。在这一危险面前，“无助地反抗技术，把技术当作恶魔来加以诅咒”和盲目地推动技术的做法“始终是同一回事”。[7] 以福山为代表的生物保守主义者对技术的那种强烈的控制意愿，表明他们对海德格尔所说的技术之本质一无所知。其实，把一切纳入控制中、不允许越不确定性的雷池一步的意

---

[1] 海德格尔：《关于人道主义的书信》，第 392—393 页。

[2] ［法］吕克·费希：《超人类革命》，周行译，湖南科学技术出版社，2017 年，第 85 页。

[3] 海德格尔：《技术的追问》，第 5 页。

[4] 同上书，第 30—31 页。

[5] 同上书，第 30 页。

[6] 同上书，第 31 页。

[7] 同上书，第 28 页。

志，正是一种订置行为，也正是集-置所带来的那种危险的体现。这种危险不在技术中，而在人的思想中。生物保守主义者的头脑完全被集-置所指引的那种解蔽方式占据了，缺乏任何诗性和想象力，他们不可能理解超人类主义颇具理想主义特征和浪漫色彩的超前构想。

海德格尔把集-置看作解蔽之命运，但这种解蔽之命运并非不可回避的命定。他认为，“恰恰是技术之本质必然于自身中蕴含着救渡的生长”[1]。要守护这种救渡的升起，“首要的一点是，我们要洞察技术中的本质现身之物，而不是仅仅固执于技术性的东西。只消我们把技术表象为工具，我们便还系缚于那种控制技术的意志中。我们便与技术之本质交臂而过了”[2]。

这一点对我们当前的讨论的启发意义在于，一方面“我们随时都要把极端的危险保持在视野中”[3]；另一方面必须承认技术乃解蔽之命运，并在思索技术的本质中守护救渡的升起，而不是像生物保守主义者一样束缚于控制技术的意志中，以为对技术的完全掌控或简单拒绝就能避免危险。

生物保守主义者对技术的强烈的控制欲源于其对人的本质的保守看法。他们自己也承认“进化也许是一个盲目的过程，但它遵循无情的适者生存的逻辑，使得生物有机体适应它们的环境”[4]。但他们只看到进化的结果是一个能适应环境的、比较稳定的人性，而忽视了这个结果是怎样产生的。其实，正是因为人能适应变化，才在进化中走到了今天。如果人还将走向未来，那么人还得继续适应变化。人性也许是复杂的，但人性不是一成不变的，而是具有弹性和可塑性的。事实上，正如他们所注意到的，世界是一个复杂的系统，各个部分存在复杂的关联。这使得几乎没有哪种技术的后果是可以完全预知的，并且人类的每一项技术发明都或强或弱、或明或暗地改变着人性——我们已经不在堪萨斯了。

---

[1] 海德格尔：《技术的追问》，第 31 页。

[2] 同上书，第 36 页。

[3] 同上书，第 37 页。

[4] Fukuyama, *Our Posthuman Future*, p. 98.

人类确实需要警惕技术（特别是技术之本质）对人类的威胁，但这并不意味着“要保护我们所有复杂的、经进化而来的本性以反对自我修改的企图”[1]。超人类主义者认为，“人性并非本身就是目的，并非完美的，且无权要求我们对之忠贞不渝。相反，人只是进化之路上的一个点，我们可以学会按照我们认为可取的和有价值的方式重塑我们的本性”。[2]

生物保守主义者坚信“预防原则”（Precautionary Principle），以为在面对技术所带来的风险时只要止步不前就万事大吉了。三思而后行确实是一种智慧，但预防不等于禁止，不冒进也不等于不前进。如果一有未知风险就不敢越雷池一步，人类估计不会有今天的文明。超人类主义的方案还只是一种初步构想，它对人类而言是机遇还是风险还尚未可知，极有可能会是二者兼而有之。但即使有风险，也不意味着风险是不可控的，更不代表我们只能坐以待毙。发展中出现的问题总要在发展中才能解决。超人类主义的方案本身可以并且必将存在一个不断调整、完善和具体化的过程。

我们这种“谨慎的冒险主义”并不仅仅是在说“不下水就学不会游泳”，而且还在于强调“不下水也未必安全”，因为天下的危险不止“水”这一种。除了技术对人之本质的威胁，能够毁灭人类的“存在性风险”还有天文灾害（例如小行星撞击）、大地震、全球气候变暖、全球性传染病、大饥荒、核战争等等。我们身处的这个浩瀚的宇宙还有太多的未知的领域，人类自身又太过有限和渺小，在严格的哲学意义上，我们不能确定毁灭和明天哪一个将会先来。人类如果不增强自身、不断超越自身极限并提高应对风险的能力，将难以处理已知的和尚未知的存在性风险。

世界本身充满了变化和不确定性。这要求人类适应这种变化，不是改变外部世界，就是改变人类自身。变化本身还不就是进步，但进步首先是变化。超人类主义者追求人的不断进化和完善，这并非追求达到一种完美

[1] Fukuyama, *Our Posthuman Future*, p. 172.

[2] Max More, "The Philosophy of Transhumanism," in *The Transhumanist Reader: Classical and Contemporary Essays on the Science, Technology, and Philosophy of the Human Future*. eds. Max More & Natasha Vita-More (New York: Wiley-Blackwell Publishing, 2013), p. 4.

的、静止的最终状态，而是认识到变化是世界永恒和绝对的主题，人类不在变化中转变就在变化中灭亡。超人类主义者并非意识不到变化的风险，而是承认人的有限性和脆弱性，并同时看到人的巨大力量。科技是人类力量的体现，但超人类主义并非技术至善论或技术万能论。超人类主义只是力求打破人类生物极限的枷锁，不断拓展永无止境的可能之域，让人类摆脱禁锢于地球的命运，并为后人类生活扩展可能的未来环境。即使最终人类作为一个生物物种必将灭亡（这是任何一种生物都不能避免的命运），作为我们文化意义上的后代的“后人类”的存在也足以告慰我们的心灵。

六、结论

生物保守主义者福山对人的本质及其与平等的关系的错误理解，使得他从人的本质出发构建起来的有关平等的论证和对超人类主义的反驳不能成功。超人类主义的方案未必会损害人的平等和尊严，因为一方面拥有或完全拥有人的本质对享有最基本的平等权利和尊严并非必要的，另一方面超人类主义的方案也未必会损害人的本质。福山极力主张的“自然权利”理论甚至会导致一种权利分配的等级制度，这与其目标是背道而驰的。生物保守主义者对未知的畏惧心理和保守态度不能应对各种已知的和未知的“存在性风险”，而超人类主义是一种更能适应变化的哲学。

Would Transhumanism Impair Equality? —A Refutation of Fukuyama's Bio-conservative View

(Zhong Huanlin, Department of Philosophy, Hunan University, Changsha, 410082)

Abstract: Transhumanism proposes to overcome fundamental human limits using science and technology, to improve fundamentally the human condition. But bioconservatives, among whom Fukuyama is a well-known representative, fear this transhumanist project would cause us in some way to lose our human nature and thus the universal human equality based on it. In this paper, I shall argue that the so-called "natural right" theory that Fukuyama advocates will allow a hierarchy of rights; and that the two crucial premises of Fukuyams' argument are false and therefore his whole argument against transhumanism concerning equality fails, due to his improper understanding of human nature and its relation with equality.

Keywords: transhumanism; enhancement; human nature; equality; Fukuyama

道德原则和想象力在道德推理中的作用
——来自认知科学的启示

陈四海*

摘要：理性主义认为道德推理是规则遵守的行为，是将终极道德原则适用于具体道德情境的过程，相对主义认为道德判断具有文化相对性，所以不存在普遍有效的道德推理形式。认知科学进路的道德推理理论认为抽象的道德概念在本质上是隐喻性的、非理性的，道德推理并不单纯是将抽象的道德原则应用于具体情境的过程，而是建立在对道德隐喻来源域经验的想象性理解基础之上。现实的道德推理过程是对道德想象力和道德原则的结合，没有道德想象力，道德原则是空洞的，没有道德原则，道德想象力是任意的。认知科学进路的道德推理观克服了理性主义和相对主义的二元对立，有助于正确认知和评估道德推理在道德进步过程中的作用。

关键词：道德推理；认知科学；道德原则；道德想象力

道德推理是实践理性在道德生活中的运用，在某种程度上"道德推理是最复杂和最困难的推理形式之一，任何充分的推理理论最终都必须直面它"[1]。围绕道德推理是否普遍有效，人们展开了激烈的争论。理性主义者认为道德推理在道德生活中具有重要的意义和价值，道德推理有助于解

---

* 作者简介：陈四海，安徽大学马克思主义学院副教授，主要研究方向为认知科学哲学。电子邮箱：myjiu@163.com。本文系国家社科基金项目"生态现象学对人与自然联系的哲学描述及当代重建"（18BZX053）、安徽省高等学校省级质量工程重点项目"认知科学视域下安徽大学大学生爱国主义教育的实践路径创新研究"（2022jyxm090）的阶段性成果。

[1] Larry May, Marilyn Friedman and Andy Clark (eds.), *Mind and Morals: Essays on Ethics and Cognitive Science* (London: The MIT Press, 1996), p. 1.

决道德难题、消除道德分歧和促进道德进步。道德相对主义则试图否定道德推理的有效性，认为道德推理无助于解决真正的道德分歧。认知科学为我们克服理性主义和相对主义道德推理观的二元对立提供了富有启发性的思路，“认知科学关注人类的推理和思维，通过元伦理学自然主义对伦理学做出了独特的贡献”[1]。美国著名哲学家马克·约翰逊[2]是认知科学进路的道德推理理论的代表，他认为理性主义和相对主义分别把握住了道德推理的某些特征，但是错误地把这些局部特征给普遍化了，因而都存在一定的理论缺陷。约翰逊试图将理性主义对道德原则的关切和相对主义对于想象力和道德情感的关切结合起来，提出了一种温和的带有一丝折中主义意味的道德推理理论。他在认知科学经验研究的基础上对道德原则和道德想象力进行了重构，道德原则不是普遍适用的绝对命令，是以往道德生活中集体道德经验的结晶，道德想象力不是任意的，是一种批判性的、要受到具身经验约束和限制的理性能力，而道德推理就是对道德原则和道德想象力的结合。约翰逊来自认知科学的经验思考有助于我们正确认知和评估道德推理在道德生活中的作用，一方面可以帮助我们破除希望通过道德原则的教导来一劳永逸地解决道德分歧和道德冲突的幻想，另一方面还可以帮助我们认识到切实有效地提升道德想象力和道德敏感度才是消除道德分歧、推动道德进步的最有力方式。

一、绝对主义和相对主义的道德推理观及其局限

作为一名道德行动者，我们在日常的道德生活中经常使用道德推理为自己的行为选择进行辩护、消除道德分歧、对他人进行道德说服和教育等

---

[1] Larry May, Marilyn Friedman and Andy Clark (eds.), *Mind and Morals: Essays on Ethics and Cognitive Science* (London: The MIT Press, 1996), p. 2.

[2] 马克·约翰逊（Mark Johnson, 1949—），美国俄勒冈大学哲学系教授，认知语言学的创始人之一，在语言哲学、隐喻理论、认知科学哲学和伦理学等众多学科领域都颇有建树，代表作有《我们赖以生存的隐喻》（与乔治·莱考夫合著）、《肉身哲学：亲身心智及其向西方思想的挑战》（与乔治·莱考夫合著）等。

等。比如我们会教导孩子：说谎是不对的，所以你不应该说谎。日常的道德推理虽然在形式上是不完整的，但是也能反映出道德推理的某些重要的形式特征，比如在道德推理中，往往会把一个普遍接受的道德原则作为前提，并且推理的结论是一个道德判断等。正如张华夏所指出，道德推理是为道德判断进行辩护的推理形式，道德推理的前提要至少包含一个道德价值命题，道德推理的结论是道德判断[1]。

道德推理是否会影响和改变我们的道德判断呢？或者说道德推理和作为结论的道德判断之间是一种什么样的关系呢？学者们给出了截然相反的回答。理性主义，或者约翰逊所谓的道德绝对主义认为道德推理和道德判断之间具有因果关系，道德推理可以影响或改变我们的道德判断。比如在二战中对于是否应该将受伤的抵抗战士简交给纳粹的问题上，家庭成员之间发生了分歧，儿子想要帮助简逃跑，而母亲认为这会给家庭和整个村庄带来危险，儿子问道："如果我是简，你会愿意别人把我交给纳粹吗？"母亲最终被儿子说服，他们帮助简恢复健康并成功逃脱纳粹的追捕。在这个案例中，"一致性推理不仅影响我们的道德观点，而且影响我们直觉的和情感性的道德立场。它不仅改变我们所思，而且改变我们所感"[2]。

道德相对主义认为不存在普遍有效的道德原则，道德原则具有文化和历史的相对性，所以道德推理和道德判断之间不具有因果关系。人们在道德推理过程中会选择对自己有利的道德原则作为前提来使得自己的行为选择合理化，来自经验观察的证据表明道德推理在道德进步过程中的作用显然被夸大了，"历史记录表明，道德推理远无法阻止大屠杀、种族主义和人类沙文主义等现象的发生，反而会积极地合理化这些现象"[3]。

约翰逊认为不管是道德绝对主义还是道德相对主义，他们的道德推理

---

[1] 张华夏：《论道德推理的结构》，《中山大学学报论丛》（社会科学版）2000年第2期，第142—154页。

[2] Richmond Campbell and Victor Kumar, "Moral Reasoning on the Ground," *Ethics* 122, no. 2 (2012): 274.

[3] Agnes Tam, "Why Moral Reasoning Is Insufficient for Moral Progress," *The Journal of Political Philosophy* 28, no. 1 (2020): 73.

观在道德实践中都具有一定的危害性。从道德绝对主义出发，我们会把道德建设的重点放在寻找和确立普遍的道德原则上，会想当然地认为道德原则的确立就可以一劳永逸地解决所有的道德问题，会使得我们忽略道德问题的复杂性。从道德相对主义出发，否认道德推理的有效性，会使得道德失去理性基础和约束力，那么我们在面对糟糕的道德情景和问题时，就会丧失所有的信心和勇气，道德进步和道德批判也就无从可能。

约翰逊指出，道德绝对主义和道德相对主义对道德推理的看法看似针锋相对、截然相反，其实共享了很多的理论假设，在某种意义上建立在同一个道德概念基础之上。绝对主义和相对主义的道德概念建立在理性和想象、心灵和身体等一系列概念的二分基础之上。绝对主义和相对主义都认为作为道德推理前提的道德原则应该是建立在理性基础之上的、普遍有效的，绝对主义承认普遍有效的道德原则的存在，而相对主义加以否认；它们都认为想象力是主观的、不受限制的，虽然绝对主义排斥、相对主义拥抱想象力，但是它们都不认为想象力可以在道德推理中发挥积极的、建设性的作用。约翰逊指出，“在这种被广泛持有的道德观念中，缺少了一些至关重要的内容。缺少的就是对想象力在我们的道德推理中所具有的基础性作用的任何公开承认”[1]。

约翰逊指出，绝对主义和相对主义对于道德推理过程、人们实际进行的道德沉思都缺乏充分的了解和把握。道德律令反映了典范情形下人们的行为选择，在这些情形下，人们的选择几乎是不由自主的。真正的反思性的道德推理往往发生在人们的道德价值彼此之间存在激烈的冲突，而且无法通过价值排序的方式来消除的情形中。比如在越南战争期间，约翰逊作为美国公民内心面临着激烈的道德冲突，一方面是对于国家的忠诚，另一方面是将其他理性存在者作为目的而不是手段的道德要求。他说，“我接受了我能接受的所有道德教育。我有足够的道德理想。我有所有我能使用

[1] Mark Johnson, *Moral Imagination*: *Implications of Cognitive Science for Ethics* (Chicago and London: The University of Chicago Press, 1993), p. ix.

的道德律，而且不止于此。但是我无法决定什么是‘对的’”[1]。所以，传统的关于道德推理的看法存在着很大的局限，它过分强调了“道德原则”在我们的道德沉思中的作用，但是在存在激烈道德冲突的情形中，并不能帮助我们做出正确的抉择。

在约翰逊看来，传统的建立在道德规则基础上的道德概念忽视了想象力在道德推理中的基础性作用，因此应该加以建设性地重构。约翰逊认为认知科学的经验研究打破了传统哲学关于理性和想象力、心灵和身体之间的概念二分，可以帮助我们破除绝对主义和相对主义共享的道德概念，从而使得道德推理在道德生活中发挥更为积极的、建设性的作用。西方思想的理性主义传统，对于想象力怀有深深的敌意，人们一般认为想象力的运用只有在艺术领域才是合法的，一旦超出艺术领域的范围，想象力就会产生很大的破坏性，尤其是在科学和道德这些对客观性具有强烈追求的领域。所以传统的伦理学家往往会把想象力看作是道德的敌人，如果在道德推理过程中每个人都可以发挥自己的想象力进行推理，哪里还有共同的、具有约束力的道德规则存在。

而约翰逊认为，“人类本质上是富有想象力的道德动物”[2]，“想象力既不是主观的、不受限制的，也不是非理性的”[3]。想象力的运用会受到生物、社会、语言、政治和经济等各种经验的约束，想象力的运用同样是理性的运作。约翰逊希望能够将想象力纳入到道德推理之中，从而来克服道德绝对主义和相对主义道德推理观的局限。约翰逊对于想象力在道德推理过程中的说明主要建立在概念隐喻理论基础之上。概念隐喻理论认为，隐喻是“依据另一类实体或经验来理解一类实体或经验”[4] 的间接理解方式，隐喻可以使得我们突破身体直接经验的范围，去想象性地理解“遥

---

[1] Mark Johnson, *Moral Imagination*: *Implications of Cognitive Science for Ethics* (Chicago and London: The University of Chicago Press, 1993), p. 186.

[2] Ibid., p. 1.

[3] Ibid., p. 3.

[4] [美] 乔治·莱考夫，马克·约翰逊：《我们赖以生存的隐喻》，何文忠译，浙江大学出版社，2015 年，第 159 页。

不可及”和“抽象”的事物。约翰逊的论证思路是：首先指出，抽象的道德概念其实是隐喻性地建构起来的，不存在字面的抽象道德概念，因此也不存在所谓普遍有效的道德原则；其次，隐喻作为一种根据来源域经验来想象性地理解对象的认知机制，在道德推理过程中发挥着重要的作用；最后，道德推理是对道德原则和道德想象力的有机结合，是推动道德进步的重要方式。

二、抽象道德概念的隐喻性本质

约翰逊和莱考夫（George Lakoff）是认知语言学和概念隐喻理论的共同创立者，他们所提出的概念隐喻理论对人类所使用概念的隐喻性本质进行了创造性的分析，他们进而将概念隐喻理论推进到道德领域，对人们在道德理解和道德沉思中所使用的抽象道德概念的隐喻性本质也进行了揭示。莱考夫和约翰逊指出，在讨论道德问题时，我们都会用到诸如正义、公正、同情、美德、宽容、自由和权利等抽象的道德概念，我们会使用这些概念对人和人的行为进行道德评价；还会用这些道德概念进行道德推理，以说服他人或对他人进行道德训诫；我们还会使用这些道德概念来为自己的行为选择进行辩护，以使得自己的行为得以合理化。我们在使用这些抽象的道德概念时，潜意识中会把这些概念当作是完全理性的、字面的，由此我们的道德推理和行为选择才能获得客观性和合理性。但是莱考夫和约翰逊指出，这些抽象的道德观念并不像我们想象的那样来自理念世界，而是建立在我们对包括健康、自由、财富和关爱在内的人类福祉的经验基础上，也就是说“所有的抽象道德观念都是通过隐喻方式建构的”[1]。

莱考夫和约翰逊认为抽象道德概念都是建立在人类福祉的隐喻基础之上。人类的福祉包括健康、财富、力量、平衡、保护和养育等很多方面的

[1] ［美］乔治·莱考夫，马克·约翰逊：《肉身哲学：亲身心智及其向西方思想的挑战》（一），李葆嘉等译，世界图书出版公司，2018 年，第 316 页。

内容，关于福祉的大众理论（folk theories）就构成了世界各地道德隐喻系统的基础。大众理论对于福祉的看法包含很多内容，其中“福祉就是财富”（Well-being is wealth）对道德隐喻系统的建构起到了基础性的作用。抽象的道德概念就是把人类的福祉作为来源域来隐喻性地建构起来的。比如我们把道德概念化为健康，把不道德的行为概念化为疾病等。福祉就是财富“是一个巨大隐喻系统的基础，借此理解我们道德的相互影响、义务和责任”[1]。莱考夫和约翰逊把这个隐喻系统称作道德核算隐喻（Moral Accounting Metaphor），也就是说，道德行为是根据金钱交易来概念化的[2]。道德核算隐喻把福祉的增加看作是隐喻性的财富增长，把福祉的减少看作是隐喻性的财富减少。道德核算隐喻支配着我们对于报答、报应和赔偿等道德行为的理解，也支配着我们对于公平、权利和责任等抽象道德概念的理解。

莱考夫和约翰逊表示，在对道德进行概念化的过程中会使用很多来自不同经验领域的概念。除了财富这一基本经验领域之外，我们还会借用诸如“事物具有本质”的经验把道德概念化为“具有本质的东西”；借用身体健康与疾病的经验把道德概念化为“健康”；借用养育孩子的经验把道德概念化为“需要精心培育和照顾的东西”。这些隐喻都是深层的概念隐喻，从每一类概念隐喻出发又会衍生出各种关于道德的丰富隐喻语言表达。

传统道德观认为我们所使用的道德概念是单义的，我们对道德的理解就是纯粹道德范围内的事情，因此以抽象道德概念为基础的道德推理如同理论推理一样清楚明白。但是莱考夫和约翰逊认为，“不存在可以‘就自身’或者‘凭自己’进行理解的一系列纯粹道德概念”[3]。我们来自道德之外其他领域的经验（比如富有、平衡、秩序、明暗、力度等）会参与和

---

[1] [美] 乔治·莱考夫，马克·约翰逊：《肉身哲学：亲身心智及其向西方思想的挑战》（一），第 318 页。

[2] 同上书，第 318 页。

[3] 同上书，第 352 页。

渗透我们对于道德的理解。“我们凭借从人类体验的广泛范围中提取出来的结构来理解道德，包括根据传统观点从不考虑‘伦理’的那些领域。换而言之，对我们道德推论的那些约束，主要是从其他概念域和经验方面输入的。”[1]

莱考夫和约翰逊明确断言，“所有的抽象道德概念都是隐喻性的”，但是同时也指出“我们并不是声称，根本没有非隐喻性的伦理概念。我们的一些道德概念似乎有一个最低限度的非隐喻性‘核心’”[2]。只是因为纯粹的、原始的道德经验的力量太过微弱和单薄，单凭这些道德经验自身无法建立起我们的道德世界。比如，在伦理学中“权利”是一个具有丰满含义的概念，我们在各种道德推理中都会基于“权利”概念来进行论证。莱考夫和约翰逊考察指出，“权利”概念起源于婴儿时期对玩具的拥有、对身体活动无法正常进行的反抗以及对疼痛的反抗等等。人们在道德生活中所使用的概念实际上是在原始的权利经验的基础上进一步抽象化和概念化的结果，通过隐喻性地映射，我们给“权利”概念加上财产权、行动的自由、免于伤害等更抽象也更丰富的含义。这种被隐喻性地建构起来的“权利”概念才是我们在道德推理中所使用的“权利”概念，它才拥有我们期待的力量。“没有这些各种隐喻，我们的权利概念实在贫乏。”[3]

道德概念不是任意的和不受约束的。道德隐喻建立在我们对身体的福祉和机能的经验基础上。我们的道德概念和我们关于福祉的具身经验不可分割地缠绕在一起。所以我们对道德的理解要受到道德隐喻的经验来源域逻辑（the logic of these experiential source domains）的限制。后现代主义的伦理观是极端主观主义的，把道德看作是人类随意编织的作品，所以所有的价值都是任意建构出来的，这种看法夸大了人类的创造，忽视了在道德概念构建过程中具身经验的约束。我们对道德进行概念化的隐喻过程不可

[1] ［美］乔治·莱考夫，马克·约翰逊：《肉身哲学：亲身心智及其向西方思想的挑战》（一），第352页。

[2] 同上书，第352页。

[3] 同上书，第353页。

避免地要受到来源域的经验逻辑的限制，比如，我们不可能把道德概念化为“疾病”，把不道德概念化为“健康”，我们关于身体健康与否的具身经验会影响和制约着我们对于道德的隐喻性映射。

三、道德推理建立在隐喻和想象力的基础之上

莱考夫和约翰逊指出，休谟对于情感在道德理解中的作用给予了很高的评价，这是休谟对道德理论的卓越贡献，但是休谟试图将情感和纯粹的认知区分开来，则产生了不利的后果。莱考夫和约翰逊认为人的认知和情感是相互交织的整体，我们没有办法将两者区分开来。认知科学已经揭示出，那些我们以为是纯粹认知性的抽象概念其实都深深地植根于我们的具身经验之中，抽象的道德概念也是一样。如果抽象的道德概念建立在具身经验的基础上，那么像义务论之类的理性主义伦理学在某种程度上就成了一种妄想，因为我们无法发现排除了“后果”考量的纯粹“动机”维度的道德概念。所以传统道德观试图从纯粹的认知维度来理解道德推理，把道德推理看作是普遍的道德规则在具体道德情境中的应用，这种理解省略和缺失了道德推理发挥作用的很多环节，因此是不充分的。

此前，莱考夫和约翰逊已经对于隐喻的逻辑给出了充分的证明。他们认为不管人们是否承认，隐喻都不可避免地在人们的道德理解和道德沉思中发挥着重要的作用，除了前面所指出的抽象的道德概念实际上建立在隐喻性经验的基础之上，而且在我们的道德推理过程中发挥着重要的作用，“隐喻在我们的道德沉思中普遍存在，它不可能被合理地排除在我们的推理之外，事实上，它是我们能够想象解决道德冲突的可能选择、对我们的价值和情境提出批判，以及改变我们自己和情境的主要手段之一”[1]。

约翰逊以“婚姻”为例，一方面说明人们对婚姻的理解是如何建立在来自其他经验领域的隐喻基础之上，另一方面说明，不同的婚姻隐喻是如何影响和决定人们对婚姻的期待、定位以及在婚姻过程中人们应当承担什

---

[1] Mark Johnson, *Moral Imagination* , p. 33.

么样的责任和义务。人们在道德生活中，很多关于婚姻的道德推理都是潜在的、无意识的。莱考夫和约翰逊指出，人们对婚姻的理解存在着某些基本的概念隐喻，比如“婚姻是一场正在进行的旅程”和“婚姻是一个有机整体”等等。我们在理解和谈论婚姻过程中所使用的语言其实是这些关于婚姻的概念隐喻的具体体现，比如我们会说，祝新人“白头到老”，这一语言表达就是“婚姻是一场正在进行的旅程”的具体表现。我们在无意识中会借助于这些不同的概念隐喻理解婚姻，甚至造就婚姻。因为这些隐喻不会仅仅停留在语言层面，它们还会内化到我们的行动中，在实在的世界产生印记，它们会影响我们对婚姻目标的设定、对自己和配偶在婚姻生活的期待、评价婚姻成功与否的标准等等。并且我们在婚姻生活中，我们应该承担什么样的道德义务，什么样的行为是道德上所嘉许的，什么样的行为是道德上所禁止的，在某种程度上都是由这些潜藏的概念隐喻所规定的。

比如，在“婚姻是一个有机整体”的隐喻中，当我们透过这个隐喻来理解婚姻时，就会强化夫妻双方在婚姻生活中对于忠诚的责任、维护亲密关系的责任、共同成长的责任等责任的担当。“婚姻是一个有机整体”的隐喻会对个体在单身状态下所享有的完全自主性提出限制，会要求夫妻双方在婚姻过程中分享各种美妙的体验，作为案例的阿莱克斯反思到“当我们去某个非常好的地方吃饭，或者去看演出时，如果她不在这儿，我的感觉非常糟糕，因为我们没法拥有更多的共同经验”[1]。约翰逊对普遍存在的、无意识的道德推理的具体分析表明，在关于婚姻的道德生活中，我们要求配偶承担什么样的道德义务往往并不是从抽象的道德原则出发得出的结论，实际上是由我们对“婚姻”概念的基础隐喻的富有想象力的理解来驱动和激活的。所以，“阿莱克斯被激发，正如所有道德敏感的人一样，不是为所谓的纯粹的规则和抽象所推动，而是为驱使他想要把某种事情设想为好的情感和想象力所驱使”[2]。

[1] Mark Johnson, *Moral Imagination*, p. 58.

[2] Ibid., p. 58—59.

四、道德推理需要道德原则和道德想象力的相互补充

在日常生活和传统的伦理观念中，我们都会认为造成道德混乱的原因是道德原则的缺失，如果我们能够找到合理的道德原则，那么它就会消除人类实际所面临的道德混乱。但这种对于道德原则的推崇不是全部的真理，它忽视了某些至关重要的理论细节，对于道德原则如何在道德主体那里发挥作用的过程没有能够提供充分的说明。

约翰逊指出道德原则和道德想象力在我们的道德沉思过程中都是必不可少的，他借用了一个与康德相似的表达来说明道德原则与道德想象力之间的相互补充关系："没有道德想象力，道德原则就会变得空洞，无法应用，甚至会成为建设性的道德行动的障碍……另一方面，如果没有原则或其他形式的基础，道德想象力就是任意的、不负责任的和有害的。"[1]

约翰逊承认道德原则在道德推理过程中具有基础性的作用，但是和道德绝对主义对道德原则的理解有所不同，他对道德原则概念进行了经验主义的重构，他强调我们不能把规则看作是来自普遍理性的永恒命令，而要看作是集体道德经验的结晶。这些道德原则在刚出现时和我们的道德经验具有很好的契合状态。它们往往反映了人们道德生活中的典型案例，所以就造成了它们具有普遍适用性的假象。但是当我们的道德生活发生重大的变化，以至于超出原有道德原则的适用范围，就会造成激烈的道德冲突，道德原则自身无法为新的问题和挑战提供答案。

道德绝对主义认为不存在无法解决的道德冲突，我们可以对不同的道德价值进行理性排序，从而来消除道德冲突，比如"对祖国的忠诚"价值原则优先于"不要撒谎"，所以间谍在接受盘问时可以撒谎以避免暴露。道德绝对主义对于道德冲突的观点，太过于理想化，在现实的道德生活中，有很多道德冲突是无法通过价值排序来消除的，比如忠孝。在现实道德生活中，我们不可避免地会遇到两个或两个以上的价值原则、美德的冲

---

[1] Mark Johnson, *Moral Imagination*, p. X.

突。我们无法按照理性主义的道德推理来解决我们的问题。前面所述约翰逊在越南战争期间，作为美国公民内心的道德冲突和挣扎就是一个例证。

约翰逊认为道德原则作为以往道德经验的总结，所处理的是人们不存在任何争议的典范道德情景。但是在现实的、复杂的道德情境中，我们要在道德原则无法给出答案的情况下做出行为选择。道德想象力就是在道德原则无力的情况下出场的。“在这些情形下，我们需要的是培育道德想象力，来探索各种不同的向我们敞开的行动过程，来预言可能的关系和行动的形式，并且来做出使得我们那些经常相互冲突的价值和理性概念得以最大程度和谐一致的选择。”[1]

比如，一个十五岁的女孩发现自己怀孕了，她陷入了深深的羞愧和痛苦之中，她应该怎么办呢？约翰逊认为这个时候这个女孩子需要的不是寻找一个普遍的道德原则来解决自己面临的道德困境，她更需要的是成熟的道德想象力。她是否需要堕胎？她需要和这个男孩子结婚吗？谁来承担养育孩子的责任？他们如何养活自己？她可以把孩子送给别人抚养吗？在这个痛苦的想象过程的每一环节，道德原则会在其中发挥作用，这个女孩子需要对自身所从属的道德传统、自己的理想、对家人的影响等各个方面进行充分的想象，从而做出一个使得自己的生活和他人的生活最大程度协调一致的选择。

约翰逊认为在这个道德困境中没有唯一正确的答案，想象性的道德推理的结论在某种程度上是开放性的。这让习惯于寻找答案的人感到非常失望，如果想象性的道德推理并不能告诉我们该做些什么，它和相对主义又有什么区别呢？它又何以能够推动道德进步呢？约翰逊认为当我们处于道德困境时，我们运用成熟的道德想象力所做出的行为选择一定比道德想象力缺失的情形下更符合道德的要求。比如在约翰逊的越战困扰中，作为美国人如果能够富有想象力地、敏锐地察觉到战争给越南人民带来的痛苦，就会使得反战的要求超越忠诚的原则，而事实上这也正是越南战争结束的重要原因。所以当我们身处道德冲突和道德困境之中时，想象性的道德推

[1] Mark Johnson, *Moral Imagination*, p. 125.

理虽然不能提供唯一的标准答案，但是在我们想象性地、同情地理解每一个相关道德主体的感受之后，我们做出的道德判断和行为选择才会更加接近道德的要求，这正是推动道德进步的重要力量。约翰逊认为在道德建设和道德教育过程中，教会抽象的道德原则是一件很容易完成的任务，但是这种道德知识的传授可能对道德进步用处不大。而道德想象力的“虚构叙事能够提升我们的道德感知力、我们做出细微辨别的能力、我们对于他人的同情能力，因此是我们生活的叙事结构的结果。即便道德律存在，我们也只能通过去看人——我们自己和他人——来学习它们是什么意思，以及如何来应用，然后努力在此后的生活阶段依靠这些律令来生活”[1]。

五、结语

传统的道德理论建立在普遍有效的道德原则基础之上，约翰逊试图用建立在道德想象力基础上的道德理论来加以替代。他虽然强调没有道德想象力，道德原则是空洞的，没有道德原则，道德想象力是任意的，但是出于对传统道德理论批判的需要，在肯定道德想象力的同时对于道德原则在道德生活中的作用不可避免地进行了贬抑。这引起了其他学者的担忧，马克·科克尔伯格认为约翰逊对于道德原则在道德推理中的作用的说明是不公允的，“想象力和原则在道德推理中都是并且应该是重要的、同等必要的和相互合作的因素”[2]。虽然在道德推理必须把想象力作为原则的补充这一点上，玛莎·努斯鲍姆和约翰逊是一致的，但是她也提醒我们不能妄想用想象力来取代原则，“文学想象是公共理性的一个组成部分，但并不是全部。我相信，如果提议用移情的想象来代替基于规则之治的道德推理，那将是极端危险的；我也不会提这样的建议”[3]。

---

[1] Mark Johnson, *Moral Imagination*, p. 197.

[2] Mark Coeckelbergh, *Imagination and Principles: An Essay on the Role of Imagination in Moral Reasoning* (London: Palgrave Macmillan, 2007), p. 7.

[3] [美] 玛莎·努斯鲍姆：《诗性正义：文学想象与公共生活》，丁晓东译，北京大学出版社，2010 年，第 7 页。

道德原则是以往道德经验的结晶，约翰逊从来没有否认道德原则在道德生活中具有的重要意义和价值。对道德原则的强调和追寻是众多道德绝对主义者的中心任务。和道德相对主义在实践层面的危害相比较，道德绝对主义在理论上的顽固性才是约翰逊的真正目标，在某种程度上矫枉过正才能真正实现道德原则和道德想象力在道德推理中的平衡。正是由于西方文化传统对想象力怀有深刻的敌意，所以约翰逊才不遗余力地想赋予想象力在理性中的合法地位。他认为想象力不应该被局限在主观审美领域，想象力的运作同样是人类理性能力的一种，他称之为想象性的理性（imaginative rationality）。在约翰逊看来，想象力也是一种批判性的理性能力，是使得我们能够超越当下自我，走向更理想状态的手段。所以约翰逊指出，道德进步的关键在于道德想象力的培养，他认为我们应该从叙述（narratives）中而不是从学术性的道德哲学（academic moral philosophy）来学以成人，学习我们想要什么样的生活，如何达成这样的生活。

The Role of Moral Principles and Imagination in Moral Reasoning
—Revelations from the cognitive science

（Chen Sihai，School of Marxism，Anhui University，Hefei，230601）

Abstract: In the view of Rationalism, Moral Reasoning is the behavior of obeying rules and the process of adapting ultimate moral principles to concrete morals situations, while in terms of Relativism, moral judgment has cultural relativity and thus there is no such a form of moral reasoning that is universally valid. Forwarding on the road of Cognitive Science, moral reasoning theory holds that in essence, moral concepts, as they are abstract, are metaphorical and irrational. Meanwhile, instead of merely being a process of applying abstract moral principles to specific situations, moral reasoning is based on the imaginative understanding of the experience in the source domain of moral metaphor. In reality, the moral reasoning process derives from the combination of moral imagination and moral principle. Without moral imagination, the moral principle is inane, while the former is random in the absence of the latter. The moral reasoning view on the forwarding way of Cognitive Science, as it can overcome the binary opposition of Rationalism and Relativism, is conducive to accurately recognizing and evaluating the role of moral reasoning in moral progress.

Keywords: moral reasoning; cognitive science; moral principles; moral imagination

实践理性与自主性

钟世文*

摘要： 康德主义者认为实践理性的原则除了工具理性原则之外还有绝对命令这一原则。他们认为，正是因为人类的反思自我意识能把自我和自我的欲望区分开来，所以人类需要遵循绝对命令来重新构建起自我，成为一个统一的行动者。而构建自我体现的就是自主性。本文将试图表明自主性并不像一些康德主义者想象的那样必须遵循绝对命令才能实现，但这种没有遵循绝对命令而实现的自主性反而会导致自主性的消亡，而这也恰好体现了实践非理性的行为。因此对实践理性康德式的理解依然是合理的。

关键词： 自主性；绝对命令；能动性

康德主义者往往接受了康德所持有的一个重要观点，即实践理性的原则除了工具理性原则之外还有绝对命令这一原则。[1] 一些康德主义者为这一观点辩护的理由是因为人类的反思自我意识能把自我和自我的欲望区分开来，所以人类需要遵循绝对命令重新构建起自我，成为一个行动者。而构建自我体现的就是自主性，即人类为自我立法。本文将试图表明自主性并不像一些康德主义者想象的那样必须遵循绝对命令才能实现，但这种没有遵循绝对命令而实现的自主性反而会导致自主性的消亡，而这也恰好体现了实践非理性的行为。因此对实践理性康德式的理解依然是合理的。

---

* 作者简介：钟世文，华中科技大学哲学学院讲师，研究方向为元伦理学与行动哲学。电子邮箱：szhong@ hust. edu. cn。

[1] 参见 Immanuel Kant, *Groundwork of the Metaphysics of Morals*, trans. and ed. Mary Gregor, with an Introduction by Christine M. Korsgaard (Cambridge: Cambridge University Press, 1998)。

本文第一部分将说明自主性对工具理性原则的优先性，第二部分将说明绝对命令就是维持我们自主性的原则，而第三部分我将对自主性提出一个新的理解来表明对实践理性康德式的解释依然是合理的。

一、有效性与自主性

我们通常认为行动（action）与运动（movement）不同，一块石头掉到地上砸出一个坑不同于一个人通过将石头扔到地上来砸出一个坑这一行为。在前一种情形中，我们无法把这一事件理解成石头的行动，而在后一种情形中，我们会说这一事件是某个人的行动。行动也不同于一些动作（act），比如我们的心脏的跳动等。因为这些动作是行动者无法控制的，所以也不是他们自身所发起的行动。之所以存在这种区别，是因为我们通常认为行动是可以归属于某个行动者的行为，是行动者自愿导致的，由行动者所发起的。科斯嘉德认为行动者是意向行动在因果性上的行动者，即行动者是造成行为的原因。[1] 那么，一个人满足什么条件才能成为行动者呢？科斯嘉德认为行动者的存在伴随着他对环境的设想和表征，而行动者会通过采取一系列行动或者造成一些改变来回应这些表征。[2] 比如狮子看到羚羊会把羚羊表征成为“被吃掉的东西”，因此就会捕捉和吃掉羚羊。而“捕捉”和“吃”就是狮子作为一个行动者所发起的行动，也是回应这些表征的行动。

因此，在科斯嘉德看来，我们对能动性的理解实际上包含了有效性和

---

[1] 科斯嘉德这一看法基于行动的解释也是因果解释中的一种观点。这一观点参见 Donald Davidson，“Actions，Reasons，and Causes，” in *Essays on Actions and Events* (Oxford：Clarendon Press，1980)。当然，科斯嘉德对行动者如何能成为其行动的原因与戴维森的观点有一些本质性的差异，她也并不认为行动者与行动之间的因果性可以用自然主义对因果性的理解来解释。

[2] Christine Korsgaard，*Self – Constitution*：*Agency*，*Identity*，*and Integrity* (Oxford：Oxford University Press，2009)，section 5. 4.

自主性这两个概念，有效性和自主性是行动者的两个本质特征。[1]行动者应该是有效的，因为他的一个根本特征就是能够或者有能力带来某些变化或者实现某些目的，也就是说他能通过行动来回应他对环境的表征。而且，科斯嘉德认为能动性同样包含了自主性的概念。因为行动者并不仅仅是带来了改变，他不能只是因果链条中的一环，这个改变必须是他所造成或者决定的，是他根据自己对环境的表征而决定发起行动。

更重要的是，自主性对于有效性而言具有优先性，有效性的评价或者标准是依赖于自主性的。因为成为一个行动者是要造成和发起某个改变，成为某个改变的原因。如果他仅仅是因果链条中的一环，因果性在这里没有什么成功与失败可言——因为只要他是因果链上作为原因的一环就一定能带来改变，反之则必然不能带来改变。但是，如果他把自己当作要造成或者发起某个改变的原因，某个行动是他自我决定发起的，那么他就有可能无法造成这种改变。所以要评价一个行动的有效性首先就需要考虑它是否是行动者所发起的。因此，自主性相对于有效性而言具有优先性。而且，当一个自主的行动者愿意自身带来某个改变时，他必然有欲望要带来那个改变，也就是说，有效性本身就是自主性的一个部分。[2]既然有效性作为一种属性只能被归于自主的行动者，那么在有意向的行动中，自主性所扮演的角色也应该优先于有效性所扮演的角色。[3]

但是，自主的行动者所具有的这种自主性并不一定是我们通常所说的那种作为一个有自我意识的人所具有的自主性，按照科斯嘉德的观点，一个行动者的自主性所要求的那种自我决定只需要满足如下条件：我的行动

---

[1] Christine Korsgaard, *Self-Constitution*, p. 82.

[2] Ibid., pp. 85—86. 我在第三部分也会提到，类似的思想，即有效性在一定程度上依赖于自主性，不限于康德主义者。只不过一些持有休谟主义立场或者倾向的人认为这种自主性不需要依赖某些特定的理性原则，比如第三部分会详细讨论的Harry Frankfurt, “Freedom of the will and the concept of a person,” in *The Importance of What We Care About* (New York: Cambridge University Press, 1998) 以及 Michael Bratman, “Reflection, Planning, and Temporally Extended Agency,” in *Structures of Agency: Essays* (New York: Oxford University Press, 2007)。

[3] Ibid., p. 107.

或者选择是由自我来决定的，而这个自我无需是反思意义上的自我。一只狮子同样可以是自主的行动者，同样具有自主性。因为一个行动者是根据它对环境和世界的表征和设想来行动的，这些对环境和世界的表征引导了它的行动。对于动物而言，它们的形式或者目的就是自我维持，这就是它们的本质。它们的形式和目的就是赋予它们同一性的东西，就是让它们成为它们之所是的那种东西，而这一本质也决定了它们对环境和世界的表征。只要动物是按照由它们的形式或者目的所产生的表征去行动，这些行动就可以被归结于它们自己，也就是说这些行动是由它们自己所决定的。这些管理和引导它们行动的原则就是被我们称作本能的东西。假若动物的行动是由其本能来管理的，就可以认为它们的行动是自我决定的、自主的。我把这种自主性称作行动意义上的自主性，这种自主性体现的是某个行动是由行动者自己所决定的，是行动者根据它自己的表征所采取的行动。

但是，人比动物具有更复杂的自主性。人类与动物不一样，不会随时受到本能和欲望的驱使，相反，人能把自己当作观察的对象，把自己与欲望区分开来。当人把自己和欲望区分开来时，人就有了某种动物所不具备的能力，即"更深程度的自主性和自我决定，也就是人类可以选择那些决定自己意志内容的原则"。[1] 这种自主性意味着人能够决定他带来某种改变或者行动的原因是什么，也就是说他们能选择该如何表征外部世界。而这种能力的前提是某种形式的反思性的自我意识。[2] 因为只有把自我当作观察对象，才能意识到自己行动的基础或者原因是什么，才能决定这些基础或者原因的对错，从而选择是否该采取这些行动或者放弃行动。因此，这种能力需要的是反思和内省的能力。我把这种自主性称为"反思的自主性"。既然有效性依赖于自主性，我们就应该分析这种自主性是何以可能的。

[1] Christine Korsgaard, *Self-Constitution*, p. 108.

[2] Ibid., p. 116.

二、可普遍化原则作为自主性的原则

首先自主性和统一性之间是有必然联系的。一个自主的行动者必须是一个统一的行动者。只有一个行动者首先是统一的，我们才可能评价他的有效性。比如，只有当两个人按照某种规则结合在一起互相合作来达到某个目的时，我们才能够说他们作为一个整体行动者是否有效。与两个或者多个行动者的合作一样，每一个人类行动者依然需要这种统一性。因为人类反思性的自我意识可以区分自我和欲望，只有具有了统一性我们才能把一个行动归结为这个人类行动者，而非他身体中的某个冲动。

人类作为具有反思性的自我意识的理性动物，面临其他非人类的动物所不具有的困境。[1]那就是，在把自己和自己所具有的欲望和冲动区分开来时，我们会意识到自己并不是这些欲望和冲动，因此，这些本来具有动机性的东西无法直接促使我们去行动，我们看到的自己就是一堆杂乱无章的欲望和冲动，而这些欲望和冲动间往往又充满了矛盾和冲突。然而，我们只有一个身体去行动，因此，若要成为有效的行动者，我们就必须把这些欲望统一起来；[2] 此外，既然我们把自我和这些欲望区分开来，欲望就无法直接促使我们去行动，如果我们想要行动的话，就必须有某种东西来把我们的动机和这些欲望重新统一起来。[3] 所以人类行动者同样需要统一性。康德主义者认为，能让我们把这些冲突和矛盾的欲望重新统一起来的东西是可普遍化的原则。

---

[1] 这并不意味着人类与其他动物相比，具有某种截然分立的能力。我们究竟是如何形成这种反思能力、这种能力是否与进化论相冲突等问题本文不会进行讨论。科斯嘉德本人似乎并不认为这种能力与我们对人类自然主义化的理解存在冲突，她对此问题的讨论参见“The Normative Constitution of Agency,” in *Rational and Social Agency*: *The Philosophy of Michael Bratman*. eds. Manuel Vargas and Gideon Yaffe (New York: Oxford University Press, 2014), pp. 204—210。

[2] Christine Korsgaard, “Personal Identity and the Unity of Agency,” in *Creating the Kingdom of Ends* (New York: Cambridge University Press, 1996), pp. 369—371.

[3] Christine Korsgaard, *Self-Constitution*, pp. 125—126.

作为一种具有反思能力的行动者，在慎思要根据哪个欲望来行动时，我首先是把我自己看作一种高于这些欲望的存在，一种能够选择这些冲动的存在。因此“我”这个高于这些欲望的行动者需要把自己认定为选择如何行动的原则，而不是那些具体的欲望。当我运用这个原则来选择某个欲望并根据它来行动时，我才可以说我是造成这个行动的原因。通过这个原则，我把各种欲望统一起来。由于我把我自己认定为做出这个选择的原则，这个原则就成为对自我的表达，也是自我的意志。[1]然而我却不能仅仅在某个特殊的时刻意愿某个东西。因为我的每个行动都有一个动机（incentive)，如果我每次都意愿一个不同的东西，也就等于每次都把自己认定为那个特定的动机，那么我根本就没有意志，仅仅是一系列或者一堆无关的冲动叠加在一起。因此，在意愿一个原则时，我必须普遍地意愿它。“普遍地意愿”这个说法包含两层意思。一是在所有类似情况下都要按照这个原则去行动，除非有非常合理的理由不去这么做。二是这个原则要能被所有理性行动者所意愿。首先，作为一个主动的自我，在意愿某个东西时，我是做出了一个决定和承诺，承诺要按照这个意愿来行动。因此我需要在所有类似的情况下都按照这一原则去行动。其次，承诺以后在类似的情况下都要按照这一原则去行动时，我能意识到未来我的心理或者说欲望集合很可能会发生变化。一旦这些变化发生了，未来的我和现在的我在某种意义上就变成两个不同的人，因为我们对自我的界定与我们的心理内容往往具有紧密的联系。因此我现在所意愿的原则必须要有普遍规范的力量：即使在未来我的动机集合发生了变化，它依然对我，一个和现在不同

[1] 科斯嘉德之所以否认自我可以被认定为其他非原则的东西，是因为她认为，其他可以被认定为自我的东西，除了欲望之外，无非就是其他的一些力量。这些东西可以给某些欲望增加更多的力量。但这依然不能改变在这种情况下我是一个消极的观察者而非决定自己的人。因为我只是被动地感受哪个欲望的力量更强。

的人，具有规范的力量。[1]因此，在构建一个统一的自我时，我们所遵循的原则应该是可以被普遍意愿的准则，即可以被所有理性行动者所意愿的准则，这就是康德所说的绝对命令。

在科斯嘉德看来，可普遍化原则同样满足了理性行动者所具有的反思的自主性的要求。因为成为一个自主的行动者意味着不受自己意志之外的东西所控制，行动的准则都是自己为自己设定的。因此他要为自己选择一个原则或者法则。但是，既然除了意志自身，没有任何东西能为意志设定法则，因此没有什么能决定这个法则必须是什么，只需要这个原则是一个法则，即具有法则的形式。当绝对命令以普遍法则的公式出现时，它仅仅告诉我们要选择一个法则，我们的选择必须具有法则的形式。也就是说没有什么能决定这个法则是什么，它只要是一个法则就可以了。所以遵循可普遍化原则就是成为自主或者自由的意志。[2]

成为一个自主的行动者就是自我决定，按照自我的因果性原则去行动，也就是按照对自我进行规定的原则去行动和管理自己。成为这种意义上的自主行动者，也就是拥有我之前所说的行动意义上的自主性，所需要的是统一性，即通过某个原则把行动者的各个部分或者冲动统一起来，而这个原则就是行动者的意志。因此，如果某个行动是由代表它意志的原则所决定的，我们就可以说该行动是这个行动者的行动。但这个意志原则的内容并不一定是由行动者自己所决定的。因此，也正如科斯嘉德所说，行动者也并不对他的行动负责任。[3]但人类行动者跟动物不同，我们能够具有更高层面的自主性，我们不仅仅是按照自我的因果性原则去行动，我们还能选择定义自我意志的原则。这种自主性我认为是一种反思意义上的自

---

[1] Christine Korsgaard, *Self-Constitution*, pp. 72—80. 科斯嘉德在这使用可普遍意愿的原则时所指的仅仅是绝对命令，而并非道德法则。参见 Christine Korsgaard , *The Source of Normativity* (New York: Cambridge University Press, 1996), pp. 98—100。

[2] Christine Korsgaard, *Self - Constitution*, pp. 153—154。详细的论述参见 Christine Korsgaard, "Morality as Freedom," in *Creating the Kingdom of Ends*, pp. 166—167。但她的这一论证是否成功，并不是本文所要讨论的主要问题，因此暂时不予考虑。

[3] Christine Korsgaard, *Self-Constitution*, pp. 107—108.

主性。我们的身份、同一性都是自我通过选择所构建起来的。正是因为人类行动者具有的这种自由，人类行动者才有了道德责任。[1]而在构建这种同一性和自我的意志时，我们需要遵循一个原则，即绝对命令——按照那些可以被普遍意愿的准则去行动。这个命令包含了自主的行动者必须满足的两个要求，自主性和有效性。因为按照普遍意愿的原则去行动就是构建一个由自我来决定的行动者，这也就实现了行动者的自主性。同时，我们普遍意愿的原则，是我们作为一个行动者所要带来某个改变的原则，因此，其本身就包含了工具理性的部分——他必然要意愿带来那个改变，也就是行动者的有效性。因此，绝对命令及其所包含的工具理性原则都是理性能动性的构成原则。因为只有遵循这些原则我们才能实现自己的理性能动性。

三、责任与自主性

然而这一解释面临一个问题，那就是坏的行动何以可能？因为一个行动之所以是行动，是因为履行这个行动的人是一个自主的行动者，他在行动的过程中遵循了绝对命令以及假言命令。然而，如果没有遵循绝对命令的行动者所做出的行为不是行动，那么怎么会有坏的行动？一个不是完美意义上的行动，如何能归于一个行动者？我认为通过借鉴其他人的一些观点可以弥补科斯嘉德的这一问题。

法兰克福（Harry Frankfurt）认为人的概念或者说人类最根本的特点就在于人类有二阶的意愿（second-order volition）。与其他动物不同，我们人类不仅有欲望和冲动要去做某事，还能够有想要或者避免这些欲望和冲动的欲望。这些欲望就是二阶欲望。[2]人的本质特点是把这些二阶欲望当作自己的意志。当一个人把他的二阶欲望当作自己的意志时，这种二阶欲望

---

[1] Christine Korsgaard, *Self-Constitution*, pp. 125—131.

[2] Harry Frankfurt, "Freedom of the will and the concept of a person," in *The Importance of What We Care About*, pp. 12—16.

就变成了二阶意愿。一个没有二阶意愿的人并不是真正意义上的人，而是一个随心所欲者。二者的差别在于：后者对于任何欲望都没有偏好，自我完全是一个消极、被动的接受者，哪个欲望胜出便会促使他去行动。而前一种情形中，那个人会把自我认定为某一个欲望，认为这个欲望才是对他自身真实的表达。[1]所谓“意志的自由”，就是我们能自由地意愿我们想要意愿的东西，[2]也就是说，能够把自己的意志和二阶意愿等同起来。因此，按照这些二阶的意愿去行动就是自由地对自我真实的表达，这些行动也可以被归结于行动者自身。

法兰克福不认为我们需要遵守任何规范性的原则或理由才能构建这个二阶意愿。[3]任何原因都可以让我们把某个二阶欲望认定为自我或意志，即使我是受到外部某种未知的操纵而把某个欲望认定为自我。重要的是这个自我是按照自己认定的二阶意愿在行动，用这种二阶意愿把自我变成了一个统一的行动者，在这个意义上他便是一个自由的行动者。而这种二阶欲望的形成，要求自我不能是一个完全消极的观察者，他必须是一个主动的选择者，在这些一阶的欲望中做出选择。有人也许会说，既然是什么原因造成他的二阶欲望并不重要，他很有可能是在未知的外部力量的操纵下形成了某个二阶欲望，在这种情况下，他就说不上主动地选择了某个欲望。但是，应该注意，我们构建自我时，或者把自我构建成一个统一的行动者时，我们是从第一人称和实践的角度出发的。我们所有的考虑也都是从第一人称和实践的观点来看的，而并非从一种形而上的角度来看待自

[1] Harry Frankfurt, “Freedom of the will and the concept of a person,” in *The Importance of What We Care About*, pp. 16—18.

[2] Ibid., pp. 19—21. 我认为法兰克福使用意志（will）这个词时与科斯嘉德的用法是不同的。他用意志所指的是最后行动时所依据的东西，而二阶意愿所表达的含义是科斯嘉德用意志一词时所表达的含义。因为法兰克福认为二阶意愿是真正代表我的东西，而科斯嘉德用意志这个词来表示真正代表我的东西。

[3] Ibid., p. 54.

我。我们并不是在思考是否有自我这样的实体存在。[1]因此，在构建自我时，行动者所要求的那种自我决定是对定义自我的意志的选择，也是第一人称角度下对自我意志的选择。作为具有反思的行动者，我们有一个高于那些一阶欲望的自我，要在这些一阶欲望中进行选择。这些一阶欲望本身都是存在于我身体中的欲望，都能促使我去行动，都能对我产生强有力的动机。也就是说，这些欲望都确实有可能成为我行动的原因。而我现在通过对某一个欲望的承诺，克制其他的欲望从而建立起代表我意志的原则。从第一人称的角度来看，这完全体现了这个意志是由我自己选择的，我在这些欲望面前是自由的。也许有我无法认识到的外部原因导致了我必然承诺某个欲望，但是，这并不会影响我从第一人称的角度来把自己构建成为一个自主的行动者，成为某一行动的原因。

既然一个人在这种情况下是按照自己的意志在行动，而这种意志又是自己所选择的，而且对这一欲望的承诺又是持续存在的，他按照这一承诺把自己的各种欲望都统一起来，因此我们就可以说在某种意义上他是一个统一的、自主的行动者，我们也就可以把一个行动归结于他，而他也就需要对这一行动负责任。因此在我看来，事情并不像科斯嘉德所说的那样：只有当自我遵循绝对命令把自己构建成一个自主的行动者时，才能将一个行为归结于这样一个自主的行动者。事实上，只要自我用某一个原则把各种欲望统一起来，并且持续地意愿这个原则，同时，从第一人的角度来看，这个原则确实是他自己所选择的，这就足以把自我构建为一个可以负责任的行动者。他既是统一的又是自主的，但这种自主体现的仅仅是他按照自己的意志在行动。

但是，这种自主性和自由在我看来都不是完整的，不可否认的是，我们对某些欲望的承诺或者二阶欲望的形成，很可能会受到外部环境的影

[1] 科斯嘉德也是承认这一点的。参见 Christine Korsgaard，“Personal Identity and the Unity of Agency,” in *Creating the Kingdom of Ends*, pp. 369—373。对这一理论路线在实践理性以及道德责任领域的概括和讨论，参见 R. Jay Wallace，“Moral Responsibility and the Practical Point of View,” in *Normativity and the Will* (Oxford: Clarendon Press, 2006)。

响。社会环境、文化等都会影响我们的信念，从而影响我们二阶欲望的形成，很多时候，我们的慎思本身会受到许多外部因素的干扰。[1]例如在封建社会中，由于长期的压迫，女性认为她们不应该和男性享有同等的地位和权利。但她们同样可能会有反抗和追求平等以及尊严的欲望，但是她们会压抑这些欲望，认为这些是自己不应该具有的，转而认同那些服从和忍受的欲望。如果这些女性成长在现代社会中，她们的想法可能会发生变化，她们会有更多的可能性和机会去认同那些追求平等、独立和自由的欲望。尽管这两种意志都是这些女性自我的意志，都是她们所构建起来的自我，但是，我们是否有理由认为她们在后一种情况下更自由、更自主？我认为答案是肯定的。

当我们从第一人的视角和实践的视角来构建主动的、自主的自我时，我们很可能会受到一些外部因素的限制和操纵。而这些限制很可能是我们在当下意识不到的。但是，一旦我们意识到可能存在着这些我们无法察觉的力量会塑造我们的选择后，在构建自我、构建一个自我决定的自我时，我们就会尽可能地避免让外部因素限制我们对自我意志的选择。因此，在试图去构建自我时，我们就要遵循那些可以被所有理性行动者意愿的原则。因为只有遵循这一原则，才有可能摆脱任何外在于自我的东西对我的选择的限制，甚至是某些我们意识不到的因素的影响，因为这一原则是意志法则的形式。[2]同时，一个显而易见的事实是行动者在不同的时间心理状态是不一样的。当变化之后的那个自我再试图去构建一个自主的行动者的时候，他所构建的那个行动者跟现在构建的行动者可能不一样。如果现在所构建的自我并没有遵循可普遍化原则，把对任何一个欲望的承诺当作

[1] 关于这一讨论参见 Paul Katsafanas, “Activity and Passivity in Reflective Agency,” in *Oxford Studies in Metaethics*, *Vol.* 6 (New York: Oxford University Press, 2011)。尽管该篇文章的目的是表明康德主义者对理性与欲望的区分存在着根本性的困难，但我认为该文章所论证的要点恰恰说明了为什么成为一个自主的行动者，行动者总是有动机遵守绝对命令。这反而有利于康德式建构主义对实践理性的解释。

[2] 关于这一点参见 Christine Korsgaard, “Morality as Freedom,” in *Creating the Kingdom of Ends*, pp. 160—176。

了自己的意志，那么他就会面临一个困境——未来的他可能会反对现在的他对这一欲望的承诺，否认这是他的意志。但是，如果现在的他又把对这一欲望的承诺当作界定他自我的东西，一旦未来的他反对现在的他的意志，我们就可以说现在的他就会消失。然而，为了不让自己消失，正如我前面所说，成为一个行动者要求他必须在时间上持续地意愿某个东西，这也就使得现在的自我要求未来的自我去服从现在的意志，尽管未来的自我也许会有充足的理由反对现在的意志。那么现在的自我对未来的自我而言便成了一个独断者，现在的自我强行要求未来的那个自我按照现在的意志去行动，而不顾未来自我的自主性。也就是说他自主地选择了把自己变成不自主。因此自主性并不仅仅是不受约束的自我决定，也是按照某种原则来自我决定以维持这种自主的状态，从而实现反思的自主性。若不遵循可普遍化原则来构建自我这个行动者，我就只能祈祷未来的我不会在心理上发生变化，跟现在保持基本相同，才可能维持这种自主性。

四、结论

因此，在我看来，一个具有反思的自我意识的人为了成为一个自主的行动者、一个能做出行动的行动者，他所需要做的只是在时间上持续地意愿一个原则，把这个原则当作自己的意志。只要在他意愿这个原则的时间内，所有产生的行动都能被归结于他这个行动者。但是，这种自主性并不是严格意义上的自主性，一旦行动者在未来发生了变化，这种自主性便会消失，之前那个意志所代表的行动者会轻易地被未来的自我所推翻。我们之所以要把自我构建成一个自主的行动者，是因为我们认识到我们是主动的、不同于欲望的存在，我们认为这个主动的自我才能代表真正的自我。假如我们在构建自我的过程中所意愿的东西不具有可普遍化的特点，在未来的自我看来，这一意志跟其他的欲望并没有本质的差别。因此，当他在遵循这一意志时他就失去了主动性。同时，我在构建自我时一旦意识到未来的我可能发生改变，而我却只能祈祷未来的改变不至于让我对现在的意志产生怀疑和反对，那么我同样对我的未来失去了控制，我也就失去了主动性，成了一个被动的、消极的旁观者来看待身体内欲望的变化。所以，为了成为一个真正的自主的行动者，就需要按照那些可以被普遍意愿的准则去行动，也就是遵循绝对命令。

Practical Reason and Autonomy

(Zhong Shiwen, School of Philosophy, Huazhong University of Science and Technology, Wuhan, 430074)

Abstract: According to Kantianists' idea, the categorical imperative is the principle of practical reason besides the instrumental principle. Human beings need to follow the categorical imperative to re-constitute self because of reflective self-consciousness which makes us be able to distinguish ourselves and desires in us. And self-constitution represents autonomy. In this paper, I'll try to argue that we don't have to follow the categorical principle in order to achieve autonomy, however, this kind of autonomy would lead to heteronomy. And this is what practically irrational action is. Therefore, the Kantian account of practical reason is still on the right track.

Keywords: Autonomy; Categorical Imperative; Agency

科学哲学

范畴或倾向?
——自然规律与性质分析

刘　辰*

摘要：基于范畴性质还是倾向性质刻画自然规律是分析自然规律的难点，这不仅是范畴性质与倾向性质之间的二分，还意味着我们对自然的两种截然不同的认识。在现有的自然规律诸进路中，系统性进路与必然性进路均持范畴主义观点，而倾向性进路认为自然规律是对性质的倾向实质的刻画。该文认为对自然规律的理解需基于倾向性进路，自然规律的必然性在于倾向性质。但不同于倾向一元论，该文认为无论是作为倾向性质中的显现还是二阶倾向性质的关系承载者，都能接受在倾向性质之外存在范畴性质，只是范畴性质不参与到自然规律的必然性中。

关键词：自然规律；性质；范畴性质；倾向性质

现代物理学诞生后，人们对自然界的规律性信念逐步加强，科学解释、因果说明、实验测量和理论预测也与自然规律密切相关。随着自然规律在科学和哲学中扮演越来越重要的角色，对“自然规律”这一问题的形而上学分析显得尤为关键，但是我们往往接受了“自然界是有规律的”这一符合直观的看法，却无法清楚说明什么是自然规律。哲学家们对自然规律的分析一般基于两种立场，即基于休谟传统的经验主义立场和基于性质分析的实在论立场，其中实在论立场的前沿方向倾向性进路（disposition approach）

* 作者简介：刘辰，北京体育大学马克思主义学院讲师，主要研究方向为科学哲学、科学思想史，电子邮箱：liuchen@bsu.edu.cn。

认为其前理论诸立场将性质视为范畴性质（categorical properties）是不合理的。他们认为基于当代科学的发现，自然规律中的性质是倾向性质（dispositional properties）而非范畴性质。但在性质的分析中，我们又会发现无论是对裸倾向（bare disposition）还是非基础层面的倾向性质的理解都需要考虑范畴性质，特别是对倾向性质显现（manifestation）的理解也要借助范畴性质。本文力图对自然规律中的性质是倾向性质还是范畴性质进行辨析，以证明自然规律中范畴性质和倾向性质是共存的，但自然规律是对倾向性质的刻画，自然规律的必然性体现在倾向性中。

一、自然规律的前倾向性进路

科学取得的巨大成就暗示着在科学定律背后有必然性，且这种必然性是非逻辑必然的，由此产生了对自然规律的理解困惑：我们在科学中称之为自然规律的内容到底是什么？我们要怎么理解自然规律？从概念史看自然哲学家们将人间法则延伸至自然界并称之为自然法（natural law）开始，到毕达哥拉斯-柏拉图传统中的“自然这本大书是用数学语言写成的”，再到基督教的唯理智论神学将自然的法则称为上帝的设计，最后到如今的自然规律，我们对自然的律则性认识一直不能将什么是自然规律讲清楚。“科学哲学家和形而上学家们对自然规律提出过诸多问题，但基本的问题是：什么是自然规律。”[1] 当代哲学家对这一问题的讨论主要有基于经验论立场的系统性进路（systems approach）和基于实在论立场的必然性进路（necessitarian approach）、倾向性进路。本节就前两个理论进行说明。

系统性进路的思想基础是传统经验论立场，认为自然规律是规则。即Fs是Gs是自然规律，当且仅当，所有的Fs都是Gs。但这一观点是不必要的，存在着不是规则的规律，比如量子力学的概率定律。同时这一观点也是不充分的，存在不是规律的规则，比如提丢斯-波得定则（Titius-Bode

---

[1] John W. Carroll, “Laws of Nature,” *Stanford Encyclopedia of Philosophy*, October 7, 2019, https://plato.stanford.edu/entries/laws-of-nature/.

law）在被否证前就是经验规则[1]。由此，经验论者认为不能将自然规律视为简单的规则，需要添加约束条件进行限制。德雷兹克（Fred Dretske）将之描述为“自然规律=全称定律+X”[2]，其中X指某些功用。刘易斯（David Lewis）等人认为认识自然规律不是依靠发现单个真理并将之简单叠加就能得到，而是需要在规则之外将之建立联系使之成为一个系统。系统性进路者认为自然规律就是所有真的最佳演绎系统，最佳是指简单性（simplicity）与有力性（strength）的最佳组合。[3] 最佳系统理论的理论优势在于能够有效地区分诸如“所有金块的直径不超过一英里”这种偶适定律与“所有铀块的直径不超过一英里”这种自然规律。即二者虽均为规则，但后者存在临界质量，因此量子力学的规律认为铀块的直径不能超过一公里，这是最佳系统理论中的一条定理。前者是一种偶然事件，不能增加系统的简单性和有效性。但系统理论存在这样的问题，在区分偶适定律和自然规律时，其区分标准仍旧存在问题，简单性本身就是主观的概念，并且简单性与有力性二者也具有张力，“我们完全可以设想一个系统性定律，它自身相当复杂且没有强度，但把它加到公理系统可能只是增加了系统的强度，但却没有将之变得简单”[4]。我们便可以基于简单性的目的构

[1]　提丢斯-波得定则：推论行星轨道半径的定则，这一理论假设地球与太阳的距离为1，则行星轨道离太阳的距离服从$0.4+0.3\times 2^n$（天文单位），即金星n=0、火星n=2等等，1781年发现的天王星证实了这一规则。但地球与火星之间的小行星的发现，以及海王星的发现，否证了这一“规律”。

[2]　Fred Dretske, “Laws of Nature,” *Philosophy of Science* 44, no. 2 (1977): 248—268.

[3]　David Lewis, *Counterfactuals* (Cambridge: Harvard University Press, 1973), p. 73.

[4]　Alexander Bird, “The Dispositionalist Conception of Laws,” *Foundations of Science* 10, no. 4 (2005): 353—370.

建出很多类似于“绿蓝宝石”一样的非自然类概念[1]，因此系统性进路也无法解决识别问题。

基于此，德雷兹克、图莱（Michael Tooley）、阿姆斯特朗（David Armstrong）等必然主义者认为，自然规律是共相之间的必然联系，即所有F都是G是自然规律当且仅当所有F-ness都能带来G-ness。其中F-ness和G-ness是共相。共相可分为一阶共相和二阶共相，一阶共相指事物的性质，比如镁的性质，二阶共相指一阶共相的性质或者关系，比如镁在空气中易燃烧，自然规律就是这种二阶共相。与上述两种经验主义进路相比必然性进路具有这样的优势：首先自然规律能够解释其实例，比如在亨普尔的演绎-律则模型中自然规律可以作为前提条件来解释实例；其次特殊事实能够看作对自然规律存在的证实，能够解决上述进路中的识别问题，比如对诸如绿蓝、绿蓝宝石等非自然的性质而言，因其不是自然界中存在的真实共相故不具有自然的必然性。但必然性进路也存在自身的识别问题，必然性进路不能说明什么是必然性，无法从各种属性之间的关系中识别出什么才是必然的联系。除此之外从还原论角度看，必然性进路不能解释基础层面的共相，比如在物理学中我们很难说波函数的共相是什么，在生物学中不能说DNA的共相是什么。从非还原论角度看，当一个系统的复杂性增加对称性破缺时，必然性进路不能解释概率论的内容。

综上所述，前倾向性的两种进路都存在着识别问题，无法辨别自然规律的必然性与偶适定律，因此我们对自然规律的认识仍旧不合理。倾向主义者认为，上述诸理论存在的理论问题在于对性质的认识上。“倾向主义背后的主要推动力是哲学家们对范畴主义教条认为的性质的本质与其在各

[1] 我们可以假定一个公理系统S中有公理“所有的绿宝石都是绿的”和公理“所有蓝宝石都是蓝的”。基于系统理论的主张，我们可以基于简单性原则构建一个新的最佳公理系统S’，在S’中我们可以将上述两个公理改写成“所有的绿宝石或者蓝宝石都是绿色的或者蓝色的”，并引入概念“绿蓝宝石”将之定义为“绿宝石或者蓝宝石”，引入概念“绿蓝”将之定义为“绿色的或者蓝色的”，这一新系统比旧系统要更简单，但会造成非自然类概念的问题。

种环境中倾向的实例无关表示出的不满。”[1] 倾向性者认为起码最基本的、具有本体论地位的性质是倾向的，而非上述诸理论认为的范畴的。那么为何上述理论为范畴性质？其存在的理论难题是什么？下节就此进行辨析。

二、范畴性质与自然规律

前倾向性的理论进路被认为是范畴主义的，那么什么是范畴主义？“范畴性质，也被称为范畴一元论，认为所有的性质或者至少所有的稀有性质都是范畴性质，这也成为了传统的休谟主义形而上学所认为的世界不过是范畴性质实例化的全部历史的理论基础。”[2] 因此似乎比较明确的是，范畴主义者认为世界不过是由类似于“红色”“圆的”等确定的或者绝对的范畴性质组成。“一切都是范畴的，因为它就是它的本质！这就是现在的样子！”[3] 但“范畴性质”这一概念本身又模糊不清[4]，甚至相互矛盾，古德曼（Goodman Paradox）认为范畴性质是可观察的，刘易斯认为范畴性质经常被描述为本质不可知，埃利斯（Brian Ellis）则认为我们需要用范畴性质去理解倾向[5]，等等。[6] 这些对范畴性质的模糊看法直接

---

[1] Sungho Choi and Michael Fara, “Dispositions,” *Stanford Encyclopedia of Philosophy*, October 7, 2019, https://plato.stanford.edu/entries/dispositions/.

[2] 同上。

[3] Galen Strawson, “The Identity of the Categorical and the Dispositional,” *Analysis* 68, no. 4 (2008): 271—282.

[4] Henry Taylor, “Powerful Qualities and Pure Powers,” *Philosophisal Studies* 175, no. 6 (2018): 1423—1440.

[5] 在原文中作者将范畴性质称之为纯的性质（pure qualities），将倾向性称之为能力（power），在这里需要说明的是泰勒（H. Taylor）认为“术语‘范畴’和‘特性’都是含混的，我们一般认为它们在使用中可以通用”。（Taylor 2018, 1433）而倾向性中我们也一般将倾向、能力、潜能等通用，虽然伯德认为能力和倾向有轻微差别（Bird 2016），但我们一般还是当作二者也可以通用。下文中为使用的方便，我们将表示绝对性质的概念“定性”“范畴”等都以范畴来表示，把表示倾向的概念如“能力”“潜能”等都以倾向来表示。

[6] Rognvaldur Ingthorsson, “Properties: Qualities, Powers, or Both?” *Dialectica* 67, no. 1 (2013): 55—80.

影响着我们对自然规律中范畴主义的认识。但有一个我们能接受的对范畴性质的定义："我们所谓的'范畴的'应该从否定的观点来理解……说一个性质是范畴的也就是指否认它本质上是倾向性的。"[1] 因此我们可以说范畴性质就是指那些非倾向的性质。既然范畴性质是这样的非倾向的性质，我们为什么说经验论传统与必然性进路的性质是范畴性质呢？

首先，对系统性进路而言，刘易斯认为自然界中最根本的东西是最基本性质在时空点的分布，这些局域性的事实构成了一个巨大的马赛克，所有其他的一切包括自然规律都随附于这个马赛克之上。而对于这些最基本的性质，刘易斯说"（时空点）或许是纯粹的时空点本身，或许是点状的物质或以太场。在这些时空点上有定域的性质（local qualities）：完全自然的内禀性质（perfectly natural intrinsic properties）所需要的不会比要实例化的时空点更大"。[2] 这便是刘易斯的休谟随附性（humean supervenience）观点，也就是说包括自然规律在内的其他东西都是随附在时空点上的。对性质的范畴论理解正是对休谟随附性的辩护，每个可能世界都不过是范畴性质实例化的全部历史。"刘易斯提出的'休谟随附性'学说是迄今为止被广泛接受的范畴主义观点，这一理论认为最基本的或者说'稀疏的'性质都是范畴性质，因此缺乏模态的或者因果的特征，因果的或者模态的事实之所以如此是因为它们随附于范畴性质与自然规律构成的巨大的马赛克上。因此如果范畴主义是错误的，那么休谟随附性也是错误的。"[3] 基于此，随附于时空点上的自然规律也是在形而上学上偶然的，即一个时空点上同时出现的性质是随机的，在其他可能世界时空点上出现的性质便可能与现实世界不同，因此随附于性质上的自然规律是偶然的。

对必然性进路而言，必然主义者认为事物的性质是共相并拒斥倾向性质的真实存在，阿姆斯特朗认为倾向性（如易碎的）不是真实的性质，只

---

[1] Alexander Bird, "Laws and Essences," *Ratio* 18, no. 4 (2005): 437—461.

[2] David Lewis, *Philosophical Papers: Volume II* (New York: Oxford University Press, 1986), p. X.

[3] Neil E. Williams, "Dispositions and the Argument from Science," *Australasian Journal of Philosophy* 89, no. 1 (2011): 71—90.

是谈论范畴性质时的方便使用。[1] 当我们谈论物体 x 是易碎的，其实是说，给定自然规律当 x 被撞击时，我们就能推断出它会破碎。[2] 那么倾向性质是根据范畴性质与自然规律一同作用得到的，但这一自然规律也是形而上学偶然的，即接受阿姆斯特朗等必然主义者的范畴理论则不得不接受一个观点：必然主义者们所说的必然性是非逻辑的、偶然的必然性。这里的偶然指的是在形而上学上偶然，也就是在不同的可能世界，这种必然联系可能不同。存在这样的形而上学的偶然性是因为阿姆斯特朗支持内禀主义（quidditism）[3]，即认为性质的实质是自我包含的、内在的，性质是否相同只与其内禀性质是否相同有关，与性质之间的关系无关。内禀性质与其所承担的理论角色之间的关联是随机的，性质 F 和性质 G 之间的必然联系只是其在某个具体的可能世界中例示的一种模式。“我所宣称的像 N（F，G）这样的事态是偶适的，‘在不同的可能世界’中将不再是 N（F，G）这种情形。”[4]

综上所述，无论是系统性进路还是必然性进路，其理论均认为性质是范畴性质，持范畴主义一元论的观点。对此可提出两点疑问，首先在自然界存在着的倾向性质比如易碎性，无论是将之视为自然界本身具有的还是将之称为范畴性质的简便用法，都需要对之提供合理的解释，这两种自然规律观点都支持内在倾向论（the intrinsic dispositions thesis，简称 IDT），“一个倾向性质 D 是一个普遍的内在倾向，当且仅当，对每一对具有普遍可复制（nomic duplicates）关系的 x 和 y，x 具有 D 当且仅当 y 具有

---

[1] David Armstrong, *A World of States of Affairs* (Cambridge: Cambridge University Press, 1997), p. 237.

[2] Sungho Choi and Michael Fara, “Dispositions,” *Stanford Encyclopedia of Philosophy*, October 7, 2019, https://plato.stanford.edu/entries/dispositions/.

[3] 范畴主义对性质的讨论又会有内禀性质（quiddity）和个性（hacceity）的区别，其中内禀性质类似于类型之间的性质，个性类似于殊型。但我们在讨论自然规律中的性质时，更多的是关于内禀性质的讨论。

[4] David Armstrong, *What Is a Law of Nature?* (Cambridge: Cambridge University Press, 1983), p. 80.

D”。[1] 这一观点认为倾向性质是事物的内在性质，内在性质可以精确复制，刘易斯对此认为“如果两个事物（实际的或仅仅可能的）是精确的内在复制（并且如果它们服从相同的自然规律）那么它们的倾向相同”。[2] 因此在具有相同的自然规律的可能世界中，有相同内在性质的对象具有相同的倾向性。但是又有很多哲学家比如麦基（Jennifer McKitrick）就认为也存在着一些倾向性质是非内在的外在倾向，比如不改变物体的结构，物体在地球和月球的重量不一样，而质量则相同。因此重量便是外在性质而质量是内在性质。[3] 那么即便是自然规律相同，也存在着外在倾向不能被内在性质解释。

除此之外，范畴论者对性质的认识很大程度上在于其理论基础是传统物理学，比如刘易斯对性质、休谟随附性与自然律有如此认识是因为经典物理学中物质都是分布在时空点上的，即无论是牛顿的物质还是麦克斯韦电磁场都是附着在时空点上的。但是基于经典物理学对性质的认识与量子力学对性质的认识并不一致，量子力学认为在基础层面物质的性质如电子的质量、自旋和电荷等都是倾向性质。因此范畴性质很难合理地解释基础层面的倾向性质。也就是说科学理论证明本体论层面的基本性质就是倾向性质，那么范畴主义在自然规律的讨论中就站不住脚了，所以我们要么接受倾向主义一元论，要么接受范畴与倾向共存的混合论观点，下文将对此进行讨论。

三、倾向性与自然规律

与上述诸进路不同，自然规律的倾向性进路对性质的认识改弦更张。

---

[1] Sungho Choi, “The Conditional Analysis of Dispositions and the Intrinsic Dispositions Thesis,” *Philosophy and Phenomenological Research* 78, no. 3 (2009): 568—590.

[2] David Lewis, “Finkish Dispositions,” *The Philosophical Quarterly* 47, no. 187 (1997): 143—158.

[3] Jennifer McKitrick, “A Case for Extrinsic Dispositions,” *Australasian Journal of Philosophy* 81, no. 2 (2003): 155—174.

按照范畴主义的观点，一个性质的实质是自我包含的、内在的，与性质的实例在各种情形中的倾向性行为无关。而根据倾向性者的看法，“倾向主义者将性质的实质视为其自身的律则和因果效力”[1]，性质赋予其实例在各种情形下表现出同样的倾向。自然规律就是对性质的倾向性行为的刻画。那么什么是倾向性质？因限于本文讨论主题，只就最基本的倾向性质定义进行说明，我们对倾向性质的最基本的分析方式为倾向的条件分析（The conditional analysis of dispositions）：

CA：对象 x 在刺激 S 发生时有显现 M 的倾向性质 D，当且仅当，如果 x 在遇到 S 发生时，会产生显现 M。形式化表达为 $D_{(S, M)}X \leftrightarrow (Sx \Box\!\!\rightarrow Mx)$。[2]

解释倾向性进路的核心在于如何理解基于倾向性质的自然规律在形而上学中的必然性。而这也正是倾向性进路研究者批评必然性进路的必然性是虚假必然性[3]后做出的改进。倾向性进路认为自然规律的必然性可这样理解，如果性质 P 是必然的倾向性，那么对象 x 具有性质 P 时有：

DE_p：$\Box(Px \rightarrow D_{(S, M)}x)$

根据 CA，可导出

(I) $\Box(Px \rightarrow (Sx \Box\!\!\rightarrow Mx))$

当具有性质 p 的对象 x 遇到刺激条件 S 时，即（II）$Px \wedge Sx$，上述公式可导出：

---

[1] Sungho Choi, “The Conditional Analysis of Dispositions and the Intrinsic Dispositions Thesis,” *Philosophy and Phenomenological Research* 78, no. 3 (2009): 568—590.

[2] Alexander Bird, *Nature's Metaphysics: Laws and Properties* (New York: Oxford University Press, 2007), p. 24.

[3] 倾向性进路支持者认为必然性进路存在着无穷倒退问题，必然性进路无法说明自身的必然联系是什么，阿姆斯特朗能够给出的方案是通过更高阶共相来保证低阶共相之间的必然联系。那么又怎么保证高阶共相之间的联系是必然联系呢？伯德认为这只是在推迟对问题的回答，比如我们依据三阶共相来保证自然规律的必然性，那么就需要四阶共相保证三阶的必然性，这种倒退是恶性的，因此必然性进路的必然性是虚假的必然性。（Bird 2005，151）

（III）$\forall x\ ((Px \wedge Sx) \rightarrow Mx)$。[1]

对倾向性质的描述本身是反事实条件句，那么在反事实条件句中被支持的性质在所有可能世界均成立，也就是如果具有性质 P 的对象 x 遇到刺激条件 S，那么必然会有 M 显现，这一全称命题是在所有可能世界中必然的。由此回避了范畴性质遇到的无穷倒退问题。同时，从上述公式（III）中可看出，倾向性进路也承认自然规律是一个全称命题，那么也承认了自然规律是一个规则。

在性质分析上，倾向性进路认为自然规律中的性质是倾向主义的。"在这种观点（倾向主义）中，性质的本性被必然的倾向作用所穷尽：性质无非是倾向性质。"[2] 如今被广泛接受的倾向性进路是倾向性本质主义（dispositional essentialism）。其中伯德（Alexander Bird）认为在自然规律中不是所有的性质都能在刺激条件下显现，而是只有基础层面的性质才具有这种倾向性，非基础层面的性质则需要考虑其他条件均同（ceteris paribus）。首先就基础层面的性质而言，倾向主义者认为基础层面的性质是裸倾向，不能借助于更基本的范畴性质来作为它们的因果基础。虽然物理学家从原子中发现了电子、中子和质子，但物理学中的理论和实验暗示着世界应该不会是无限可分的，"自从卢瑟福发现'轰击'是探索亚原子结构的一种方法以来，每一次轰击粒子的能量水平的显著提高都会导致新的、更深层次的结构的发现。但是现在有大量的实验和理论证据表明，这段历史不会不断重演。亚原子粒子在能量加速器中已经进行了几十万次的实验，如果历史重演的话新的结构理应现身。……标准模型中确定的亚原子粒子是无结构的"。[3] 而这些基础粒子的基本性质如质量、电荷、自旋等都是倾向性质。以电荷为例，电荷的定义是两个带电物质会互相施加作用力于对方，具有相同电荷的物质互相排斥，具有不同电荷的物质互相吸

---

[1] Alexander Bird, *Nature's Metaphysics: Laws and Properties*, p. 46.

[2] Matthew Tugby, "Categoricalism, dispositionalism, and the epistemology of properties," *Synthese* 191, no. 6 (2014): 1147—1162.

[3] George Molnar, "Are Dispositions Reducible?" *The Philosophical Quarterly* 49, no. 194 (1999): 1—17.

引。也就是说电荷的定义为，只有在置入第二个电荷时，能够显现吸引力或者排斥力。与之相同，质量和自旋等基本性质都是倾向性定义，而这也正是范畴性质所无法回答的问题。

在非基础层面，将自然规律中的性质视为CA条件下的倾向性质则会遇到告密者难题（finkish problem）和面具难题（mask problem）[1]。告密者难题指在刺激条件S发生时，具有倾向性质的对象可能会丢失倾向性质从而在刺激条件下不显现，比如一条具有导电性的电线连接着灯泡和开关，并且在开关闭合后灯泡发亮。但在开关闭合时电线损坏，从而线路中的灯泡发亮没有显现。面具难题则是指对象仍旧具有倾向性质，但因为外部环境干扰了倾向的显现，比如在易碎的杯子外面包裹厚厚的泡沫，杯子在受到猛烈撞击时不会粉碎，此时易碎性未丢失但也未能显现。伯德认为性质在非基础层面就会遇到这两个难题，伯德提出的解决方案是承认其他条件均同定律的存在，即在约束条件满足时，倾向性质得以显现。

倾向性进路具有这样的理论优势，首先与休谟主义的两个进路相比，倾向性进路承认规律的规则性，同时又承认自然界存在倾向性质以及性质之间的普遍必然性，也就规避了系统性进路中简单性与有力性的张力造成的识别问题。同时对于必然性进路而言，必然性存在的最大问题是无法回答什么是必然性，并且由此带来了无穷后退难题，而倾向性进路因承认自然界本身存在着倾向性质，也就是承认了性质的实质不在于性质内部而在于性质的律则和因果角色中，由此不需在性质之外再假设一个必然联系，也就不必再因为阿姆斯特朗的名字是Armstrong而认为他有发达的肱二头肌了。[2] 阿姆斯特朗是否有发达的肱二头肌在于其弯胳膊时能否显现巨大的肱二头肌。除此之外，倾向性进路还能解决上述三理论在基础层面与现代物理学存在的理论冲突。

---

[1] 对这两个难题的命名各不相同，比如有哲学家将告密者难题又细分成告密者、逆循环告密（reverse-cycle fink），面具难题则被约翰斯顿（Johnston）称之为面具难题，伯德则将之称为去除剂（antidotes）问题。

[2] David Lewis, "New Work for a Theory of Universals," *Australasian Journal of Philosophy* 61, no. 4 (1983): 343—377.

其二，倾向性进路认为自然规律是对倾向实质的刻画，倾向性进路对性质的描述支持反事实条件句。我们一般认为自然规律需要支持反事实条件句，但范畴性质本身不支持虚拟条件句，因此基于范畴性质刻画的自然规律需要额外对反事实条件句进行说明。而范畴主义下诸进路是形而上学偶然的，因此在性质之外支持反事实条件句的工作并不简单。所以在对自然规律的刻画上，倾向性进路因其支持反事实条件句，所以更符合我们对自然规律的要求。

综上所述，倾向性进路认为自然规律是对倾向性质的刻画，这一观点与范畴性质的诸理论相比具有理论优势，首先倾向性进路能够解决范畴性进路诸立场中存在的理论难题，尤其是倾向性质中裸倾向的概念符合现代物理学对基础层面性质的认识，而范畴主义很难说明基础层面粒子性质的倾向性。其次倾向性进路更符合我们对自然规律的认识。虽然到目前为止对自然规律的倾向本质主义进路下的工作似乎都很好，但是将自然规律中的性质视为倾向性质又面临着如何解释范畴性质的问题，即要么我们用裸倾向对范畴性质做出解释，要么是接受性质的混合论，下文将对此进行分析。

四、自然规律的性质分析

在对性质的认识上，倾向性进路也遇到了自己难以解释的问题。首先，将基础层面的性质视为裸倾向是否合适？卡特赖特（Nancy Cartwright）认为在基础层面的去除剂有很多，需要考虑其他条件均同定律。比如在对上述的电荷的倾向性质进行定义时，需要考虑出现第二个电荷作为刺激条件时是否有吸引或排斥显现。那么如果不考虑其他条件均同，则可置入第三个电荷，此时力的显现要考虑原因合成。因此卡特赖特认为在基础层面的倾向性质也要考虑其他均同定律以增加限制条件。其二，倾向性进路将性质视为倾向性质，但仍旧需要解释理论中存在的范畴性质。在自然规律中仍旧存在着诸如“球”“红色”等范畴性质，比如对前者而言，我们对球形做如下定义：某物是球形的，当且仅当，在欧氏几何中，一个表面上所有的点与中心等距的三维的物体。在这一定义中并无倾向性质的刺激条件与显现，在科学中存在的这种范畴性质无法用倾向性质来解释。其三，倾向性质的刺激条件和显现也不能用倾向性事件来做出定义，否则会有循环定义之嫌。比如食盐的易溶解这一倾向性质本身不能被观察，但将之置于水中，食盐发生溶解，溶解现象才能够被观察到。也就是说被观察到的性质不是易溶解性这种倾向性质，而是“食盐”“溶解”和“置于水中”。[1] 即使我们将自然规律中的性质视为倾向性的，那么倾向性的显现也得是能够观察到的明确的范畴性质，因此我们接受倾向性质的显现就得接受范畴性质存在。

对第一个问题而言，卡特赖特并非质疑基础层面性质的倾向性观点，而是认为倾向性质被认识需要添加条件限制，而本文着重于对自然规律中性质是范畴的还是倾向的辨析，因此对于基础层面性质受到的其他条件均同定律的质疑不做赘述。其余两问题则在于倾向性进路能否容纳范畴性质。在本体论上，无论是范畴论者还是倾向论者都认为性质要么是范畴的要么是倾向的，二者无法兼容。如果真的这样理解性质，那么在对自然规律的性质认识中我们也不得不持一元论的观点，也就是倾向性质和范畴性质非此即彼了：性质要么是范畴的，此时范畴性质能够作为倾向性质的因果基础；性质要么是倾向的，此时裸倾向在基础层面上具有本体论地位并能解释非基础层面的范畴性质。但笔者认为，我们从上述分析可以得出，单纯接受倾向或者范畴都存在着极大的问题。科学理论告诉我们范畴性质和倾向性质都存在着，并且有些范畴性质比如对球的定义无法用倾向性质来解释，同时有些倾向性质比如基础层面的性质又无法找到更低层次的范畴性质来作为它们的因果基础。那么我们不得不考虑一种混合论的观点了。

在本体论上二者真的不能共存么？现代科学理论告诉我们，起码我们能够接受自然规律的倾向本质主义的观点。但不同于伯德仅仅求助于其他

---

[1] Tyler Hildebrand, “Can bare dispositions explain categorical regularities?” *Philosophical Studies* 167, no. 3 (2014): 569—584.

条件均同来限制非基础层面的倾向性质的显现，综合上述笔者认为还必须在此基础上接受范畴性质的存在。起码在两种情况下存在范畴性质：首先对单独的倾向性质而言，倾向性的显现需要范畴性质的参与，比如在盐易溶解中作为显现条件的“盐”“置入水中”“溶解现象”都是范畴性质；其次在二阶关系上，存在着范畴性质之间二阶必然关系的倾向性质，比如对球的定义是在欧氏几何的基础上基于范畴性质做出的，对斜面的定义也是基于范畴性质的定义，但球在斜面易滚落便成为了倾向性质，即易滚落是球和斜面之间的关系，而滚落的因果基础在于重力场，此时又需要倾向性质来做解释。“面对明显的不可调和性，同一性的论证是性质（如鸭子/兔子的形象）不能仅从倾向（鸭子）或范畴（兔子）便可得到充分理解，而是只能同时从两方面（鸭子/兔子）得到理解。”[1] 因此我们虽然承认了自然规律中范畴性质的存在，但自然规律本身仍旧是对倾向性质的刻画，也就是说自然规律是单独的倾向性质或者是范畴性质之间的必然关系。这类似于必然性进路中共相的必然联系，但不同于必然性进路的是倾向性质这一必然联系是形而上学必然的。当然倾向性进路也由此遇到了自己的无穷倒退问题，但这不是本文研究的重点，在此不多做赘述。

五、结论

自倾向性进路提出后，对自然规律的性质分析由此展开。首先系统性进路和必然性进路均认为性质是范畴性质，性质自身的同一性不在于性质和性质之间的关系，而在于性质自身的内禀属性。那么无论是系统性进路所持有的休谟随附性观点还是必然性进路所谓的必然联系，性质之间的关系在形而上学上均为偶然的。对范畴主义而言，这种形而上学偶然性与自然规律支持的反事实条件句之间的理论张力很难协调，也就是说这种自然规律的观点不如倾向性进路自然。其次现代物理学理论证明基础层面的性质是倾向性质，由此范畴论者也难以解释这种无更深层次结构的倾向性

---

[1] Charles Martin, *The Mind in Nature* (Oxford: Oxford University Press, 2008), p. 68.

质。基于对范畴论的不满，倾向主义者提出了自然规律的倾向性观点，认为自然规律是对性质的倾向实质的刻画。这一进路符合现代物理学对性质的看法，并且对倾向性质的描述本身就是反事实条件句，也更符合自然规律对反事实条件句的要求，由此自然规律便是内在于自然过程中了。虽然倾向性进路看起来更加合理，但倾向主义者所认为的范畴性质都可以由倾向性质解释的观点却值得商榷。我们支持自然规律是对性质的倾向实质的刻画，但倾向的显现似乎不只是倾向性质，并且倾向不只是存在于一阶性质中，我们也要考虑范畴性质之上的二阶倾向，在这些作为关系承载者的范畴性质中，很多性质无法用倾向性质来理解。但即使我们接受范畴性质存在，也必须接受自然规律的倾向性进路。综合上述，本文认为自然规律的倾向性进路是合理的，而倾向性进路本身不排斥存在范畴性质，这也符合科学对性质的刻画。

Categorical Properties or Dispositional Properties

—Analysis of Laws of Nature and Properties

(Liu Chen, The School of Marxism, Beijing Sport University, Beijing, 100084)

Abstract: It is difficult for us to describe the laws of nature based on categorical properties or dispositional properties, which is not only the difference between categorical properties and dispositional properties, but also means our two distinct ways of understanding nature. In the existing studies of the laws of nature, both the systems approach and the necessitarian approach hold the view of categorism, but the disposition approach holds that it is unreasonable to know the laws of nature based on the categorical properties, and the laws of nature are the description of dispositional properties. But different from dispositional monism, this paper holds that no matter the manifestation of the dispositional properties or the carrier of the second-order dispositional properties relations, they can accept the categorical properties existing outside the dispositional properties, but the categorical properties do not participate in the necessitarian of the laws of nature.

Keywords: Laws of nature; Properties; Categorical properties; Dispositional properties.

论恩格斯自然辩证法理论的三重批判

黄丹阳*

摘要：恩格斯的自然辩证法理论蕴含了本体论、认识论、方法论三个层面的哲学批判。在本体论层面，恩格斯以“物质”概念为核心，确立了其自然辩证法理论的唯物主义性质，阐释了“感性之物”对“思想之物”的批判。在认识论层面，恩格斯论述了立足于生产劳动实践形式的新自然观，从现实基础、表现形式、内在逻辑和实践证明四方面，阐释了新自然观对形而上学自然观的批判。在方法论层面，恩格斯通过论述客观辩证法和主观辩证法、现实性和合理性、自然规律和思维规律的关系，阐释了“作为科学的辩证法”对黑格尔辩证法的批判，凸显了自然辩证法理论的实践性、历史性与革命性。

关键词：恩格斯；自然辩证法理论；批判；实践

恩格斯的自然辩证法理论是其哲学思想的重要组成部分，对于马克思主义自然观的形成和发展产生了深刻影响。当前，随着人与自然和谐共生的生态观念逐渐成为当代人的共识，学界更加关注恩格斯自然辩证法理论所蕴含的生态思想，揭示其对生态学马克思主义的理论建构意义；然而，这一理论的哲学批判意义却没有得到充分阐释。事实上，恩格斯对自然辩证法的研究本就始于理论批判的需要，这体现在他写作《反杜林论》《自然辩证法》等文本的历程中：1873 年，他由对德国庸俗唯物主义者、社会达尔文主义者毕希纳的批判转入研究自然辩证法，意图通过批判旧唯物主

---

* 作者简介：黄丹阳，武汉大学哲学学院马克思主义哲学专业博士研究生，主要研究方向为马克思主义哲学基础理论。电子邮箱：danyangwin@ qq. com。

义来阐释新自然观；1876—1878 年写作《反杜林论》期间，恩格斯关注对小资产阶级社会主义者杜林所谓“现实哲学”“科学自然观”的思想批判，并阐述了自然辩证法思想；在《自然辩证法》札记片段中，恩格斯又创造性地完成了对黑格尔辩证法体系及其自然哲学的批判，从而说明了“作为科学的辩证法”的本质。

比起归纳概括自然界各具体现象及其规律的近代自然科学，恩格斯自然辩证法理论作为反思自然科学研究的哲学理论，具有鲜明的批判性。由此，本文试图论述恩格斯自然辩证法理论在本体论、认识论、方法论三个层面展开的批判，从而明晰恩格斯如何从哲学批判中诠释人与自然关系的辩证法。

一、“感性之物”对“思想之物”的本体论批判

恩格斯自然辩证法理论的第一重批判植根于本体论中。如何理解“物质”概念，这是决定恩格斯自然辩证法理论定位的根本问题。《自然辩证法》写作之初，恩格斯在 1873 年 5 月 30 日致马克思的信中，明确表达了他正在构思的“关于自然科学的辩证思想”：“自然科学的对象是运动着的物质，物体。”“对这些不同的运动形式的探讨，就是自然科学的主要内容。”[1] 作为恩格斯自然辩证法理论阐释的起点，“物质”概念构成了其本体论批判层面的基石。

第一，恩格斯的自然辩证法理论由“物质”概念批驳了传统目的论，明确了存在对于思维的决定性作用。在《路德维希·费尔巴哈和德国古典哲学的终结》（以下简称《费尔巴哈论》）中，恩格斯将思维与存在、精神与自然界的关系问题看作全部哲学的最高问题。在这一问题上，传统目的论用精神统摄自然界，呈现出唯心主义的实质。恩格斯在《自然辩证法》中将此问题置于自然科学研究视域内，扬弃了传统目的论：“旧的目的论被抛弃了，但这时有一种信念牢固地确立了：物质在其永恒的循环中

[1] 《马克思恩格斯选集》第 4 卷，人民出版社，2012 年，第 508—509 页。

是按照规律运动的，这些规律在一定的阶段上——时而在这里，时而在那里——必然在有机体中产生出思维着的精神。”[1] 在恩格斯看来，传统目的论对自然界的介入，或是像泛神论那样寻求有意识地行动的“造物主”的智慧，或是像自然神论那样预设事物本身有其必然性和目的，这就导致以往的自然科学研究将自觉的、有意识的行动强加给自然界，用主观思维遮蔽了客观世界。实际上，自然科学研究应是遵循自然辩证法的，因为自然辩证法是以运动着的物质为研究对象、以物质世界运动发展的普遍规律为研究目标的理论。在此基础上，恩格斯没有囿于论述物质对精神的第一性，他进一步提出了“物质”的具体特性和存在形式——运动着的物质的永恒循环。其一，物质以运动作为存在方式，自然辩证法的研究对象不是始终不变、亘古如一的自然界，而是不断生成、变化、发展的物质及其规律；其二，物质运动形式按照规律转化，这些规律既有必然性又有历史性，它们会根据一定条件的变化而互相转化；其三，绝对的运动与相对的平衡构成自然界的循环，而物质与精神则构成人类社会的循环，人需要通过实践活动来实现物质与精神之间的良性互动，以工业为典型特征的社会生产正是这种活动的重要形式。

第二，恩格斯的自然辩证法理论区分了“感性之物”与“思想之物”，明确了“感性之物”相对于“思想之物”的先在性。在《自然辩证法》中，恩格斯区分了物质的感性具体与思维抽象两种形式：“物质本身是纯粹的思想创造物和纯粹的抽象。当我们用物质概念来概括各种有形地存在着的事物的时候，我们是把它们的质的差异撇开了。因此，物质本身和各种特定的、实存的物质的东西不同，它不是感性地存在着的东西。”[2] 这里的“各种特定的、实存的物质的东西”指向物质的感性具体即“感性之物”，是现实存在着的各个具体物；而“物质本身”指向物质的思维抽象即“思想之物”，是思维从现实存在着的“感性之物”中抽象得来的“物质”概念。正如马克思在《〈政治经济学批判〉导言》中论述“政治经济

---

[1] 《马克思恩格斯选集》第3卷，人民出版社，2012年，第845页。

[2] 同上书，第950页。

学的方法”时所阐释的，思维通过直观和表象对现实的感性具体进行加工得到的再现，不能代替感性具体本身；同样，“思想之物”不能代替“感性之物”。在《自然辩证法》中，恩格斯指出真正的本原应是“感性之物”，是感性得以把握到的、现实地存在着的各种具体物及其运动形式。以此为基础，才有人们对于不同质的各种事物依其共同属性（如：时间和空间）所做的思维概括即“思想之物”，继而才有由抽象上升到具体所形成的更加复杂多样的具体物的概念。恩格斯关于“感性之物”对“思想之物”的优先性的阐释，可以概括为“感性具体——思维抽象——思维具体”的公式，其自然辩证法理论既承认感性存在相对于思维的优先性，以运动着的物质所存在的世界为现实基础，也贯彻了从抽象上升到具体的辩证法思想，真正将“物质”概念完整地剖析开来。

第三，恩格斯的自然辩证法理论重视人的生产劳动这一实践形式，确立了自然辩证法理论的唯物主义性质。恩格斯梳理了唯物主义的理论发展史，将人的生产劳动实践看作沟通“感性之物”与“思想之物”的中介，从而将辩证唯物主义与以前一切旧唯物主义区别开来。他指出，古代朴素唯物主义依靠直觉，在某些具有固定形态的事物中寻求自然现象的无限多样性的统一，从而缺乏“从感性具体上升到思维抽象”的过程，而这一过程正是自然科学研究的必经之路；18世纪机械唯物主义与庸俗唯物主义依靠经验，以物的纯粹量的规定性遮蔽了质的差异性，不能理解自然界的不断生成发展，从而缺乏“从思维抽象上升到思维具体”的过程，而这一过程正是辩证法的必要环节。在《家庭、私有制和国家的起源》1884年第一版序言中，恩格斯提出了“两种生产”的观点：一是以生活资料的生产和再生产贯通，根据劳动的发展阶段区分不同的社会制度；二是以人自身的生产贯通，根据家庭的发展阶段区分不同的家庭制度。结合《自然辩证法》可知，劳动对人自身的生产和社会生产都有着重要意义。对于人自身的生产而言，劳动创造了人本身。因为劳动作为人类生存的最基本条件，促进人类手的发展、语言的产生、人脑的成熟、感觉器官的完善，使人类得以从根本上区别于猿类等动物。对于人的社会生产而言，劳动和自然界的结合构成财富的源泉。因为劳动作为人类社会建立的必要前提，直接促成人类学会工具制造、火的使用和动物驯养，并由此历史地发展出一系列生产关系，使人类得以有意识、有目的地改造自然界以满足自身需要。简言之，恩格斯通过人的生产活动，在其自然辩证法理论中构筑了人自身与自然界的统一。

值得注意的是，"实践"概念与"物质"概念在恩格斯的自然辩证法理论中具有深刻的关联。正因如此，学界围绕恩格斯的自然辩证法理论产生了诸多争议，其中最为典型的问题是马克思与恩格斯在自然观上是否存在根本差异。有学者认为：马克思更加强调"实践"概念，因而马克思的自然观凸显了人化自然的社会历史性；相比之下，恩格斯更加强调"物质"概念，因而恩格斯的自然观以自在自然为基础，只是凸显了自然界的客观实在性。对此，当我们聚焦于恩格斯自然辩证法理论的具体阐释就会发现，实际上马克思和恩格斯的自然观在本体论意义上并无本质差异。在马克思的政治经济学研究视域中，只有"人化自然"才能作为人的劳动对象和生存资料而为人所需要，"自在自然"虽然在时间上是先在的，但仍处于政治经济学研究视域之外。比如，《1844 年经济学哲学手稿》中，"自然"概念就指向人化的、感性的、历史的自然。"把马克思的自然概念从一开始同其他种种自然观区别开来的东西，是马克思自然概念的社会—历史性质。"[1] 这一观点在如卢卡奇、马尔库塞、A. 施密特等许多国外马克思主义哲学的代表人物那里均得到了强调。而在恩格斯的自然辩证法研究视域中，"自然"概念虽然指向整个运动发展的自然界，但并不代表"自然"与人无关，因为这是建立在工业实践基础上、以宏大的"宇宙岛"为背景的物质世界。在恩格斯看来，以物质形式存在着的自然界是现实的前提，而作为实践形式的生产劳动才真正将人与自然界联系起来，是人类社会历史的根本条件。恩格斯的自然辩证法理论并未像费尔巴哈的人本学自然主义那样用自然界排除社会存在，因为前者在本体论意义上既确立了自然界的物质属性，又以人的生产实践联结了人与自然界。正如苏联哲学

[1] [德] A. 施密特：《马克思的自然概念》，欧力同、吴仲昉译，商务印书馆，1988 年，第 2 页。

家凯德罗夫所言，恩格斯以劳动为衔接点“实现了从自然界到人的辩证飞跃，实现了从全部自然界的运动形式（包括生物的运动形式在内）到社会运动形式的辩证的飞跃”[1]。由此可见，马克思与恩格斯的自然观都从本体论层面肯定了物质相对于精神的第一性，并强调了实践在人与自然之间的关键性作用；二者之间的非本质区别在于研究视域不同，毕竟研究以商品为细胞的资本主义生产有机体与研究运动着的物质世界各有侧重，而这两个研究视域的贯通桥梁就在于人的生产劳动实践。恩格斯由对人的生产劳动实践的阐释，奠定了发展辩证唯物主义的新自然观的本体论基础。

二、新自然观对旧自然观的认识论批判

恩格斯自然辩证法理论的第二重批判体现于认识论中。恩格斯在《自然辩证法》中提出了近代自然科学研究在现实和观念上的时代差异问题，即“开初那样革命的自然科学，面对着一个彻头彻尾保守的自然界”[2]的状况。这种保守看待自然界的观念，就源自形而上学自然观。那么，恩格斯自然辩证法理论的新自然观何以实现对旧的形而上学自然观的批判呢？这就需要从认识论层面理解人的思维如何正确认识自然界，以及如何正确处理人与自然界之间的关系。

首先，自然科学的革命性发展与工业进步构成这一认识论批判的现实基础。恩格斯指出，随着欧洲现代国家和现代资产阶级社会的发展，以牛顿力学为代表的自然科学逐渐摆脱宗教神学的束缚，开始进入掌握现有材料的第一个研究阶段。从积极方面看，这一阶段的自然科学研究注重自然界在空间的广延性，借助对已有材料的把握，在数学和力学等领域中发现了物质的普遍运动规律。从消极方面看，这一阶段的自然科学研究忽略了自然界在时间维度的连续性，有机界研究的相对停滞就是对此的现实反

---

[1] ［苏］勃·凯德洛夫：《论恩格斯〈自然辩证法〉》，殷登祥等译，生活·读书·新知三联书店，1980年，第92页。

[2] 《马克思恩格斯选集》第3卷，第844页。

映。此后，康德的《自然通史和天体论》和“星云假说”等新研究成果无疑是对旧自然观的突破，也推进自然科学进入到整理材料的第二个研究阶段。恩格斯总结了这一阶段促使人们的自然观更新的“三大发现”：一是热的机械当量和能量转化的发现，证实自然界一切运动的统一性；二是细胞的发现，揭示了有机体共同遵循的规律及发展过程；三是达尔文进化论的系统论述，说明了从简单到复杂的人类精神前史。这一系列重大发现，都是对旧的形而上学自然观的有力驳斥，证明了事物处在生成和灭亡的变化过程中。随后，恩格斯明确提出正确反映自然科学研究新成果的新自然观：“新的自然观就其基本点来说已经完备：一切僵硬的东西溶解了，一切固定的东西消散了，一切被当做永恒存在的特殊的东西变成了转瞬即逝的东西，整个自然界被证明是在永恒的流动和循环中运动着。”[1] 从搜集材料的科学到整理材料的科学，自然科学研究在现实中的发展获得了质的飞跃；同样，从自然界固定不变的观念到关于运动、发展、联系的自然界的观念，自然观在认识论层面同样经历了革命性的变化。

其次，理论思维对经验认识的革新构成这一认识论批判的表现形式。恩格斯的自然辩证法理论辩证地阐述了“经验”范畴，使得“经验”具有本体论层面与认识论层面的双重内涵。在本体论层面，经验作为人的感性活动的一部分，被视为抽象思维所需的重要感性材料；在认识论层面，经验则是人类获取关于自然界与人类社会的知识的一个来源，但是它绝不能涵盖认识运动的全过程。形而上学自然观混淆了“经验”的本体论内涵与认识论内涵，错误地认为关于自然界的认识完全依靠纯粹的经验，乃至从“蔑视一切理论、怀疑一切思维的最肤浅的经验”[2] 走向神秘主义。恩格斯的自然辩证法理论则阐明，问题并不在于经验本身，而是新自然观更需要理论思维。也就是说，在经验认识所积累的庞杂内容的基础上，新自然观更加强调运用理论思维来提炼出“思想之物”的内在联系及其运动发展规律：“于是，自然科学便进入理论领域，而在这里经验的方法不中用了，

---

[1] 《马克思恩格斯选集》第 3 卷，第 855—856 页。

[2] 同上书，第 889 页。

在这里只有理论思维才管用。”[1] 由此，如果说搜集积累材料的研究阶段离不开经验，那么分析整理材料的研究阶段则离不开以经验为基础的理论思维。一方面，理论思维能够为自然科学的研究内容开创辩证的方法；另一方面，革新经验认识的理论思维能够为自然科学本身提供历史的尺度。恩格斯批评经验自然研究缺乏对哲学史的认识，因为经验自然研究的内在逻辑是形式逻辑，而理论思维赋予自然科学研究以辩证逻辑，这使认识物质世界和人的思维的历史发展过程成为可能。

再次，辩证逻辑对形式逻辑的扬弃展现出这一认识论批判的内在逻辑。在恩格斯看来，形式逻辑作为形而上学自然观的核心，表现在同一与差异、必然与偶然、原因与结果等范畴关系中。其一，形式逻辑以同一性思维方式，凸显了知性的思维规定的两极化。“旧形而上学意义上的同一律是旧世界观的基本定律：a=a，每一事物都与自身同一。”[2] 依据这种同一性思维方式，事物的性质只存在普遍绝对的“非此即彼”，而不可能具有“亦此亦彼”的动态变化环节。其二，形式逻辑以偶然性和必然性的对立，阻碍了人类认识客观规律的可能性。在形式逻辑的规定中，一切普遍规律都是必然的，而规律之外则是偶然的，两者不可能实现相互转化。这就为不可知论与决定论留出了空间。不可知论拒斥规律之外的偶然性，决定论只重视自然界中直接的必然性，它们都从否定偶然性作用及其与必然性的相互关系上，否认了科学认识的可能性。其三，形式逻辑在因果性的验证上仅考虑纯粹经验，而忽视人的活动所引起的自然界变化。在形式逻辑主导下，形而上学自然观是缺乏理论思维和科学实证的；与此相反，辩证逻辑重视“立足在经验基础之上的理论认识的发展过程”[3]，通过人的实践活动确证了一个运动是另一个运动的原因，并由此强调了人的实践活动对于认识自身和自然界的不可或缺。概括言之，在以上范畴关系中，形式逻辑只满足于把思维运动的各种形式归纳列举，各种形式之间是抽象

[1] 《马克思恩格斯选集》第3卷，第873页。
[2] 同上书，第915页。
[3] 同上书，第927页。

的、分离的、简单并列的；而辩证逻辑注重同一与差异、必然与偶然、原因与结果的相互转化及其转化条件，由此及彼地从低级到高级发展出各种形式。在辩证逻辑中，自然界才真正被看作一个运动发展的有机整体。

最后，人的生产劳动和科学实验为这一认识论批判提供了实践证明。在形而上学自然观看来，正因为同一与差异、必然与偶然、原因与结果诸范畴是割裂的，由此反映出的人类社会与自然界也是对立的。比如，18世纪机械唯物主义者把人仅仅看作独立于自然界之外的机器，人与自然之间的关系只是支配和被支配、控制和被控制的关系。将工具主义贯彻到人的对象性活动的方方面面，这正是旧自然观的缩影。而在恩格斯的自然辩证法理论中，自然界与精神应是统一的，这种统一表征着精神和物质、人类和自然、灵魂和肉体之间的统一，需要通过人的实践来实现。一方面，人的生产劳动决定科学的理论思维的产生。恩格斯通过研究自然科学各部门的循序发展指出，正如天文学与数学的发展源自各民族农业生产对于定季节的需要，力学的发展源自不同民族对于航海和战争的需要，生产对于科学的产生和发展具有决定性的作用。另一方面，科学的理论思维又促进了人的生产劳动和科学实验的发展。恩格斯强调，科学的理论思维带来了全新的实验手段、实验工具，并让真正系统的实验科学得以产生。生产力的发展有赖于科学革新进步，科学的革新进步也脱胎于生产力的发展，二者相互促进。据此，恩格斯反对“人征服自然界”那样人与自然绝对对立的旧自然观，并提出了辩证唯物主义的自然观：“我们连同我们的肉、血和头脑都是属于自然界和存在于自然界之中的；我们对自然界的整个支配作用，就在于我们比其他一切生物强，能够认识和正确运用自然规律。”[1]这种自然观无疑是人类中心主义的，因为人通过劳动实践从本质上区别于其他一切动物；但恩格斯所主张的人类中心主义具有认识论内涵，作为自然界中一部分的人，应当通过经验认识基础上的理论思维能力来把握自然规律，并从人的生产活动中正确运用自然规律以改良自然界。这才是新自然观在认识论层面所呈现的人与自然界之间的良性互动。

---

[1] 《马克思恩格斯选集》第3卷，第998页。

三、作为科学的辩证法对黑格尔辩证法的方法论批判

恩格斯自然辩证法理论的第三重批判贯彻于方法论中。在《自然辩证法》中，有一束材料被专门命名为“辩证法作为科学”，它显示出恩格斯自然辩证法理论对方法的重视。在1885年写作的《反杜林论》第二版序言中，恩格斯回顾了关于理论自然科学的研究并表示：“马克思和我，可以说是唯一把自觉的辩证法从德国唯心主义哲学中拯救出来并运用于唯物主义的自然观和历史观的人。”[1] 在认识论层面，辩证法区别于形而上学，通过辩证逻辑对形式逻辑的扬弃阐明了关于联系发展的科学的一般性质；同时，在方法论层面，作为科学的辩证法又区别于黑格尔的辩证法，恩格斯阐明了唯物辩证法的真正规律。在恩格斯看来，黑格尔的辩证法是唯心主义倒置过来的唯物主义。如何理解这种“颠倒”，恩格斯又如何在新的意义上“颠倒”黑格尔辩证法以发展“作为科学的辩证法”呢？

一是从客观辩证法与主观辩证法的关系中，呈现出恩格斯自然辩证法理论的实践性。恩格斯把思维与存在的关系问题引入自然辩证法理论体系中，将辩证法划分为客观辩证法与主观辩证法，论证了黑格尔辩证法在出发点上的错误。恩格斯指出，“所谓的客观辩证法是在整个自然界中起支配作用的，而所谓的主观辩证法，即辩证的思维，不过是在自然界中到处发生作用的、对立中的运动的反映”。[2] 在恩格斯那里，辩证法是关于一切运动的普遍规律的科学，它既有客观的方面即自然界自身的运动变化的规律，也有主观的方面即辩证思维对于自然界客观存在着的规律的反映。联系本体论批判层面的公式“感性具体——思维抽象——思维具体”，客观辩证法可看作感性具体上升到思维抽象的环节，是关于“感性之物”的普遍规律，而主观辩证法可看作思维抽象上升到思维具体的环节，是关于“思想之物”的普遍规律。由恩格斯运用“感性之物”对“思想之物”的

---

[1] 《马克思恩格斯选集》第3卷，第385页。

[2] 同上书，第908页。

本体论批判可知，在自然辩证法理论体系中，客观辩证法是主观辩证法的现实前提，主观辩证法是客观辩证法在思维中的再现，人的实践活动则是沟通“感性之物”与“思想之物”的中介。根据这一关系，黑格尔辩证法在出发点上就犯了唯心主义的错误。在黑格尔的自然哲学中，纯粹理念作为出发点，精神、思维和观念都具有本原意义，自然界不过是观念的摹写，理念在辩证运动中以自然界为中介，发展出理念自身的逻辑必然性，最终指向绝对精神。恩格斯对此说明：“随着唯心主义出发点的垮台，建筑在这一出发点上的体系，特别是黑格尔的自然哲学也就垮台了。”[1] 恩格斯自然辩证法理论对黑格尔辩证法的第一个“颠倒”，就在于思维与存在关系上的颠倒。

二是在“合理性”与“现实性”的辩证关系中，呈现出恩格斯自然辩证法理论的历史性。恩格斯重新阐释了“合理性”与“现实性”之间的辩证关系，进一步说明了作为科学的辩证法的结构，从而批驳了黑格尔辩证法在自然研究中的非历史性。“合理性”与“现实性”这一对辩证关系，在《法哲学原理》序言中被黑格尔提出，又在《小逻辑》中得到再次论述。“合理性——现实性——合理性”这一公式，体现了逻辑与历史的统一。一方面，合理性成为纯思维的辩证运动的开端，由合理性向现实性转变的运动本质上是从抽象的纯思维发展出多样性具体的过程；另一方面，理念通过对外化自然的否定之否定而回归自身，由现实性向合理性转化的运动本质上是理念的复归以实现绝对精神的过程。在《费尔巴哈论》中，恩格斯针对“现实性”提出了批驳，正是因为现实性不是固定不变的事物属性，一切现存事物都是处于生成到灭亡的变化过程之中，所以自然界万事万物也在各个阶段都经历着由低到高、由生到灭的历史进程。而在其自然辩证法理论体系中，恩格斯也同样批判了黑格尔辩证法关于“合理性”与“现实性”辩证关系的问题。从“合理性”的方面看，黑格尔重视辩证逻辑，对自然科学进行了百科全书式的理论概括与分类；从“现实性”的方面看，黑格尔又轻视了自然界的现实历史，只是将自然界看作理念的外

[1] 《马克思恩格斯选集》第 3 卷，第 878 页。

化，这样一来，自然界只有逻辑上的空间多样性，而没有历史上的时间连续性。“它把自己所包含的一切发展阶段同时地、并列地展示出来，并且注定永远重复始终是同一的过程”。[1] 因此，问题不仅在于思维与存在的第一性，也在于逻辑与历史的优先性。虽然黑格尔坚持把思维放在其哲学体系的本原地位，但是他从未否认客观存在在时间上的先在性。黑格尔在《自然哲学》中指出：“自然在时间上是最先的东西，但绝对 prius［在先的］的东西却是理念；这种绝对 prius 的东西是终极的东西，真正的开端。起点就是终点。”[2] 黑格尔承认物质世界是在历史上更为优先的存在，但是在逻辑上更为优先的是自在自为的理念，他肯定了逻辑的优先性，而把历史置于逻辑的从属地位。与此相反，恩格斯则主张历史的优先性，即自然界处于历史不断发展的过程当中，对于自然界合乎理性的观念都来自现实性的发展进程中。恩格斯自然辩证法理论对黑格尔辩证法的第二个“颠倒”，就在于逻辑与历史优先性上的颠倒。

三是在自然规律与思维规律的关系中，呈现出恩格斯自然辩证法理论的革命性。恩格斯论述了自然规律与思维规律的同一与差异，从合目的性与合规律性的关系上，批判了黑格尔辩证法的体系问题。在黑格尔辩证法的体系中，“个别——特殊——普遍”的逻辑公式不是由自然界中的多样性推导出普遍的自然规律，而是将思维规律强加于自然界，从而形成所谓自然规律。因此，黑格尔辩证法中的思维规律比自然规律作用更广，它在逻辑上统摄自然规律。更进一步，即使在人类历史领域，无限发展的历史过程也只存在于理念之中。在黑格尔看来，主体是绝对理念，它既赋予外物目的，也统领一切规律，绝对理念是合目的性与合规律性的统一。对此，恩格斯认为黑格尔这一体系在诠释思维运动方面有其合理性，因为对自然界的科学认识正是从低级到高级、从有限到无限、从个别到特殊再到普遍的发展进程。但同时，恩格斯也揭示了黑格尔这一体系的问题：黑格

---

[1] 《马克思恩格斯选集》第 4 卷，第 235 页。

[2] ［德］黑格尔：《自然哲学》，梁志学、薛华等译，商务印书馆，1980 年，第 28 页。

尔辩证法的公式始终是围绕思维形式本身而展开的。在恩格斯的自然辩证法理论体系中，主体是现实的人，“辩证法的规律是从自然界的历史和人类社会的历史中抽象出来的”。[1] 更进一步，恩格斯还强调，自然规律与思维规律在本质上是同一的，但二者在表现上不同，因为人可以充分运用主观能动性来认识规律、把握规律，并应用规律来改造自然界。其自然辩证法理论不仅描绘了自然科学的革命蓝图，而且把握到了人类社会的革命前景。在此意义上，恩格斯把人的解放理解为从社会方面和物种方面将人提升[2]，使人从本质上区别于其他动物。人的解放，正是通过以生产活动为根本的实践形式来构建自觉的社会生产组织，亦即共产主义社会。为此，实践超越了黑格尔辩证法体系中的思维运动循环，真正促成了人与自然关系的合目的性与合规律性的统一。恩格斯自然辩证法理论对黑格尔辩证法的第三个“颠倒”，就在于合目的性与合规律性辩证关系的颠倒。

综上所述，恩格斯的自然辩证法理论实现了本体论层面上“感性之物”对“思想之物”的批判，认识论层面上新自然观对旧自然观的批判，以及方法论层面上作为科学的辩证法对黑格尔辩证法的批判。由此观之，恩格斯的自然辩证法理论无疑构成了兼具时代感和理论性的马克思主义哲学的重要组成部分，它不仅从历史上梳理了一部发展着的近代自然科学研究史，而且从逻辑上概括了一部批判的人类思维变革史。由于恩格斯自然辩证法理论的批判性，这“两部历史”都具有了开放性的意义——随着自然科学的不断发展革新，人类思维也必将实现新的超越。

On the Triple Critique of Engels' Theory of Dialectics of Nature

(Huang Danyang, School of Philosophy, Wuhan University, Wuhan, 430072)

Abstract: Engels' theory of dialectics of nature implies philosophical critique from three dimensions which include ontology, epistemology and method-

[1] 《马克思恩格斯选集》第3卷，第901页。

[2] 参见《马克思恩格斯选集》第3卷，第860页。

ology. From the ontological dimension, Engels centers on the concept of "material", confirms the materialistic nature of his theory of dialectics of nature, and explains the criticism of the "sensuous thing" to the "thinking thing". From the epistemological dimension, Engels discusses the new view of nature based on the practical form of productive labor. He also explains the criticism of the new view of nature to the metaphysical view of nature in four aspects: realistic basis, pattern of manifestation, internal logic and practical proof. From the methodological dimension, Engels discusses the relations between objective dialectics and subjective dialectics, reality and rationality, rule of nature and rule of thoughts. He also explains the criticism of his "dialectics as science" to Hegel's dialectics, which highlights the practical, historical and revolutionary characters of the theory of dialectics of nature.

Keywords: Engels; theory of dialectics of nature; critique; practice

中国哲学

“物”的中介性：朱熹“格物致知”思想新探

刘 沁*

摘要：朱熹的“格物致知”思想以强调“物”的中介性以及“格物”作为一种中介活动为其根本特征。天理作为万物的普遍本体，必须要通过“物”作为中介才能被主体加以把握。“物”关涉主体的价值判断与实践，“物”与“心”基于“理”的普遍贯通而具有内在的关联与一致性，从而二者之间并不存在根本的对立。“格物致知”作为“心”与“物”之间循环往复、交织过渡的实践活动，最终指向对于“物”在“理”之“所当然”的整体性秩序中的生成。

关键词：物；格物致知；心与理一；中介性

在宋代哲学中，“物”才成为了一个重要的哲学问题。[1] 二程首倡“天理二字是自家体贴出来”，程颐更极为重视“格物”作为“体贴天理”的实践方式。在理学的问题意识之中，“物”作为被“我”认知为在自身之外的存在者，是“我”作为主体必须回应的问题。而“物”与“我”之间的关联又建立在“理”作为本体的普遍性根基之上，“格物”则是

---

* 作者简介：刘沁，武汉大学哲学学院中国哲学教研室讲师，主要研究方向为宋明理学、中西比较哲学。电子邮箱：linda_liuqin@163.com。

[1] 赵金刚指出，“格物”在宋代之所以变得如此重要，与宋代由于社会生产的发展从而出现多样的新生事物有着密切关联。具体论述参见赵金刚：《格物与天理——朱熹如何认识这个世界》，《国际儒学论丛》2019 年第 2 期。

“我”作为主体与“物”发生关联的实践方式，成为主体“体贴天理”的入手环节。程颐认为，“理”与“物”作为狭义的形而上者与形而下者之间具有严格的判分，认为“格物”的目的在于最终达到“以理观物”。朱熹继承了程颐关于“格物”的基本立场同时又有所发展，“物”这一范畴在朱熹哲学中成为本体与主体相互过渡的关键中介。在朱熹对于“格物致知”的论述中，强调“物”的中介性以及“格物”作为一种中介活动成为朱熹哲学的根本特征。唯有澄清这一点，我们才得以回应诸多对于朱熹“格物致知”思想的诘难。

一、“格物致知”作为与直接性相对的中介活动

在对于朱熹“格物致知”思想的诘难之中，以牟宗三对朱熹的批评为代表。牟宗三质疑朱熹的关键之处在于“心”对“物之理”的认识如何可能在总体层面实现对于“天理”的“豁然贯通”。牟宗三认为从伊川到朱熹皆将“心”与“理”视为二物，从而“心”对“理”的把握止于“认知的横摄”：

> （伊川、朱子）于《中庸》《易传》所讲之道体性体只收缩提炼而为一本体论的存有，即“只存有而不活动”之理，于孔子之仁亦只视为理，于孟子之本心则转为实然的心气之心，因此，于工夫特重后天之涵养（“涵养须用敬”）以及格物致知之认知的横摄（“进学则在致知”），总之是“心静理明”，工夫的落实处全在格物致知。[1]

牟宗三认为，朱熹之“心”是单纯属“气”的，因而缺乏根本上的能动性。朱熹所谓“心”与“理”之间的关系始终是一种“静涵静摄”的关系。牟宗三以程朱哲学中的“格物致知”为“认知的静涵静摄之系

[1] 牟宗三：《心体与性体》（一），上海古籍出版社，1999 年，第 42—43 页。

统"[1]，认为这一功夫论不能直接把握"超越之理"，与作为儒家正统的"心性之学"不相类。牟宗三认为儒家正统的"心性之学"主张本体应当直接性地呈现在主体的心性之中，主体在自身绝对内在的天赋中，直接地就是无限性本身。这种对于自身本质的超然领悟借助理性的直观从而最终达到"直通那无限而绝对的神性以为我们自己最内在的本质、本性"[2]。

与"心性之学"的直接性领悟相对立，牟宗三认为程朱的"格物致知"则是支离的"渐教"功夫。牟宗三的诘难在于认为程朱所谓"格物致知"皆注重认知"客观的"、"外在"于"心"的事物之理，但是人的认知经验注定是有限的，世界之中的万事万物就其数量而言却是绝对无限的，因此主体无法通过"格物致知"直接地把握作为最高无限性和普遍性的"天理"。

然而，主体在其自身之内通过直觉与领悟而直接把握的本体是否具有真正的普遍性，这一点是存疑的。牟宗三认为本体能够直接地呈现在主体的意识之中，此即是黑格尔所批判的"直接知识"。黑格尔指出："这种直接知识确认它所知道的东西是存在的，即在我们观念之内的无限、永恒、上帝，也是存在的。"[3] 黑格尔认为，这种"直接知识"并不能达到它的理论目的：

> 这种直接知识的观点，并不以指出孤立起来的间接知识不能够把握真理为满足，而其特点在于坚持单是孤立的直接知识，排斥任何中介性，即具有真理为其内容。这种孤立的排他性表明，这种观点仍然陷于坚持着非此即彼的形而上学的理智观念里，亦即事实上仍然陷于外在的间接关系中，所谓外在的间接关系，即是基于坚持着有限的或片面的范畴的关系。持直接知识的人，错误地以为他们业已超出了有限的范畴，而实际上则尚未达到。[4]

---

[1] 牟宗三：《心体与性体》（一），上海古籍出版社，1999年，第84页。
[2] 同上，第158页。
[3] [德] 黑格尔：《小逻辑》，贺麟译，商务印书馆，1996年，第156页。
[4] 同上，第159页。

黑格尔指出，"直接知识" 排斥中介性，断言在本体到主体、理念到存在的过渡之间具有一个原始的、无中介的、直接的联系，却没有在根本上认识到"直接知识" 其实是"间接知识" 的产物，直接性事实上以中介性作为自身的前提和条件，直接的存在必须经过中介才能达到真正的自觉性或自为存在。

牟宗三认为，心体作为对于本体的直接贯通，在道德实践中自身呈现为自律的道德意识，而直接的良知只需要通过自我坎陷，便可以展开为具体的知识，这其实是错误地将"直接知识" 视为间接知识的根源。事实上，主体通过内在直观所达到的所谓无限性和普遍性，其实仍然局限在主观性的领域之中。将孤立的直接性视为真理的呈现，则容易走向主观性的膨胀与神秘的玄思。

朱熹的"格物致知" 思想则与之相反，对于"物" 的知识是一种建立在中介性上的"间接知识"。朱熹反对空谈"理一"，认为"理一" 必然内在蕴含着"分殊"，从"分殊" 上见"理一" 便是"格物致知" 的实践诉求。陈来指出："不管人们对具体事物的研究能否上升到那个'天理'，朱熹总是主张从认识具体事物着手的。"[1] 以"物" 作为必经的认识环节，是朱熹功夫论的根本特征。"物" 作为"分殊" 的有差异、有特殊性的个别事物，是主体"穷理" 的下手处，也是达至普遍性本体的必经中介。

朱熹为《大学》所作《格物致知补传》被视为朱熹诠释"格物致知" 的核心论述而备受重视，然而其中仍有诸多尚未充分澄清的理论问题。对于朱熹哲学而言，《格物致知补传》具有功夫论的根基性意义。《格物致知补传》曰：

> 右传之五章，盖释格物、致知之义，而今亡矣。间尝窃取程子之意以补之曰："所谓致知在格物者，言欲致吾之知，在即物而穷其理

[1] 陈来：《朱子哲学研究》，生活 · 读书 · 新知三联书店，2010 年，第 349 页。

也。盖人心之灵莫不有知，而天下之物莫不有理，惟于理有未穷，故其知有不尽也。是以大学始教，必使学者即凡天下之物，莫不因其已知之理而益穷之，以求至乎其极。至于用力之久，而一旦豁然贯通焉，则众物之表里精粗无不到，而吾心之全体大用无不明矣。此谓物格，此谓知之至也。”[1]

朱熹指出，“格物”是“致知”的手段，“致知”是“格物”的目的，即所谓“致知在格物”。“格物”意味着“即物而穷其理”，这表明“物”自身的感性经验实存并非“格物”的真正指向，“格物”的真正指向是“物之理”。“格物”得以可能的前提是“人心之灵莫不有知，而天下之物莫不有理”，万物都以普遍性的天理作为本体，天理贯通于万物之中，规定了事物成其为自身而与其他事物相区别的本质，对于“心”与“物”而言皆是如此。一方面“理”贯通于“心”，使得“心”具有能知之“灵”，另一方面“理”贯通于“物”，使得“物”具有可知之“理”，“格物”以“理”贯通“心”与“物”作为前提与根基。

“心”与“物”的相互澄明是朱熹“格物致知”思想的两条主轴。一方面，“物之理”即界定事物“是其所是”的本质规定性，虽然万物都完整地禀赋了普遍性的天理作为本体，所谓“一物各具一太极”[2]，然而具体事物作为有限者，在其气禀实存的规定性之内，其所能发用的天理又是普遍有差异的，此即所谓“理一分殊”。这意味着，万物既是普遍性天理的体现，又仅仅是体现天理的一个特殊性环节。某一具体事物得以向人呈现的“物之理”仅仅是天理作为无限性之中有限的环节，因此学者不应止步于一物一事，而应当“即凡天下之物”。另一方面“理”之于“心”同样如此，对于现实的个体意识而言，其经验意识亦受限于气禀实存的规定性，因而“理”仅仅是“心”之中潜在的、有待实现的本质，而非原初便

[1] 朱熹：《四书章句集注》，中华书局，2016 年，第 6—7 页。
[2] 朱熹：《太极图说解》，载于《朱子全书》第 13 册，上海古籍出版社、安徽教育出版社，2002 年，第 74 页。

已完全实现的现实实存状态。因此，对于并非生而知之的学者而言，“知有不尽” 的状态才是现实经验意识的起点。“致知” 指向 “心与理一” 之境界的实现，但是 “心” 要实现自身本有潜具之 “理”，却不能仅仅局限在自身之内，“心” 必须走向 “物”，这是朱熹哲学真正的理论洞见之所在。所谓 “莫不因其已知之理而益穷之”，放在 “心” 与 “物” 这两条主轴的对应关系之中来看，指的是学者因其 “心” 之中 “已知之理” 而 “穷物之理”。以 “心之理” 穷 “物之理” 恰恰是实现 “心之理” 的必要方式。之所以 “用力之久” 能够实现 “豁然贯通” 的飞跃，恰恰是因为 “心之理” 与 “物之理” 本来贯通。“众物之表里精粗无不到” 同时也就是 “吾心之全体大用无不明”，这意味着 “心之理” 与 “物之理” 之间具有相互澄明的关系。“格物之理” 的过程同时就是 “致心之理” 的过程，二者一体两面，也就是说 “格物” 与 “致知” 是同一个过程的两个方面。

如果朱熹的 “格物致知” 思想仅仅局限于认知在量上的积累，即便将量的积累推至无限，“物” 与 “心” 之间依然只具有外在的、认知上的关联，对于事物特殊规定性的认识并不必然导致对于普遍性真理的体证。如果不能弥合这一断裂，牟宗三所谓朱熹止于 “认知的横摄” 便成为难以回应的理论诘难。但是，如果我们澄清朱熹哲学中对于 “格物致知” 的论述则可以发现，这一断裂从未在根本意义上发生。“理” 作为最高的普遍性贯通 “心” 与 “物”，因此 “物” 并非本质外在于 “心” 的客观认识对象，断裂从未存在，那么也无所谓弥合。朱熹 “格物致知” 思想的根本理论特征在于凸显出 “物” 的中介性，“格物致知” 是与直接性相对的中介活动。然而 “物” 与 “心” 之间并不存在根本的对立，“物” 对于 “心” 而言其实是一个并非外在的 “中介”，毋宁说是内在于 “理” 的普遍性之中的自身中介。

二、“格物致知” 作为 “物之理” 与 “心之理” 的辩证关联

在朱熹对于 “格物” 的论述中，“物” 这一核心范畴具有以下三个方面的哲学意义：

第一，天理作为万物的普遍本体，并非能够离开具体事物而被直接把握的抽象本质。主体要“体贴”作为最高普遍性的天理，“物”是一个不可或缺的中介性环节。朱熹指出：

> 人多把这道理作一个悬空底物。《大学》不说穷理，只说个格物，便是要人就事物上理会，如此方见得实体。所谓实体，非就事物上见不得。[1]

“理”虽然是形而上者，然而并非一个悬空高挂在超感性世界中的事物，“理”没有自身的独立实存，而是以“物”作为自身的“实体”。朱熹所谓“实体”意味着“物”才是“理”的现实、实存的体段，因此“理非就事物上见不得”。万物都是天理的体现，万物的实存就是天理的实存本身。“理”构成了万事万物包括人的本质规定性，此即所谓“性即理”。朱熹指出：

> 性不是卓然一物可见者。只是穷理、格物，性自在其中，不须求，故圣人罕言性。[2]

同样，“性”作为人的本质规定性，不是一个孤立存在的本质，也不能被人直接地加以把握，而是只能在主体“格物穷理”的实践行为之中获得具体的体现，朱熹认为这是圣人很少直接地谈论“性”本身的原因。因此对于朱熹而言，直接地谈论“性”与“理”的抽象含义都是没有意义的。若空谈“穷理”而没有“格物”的功夫，那么所谓“理”只能是抽象而空洞的。因此，主体要实现与普遍性天理相贯通则必须“即物”。“即物”是“穷理”的必要方式，“穷理”是“即物”的根本目的。

第二，“格物”之“物”并非与主体断然两分的、外在的客观事物，

---

[1] 朱熹：《朱子语类》卷十五，载于《朱子全书》第14册，第469页。

[2] 朱熹：《朱子语类》卷五，载于《朱子全书》第14册，第217页。

而是包含了“事”。“事”则是主体与世界通过行动而产生交互的过程，是内在性与外在性相互交织的实践活动。朱熹指出：

> “格物”二字最好。物，谓事物也。须穷极事物之理到尽处，便有一个是，一个非，是底便行，非底便不行。凡自家身心上，皆须体验得一个是非。[1]

“格物”意味着穷极“事物之理”，“理”并非意味着某种单纯外在的客观规律，而是从根本上关涉主体的价值判断，此即所谓“是非”。“格物致知”是由“心”所主宰、统领的“主体化”行为，朱熹指出：“致知，即心知也；格物，即心格也。”[2] 而“心”的根本功能在于“主”，朱熹所谓“心，主宰之谓也”[3]，主体具有主宰和统领它自身的所有知觉和行为的能力，这意味着“心”并非一个仅仅接受外在经验给予的被动容器，而是以主动性和能动性参与到自身与外在的交互、过渡之中。主体的所有行动均带有自身“主体化”的特征，能够对外在性经验的给予进行关涉自身的价值判断，因而“格物致知”最终必须落实到“自家身心上”并服从于主体的价值判断尺度，即“皆须体验得一个是非”。这也就意味着“事物之理”并非单纯外在的、客观的规律或法则，而是关涉主体价值判断的实践原则。

第三，“物”与“心”之间基于“理”的普遍贯通而具有内在关联与根本一致性。如果我们将“格物致知”理解为认识主体与认识对象之间的符合，本身是基于主客二分的认识论的一种误解，认识主体与认识对象之间的符合关系已经预设了二者在存在论上的分裂。然而在朱熹哲学中，“心”与“物”之间并不存在根本上的二分对立，因为“心”与“物”皆以“理”作为自身的本体。“物之理”与“心之理”具有本质的同一性，

---

[1] 朱熹：《朱子语类》卷十五，载于《朱子全书》第14册，第463页。
[2] 朱熹：《朱子语类》卷十二，载于《朱子全书》第14册，第362页。
[3] 朱熹：《朱子语类》卷五，载于《朱子全书》第14册，第229页。

“理”作为最高的普遍性本无内外之分，因而“格物”并非意味着主体对某种外在于自身的客观知识进行认知上的摄取，而是对“心”所本有潜具之“理”的启发和澄明。朱熹指出：

这理是天下公共之理，人人都一般，初无物我之分。不可道我是一般道理，人又是一般道理。[1]

“理”具有普遍性和公共性，“物之理”与“心之理”作为“分殊”其实都是“天理”作为“理一”的不同发用方式。

“心”以“理”为自身内在固有的本质，朱熹指出：

心与理一，不是理在前面为一物。理便在心之中，心包蓄不住，随事而发。[2]

这意味着，“理”并非“心”的外在对象，而是“心”在其活动运用中的条理和形式。“心”与“理”具有本质同一性，即所谓“心与理一”。然而对于现实的经验意识而言，“心与理一”的本质同一性只是潜在而非现实的。“心”是理气之全，“知觉”作为心的基本功能是理与气相合的结果。朱熹指出：“所觉者，心之理也；能觉者，气之灵也。”[3]“心”就其本然蕴含“理”而言，以具有虚灵不昧的知觉灵明为其本来状态。但是对于一个现实的经验意识作为实践主体而言，“心”的发用必然落在气质之中。这意味着“理”在“心”之中仅仅是一个潜在的本质，而这一本质的充分实现必须经历克服气禀遮蔽的实践过程。

“心”克服气禀遮蔽以实现自身潜具之“理”的过程即“致知”，而“致知”这一过程必须经由“格物”才得以实现。朱熹指出：

---

[1] 朱熹：《朱子语类》卷十八，载于《朱子全书》第14册，第607页。
[2] 朱熹：《朱子语类》卷五，载于《朱子全书》第14册，第219页。
[3] 同上，第219页。

"致"字，如推开去。譬如暗室中见些子明处，便寻从此明处去。忽然出到外面，见得大小大明。人之致知，亦如此也。格物是"为人君止于仁，为人臣止于敬"之类。事事物物，各有个至极之处。所谓"止"者，即至极之处也。然须是极尽其理，方是可止之地。若得八分，犹有二分未尽，也不是。须是极尽，方得。又曰："知在我，理在物。"[1]

所谓"致知"意味着推至"心"固有之"理"，并非以外在之"理"加诸此心。"理"本然地蕴藏于"心"中，但是由于气禀、人欲所蔽，"心"作为一个现实的经验主体对于"理"的发用仅仅表现为原初的"四端"。"四端"正如"暗室中见些子明处"，如果主体止步于固守"心"的封闭状态，则暗室止于幽闭，些许光明不过是杯水车薪，并不能使其敞亮洞开。因此朱熹将"四端"之"端"解为"端，绪也"[2]，这意味着原初道德情感的发用仅仅是"心"未完全受气禀遮蔽而流露的些许端绪，并不是善性的充分实现与完成。善性的充分实现在于克除气禀的遮蔽，走出"心"的原初蒙蔽状态，这就是"致知"。

"致"的功夫在于将"理"在"心"与在"物"之中显露的端绪不断推至展开，每于事物上穷得一分"理"，"心"便明朗一分，因而得以体认"物之理"与"心之理"在本质上具有统一性。朱熹指出：

于这一物上穷得一分之理，即我之知亦知得一分；于物之理穷二分，即我之知亦知得二分；于物之理穷得愈多，则我之知愈广。其实只是一理，"才明彼，即晓此"。[3]

---

[1] 朱熹：《朱子语类》卷十五，载于《朱子全书》第14册，第472页。
[2] 朱熹：《四书章句集注》，第239页。
[3] 朱熹：《朱子语类》卷十八，载于《朱子全书》第14册，第607页。

穷至“物之理”使得“心”愈加明朗，而“心”之明朗又进一步促使“物之理”的呈现更加明晰。“格物致知”使得“物之理”成为呈现“心之理”的中介，是“物”与“心”在“理”的普遍贯通下相互澄明、相互启发的过程。这个过程并非在二元对立的主客之间展开的认识活动，也不是自我意识的反身内省，而是一种“以物观物”的“反观”，以达到“总体之客观”[1]为目标，即以呈现贯通于“我”与“物”之中的总体性秩序之“理”为最终目的。

朱熹将“心之理”与“物之理”的交织过渡称为“合内外之理”：

> 问：“格物须合内外始得？”曰：“他内外未尝不合。自家知得物之理如此，则因其理之自然而应之，便见合内外之理。”[2]

“理”是“心”作为内在性与“物”作为外在性的固有统一，所谓“内外未尝不合”。但是一个现实的经验主体要实现“理”作为统一性的本质，必须经过一个自身转变和发展的过程。在“格物致知”的过程中，“物之理”须与“心之理”融合贯通，通过内在性与外在性的相互交织，从而由“一物之理”的特殊性上升到普遍性。《格物致知补传》所谓“豁然贯通”之所以得以可能，不仅仅是因为对于特殊性的认识能够上升到普遍性[3]，更是因为“格物致知”的过程就是将本来合一的“物之理”与“心之理”内外相合的过程，并最终实现对于内外界限的超越。

“物”指一切被心灵加以对象化的存在者及其境遇。“物”虽然具有感性直接性的经验实存，但是仅仅是由于与“心”处于对待之中，“物”才被“心”视为“物”。然而“格物致知”的真正目的恰恰在于扬弃“心”/“物”之间的对待，即超越对象化的心灵主体状态。“格物致知”

[1] 参见汪晖：《现代中国思想的兴起》（上卷），生活·读书·新知三联书店，2004年，第267页。

[2] 朱熹：《朱子语类》卷十五，载于《朱子全书》第14册，第477页。

[3] 参见陈来：《朱子哲学研究》，2010年，第359—360页。

的根本诉求在于破除基于单纯的自我同一性而想象性预设的"物"/"我"二分对立。由此，"心"才得以实现对于自身本性的真正体证，即"理"不仅"在我"，同时也"在物"。"物之理"与"心之理"的分殊并非本质的，因为"心"与"物"并非本质对立的二物，而是以普遍性的"天理"作为共同的本体，"心"与"物"不外乎是同一本体在自身展现中的不同环节。

由此可知，"格物"与"致知"只是同一个过程的两个环节，二者其实只是一事。一方面，"格物"所穷的"物之理"，就是"致知"所知的"心之理"。二者的本质同一性根源于天理作为本体的同一性。"格物"所穷的"物之理"并非外在地被给予主体的"客观知识"，而是启发主体实现自身固有潜具的"心之理"的中介，因此"致知"实际上是主体自我认识的过程。之所以"穷格"特殊事物的"物之理"最终可以达到"豁然贯通"，是因为"豁然贯通"以"心与理一"的本质同一性为根据。当"心"通过"格物致知"认识到了自身的本性，就达到了完全的自我认识与自我实现，也就意味着实现了"心"与"理"二者自在自为的统一。

另一方面，"致知"必须要以"格物"为手段，也就是说"致知"作为"心与理一"的实现过程，必须要经过"物"这个中介才能达至。因为"物"构成了"心"的充实内容，并且指向具体的、直接的感性实存。如果没有"物"作为感性直接性的充实，那么"心"则是一个空洞的形式。"心"具有与"理"本质同一的普遍性和无限性，但是普遍性与无限性并非与特殊性和有限性对立的东西，而恰恰就是以有限性与特殊性作为自身的实存。天理"以物为体"，本体以万物的实存作为自身的实存，同样"心"的具体活动必须指向"物"作为实在性的内容。

因此，"格物"是从特殊性上升至普遍性的必经环节，这是朱熹认为儒家与释老之学相区别的关键所在。朱熹指出："若只说大本，便是释、老之学。"[1] 释老所谓"只说大本"意味着将普遍性的本体视为直接性和抽象性的本质，认为本体可以单纯外在地超越于有限事物，从而忽视了

[1] 朱熹：《朱子语类》卷十五，载于《朱子全书》第14册，第471页。

“格物”作为一种深入具体事物的中介性活动所具有的必然性。“理”并非一个可以直接把握的、独立的、抽象的本质，而是以“物”的实存作为自身的体段实存。“格物”作为指向“物”的认识和实践，则是达至“天理”的必要的中介性环节。

三、“格物致知”作为“主体”与“他者”的交织过程

在朱熹哲学中，作为有限者的现实个体，要真正充分实现自身的普遍本性，必须经过永无止境的实践过程，这就是“格物致知”的意义。“心”作为现实的意识，在其原初状态中由于气禀的遮蔽，从而将“物”视为一个与自身相对立的“他者”。“格物致知”即是“心”作为“主体”为了克服气禀遮蔽而与“物”作为“他者”之间产生的循环往复、运动不息的交织过程，这一过程的基本逻辑环节可以作如下表示：

主体 1→他者 1→主体 2→他者 2

“主体 1”是仅存在于理论预设中的“原初自我”，因为事实上在朱熹哲学中并不存在抽象的、原子式的“原初自我”作为认识论的起点，主体本质性地处于自身与“物”作为“他者”的共同关联之中。“理”不仅在“心”，同时也在“物”，主体与他者共在于“天理”作为整体性的秩序结构之中，因此主体必然将朝向面对他者，从“主体 1”到“他者 1”是“格物”的过程。“格物”意味着在“心”的主宰之下，通过穷至“物之理”，从而使得“心之理”获得启发与澄明。这就是从“他者 1”过渡到“主体 2”的过程，“物之理”构成了实现“心之理”的中介，这也就是所谓“致知”。在“致知”的过程中，“物”作为他者构成了主体的充实内容。“心”经由“物”作为否定性的中介，从而再一次返回自身，这是“心”真正得以自我实现的过程。从“主体 2”朝向“他者 2”的再度展开则是主体从“所以然”朝向“所当然”的实践行动。“他者 2”不仅仅意味着对于“物之理”在其“所以然”层面的“穷至”，更指向“物之理”在“所当然”层面的可能性展开。主体与他者之间相互生成、交织、过渡是循环往复并推至无限的过程，指向“天理”作为最高普遍性的生成与

实现。

事实上"物"对于"心"而言是一个"并非他者的他者"，主体与他者之间并非在本质意义上相互对立，而是在"天理"作为普遍本体与整体性秩序之中相互过渡的两个环节。"物"不是一个单纯外在于主体的存在者，而是始终处于与主体相互生成、相互建构的过程之中。"物"是主体通过自身意识及行为区分出来的一个与自己相对立的环节，主体要从特殊性达至普遍性必须经由"物"这一中介，然而又必须最终超越这一中介。

在朱熹哲学中，万事万物皆是天理的体现，因而无一物不需"格"。"格物"并非单纯的认知活动，读书、洒扫、应对等一切人事活动在朱熹的论述中都属于"格物"的范畴。"格物"意味着与具有感性直接性的经验实存——"物"在主体的行动之中发生实践性关联，而非仅仅止于某种反思与"静观"。可见"致知"之"知"已经将"行"纳为自身的应有之义。

"格物致知"是"知"与"行"的统一，"知"与"行"是同一个实践过程的两个方面。实践活动本身即是一个中介活动，"物"在实践活动中是主体外化自身的一个必要的中项。在实践活动中，主体与"物"发生交互的目的恰恰是要扬弃"物"作为"他者存在"的方面，"物之理"与"心之理"的相互澄明意味着主体在"物"之中洞见了自身与"物"所共同根据的普遍本质。进而言之，"物"也并非一个僵死的、静态的外在存在，而是成为主体自我实现的一个成果或"作品"。

"物"作为主体在实践活动中生成的一个成果或"作品"，意味着"格物"之义已包含了"成物"。所谓"成物"意味着，"物"并非一个单纯的认识对象，而且应当作为主体的实践成果而被主体成就和生成出来。《中庸》第二十五章曰："诚者物之终始，不诚无物。"朱熹注曰："天下之物，皆实理之所为，故必得是理，然后有是物。所得之理既尽，则是物亦尽而无有矣。"[1] 天地万物都是"实理之所为"，也就是说所有现实事物都是"理"所创生的实有，"理"是能动而非抽象的本体，因此必定将

[1] 朱熹：《四书章句集注》，第 34 页。

自身体现为现实事物的实存，此即朱熹所谓“必得是理，然后有是物”。“理”作为万物的本体，是“物”之实在性的根源，如果没有“实理”作为最高的实在性，那么甚至无所谓有“物”的存在。

“物性”作为事物“成其为所是”的本质规定性，意味着“物”得以发挥功用的可能性，因此“物性”并非一个僵死的本质，而是在人的实践活动中生成的过程。《中庸》第二十五章曰：“诚者非自成己而已也，所以成物也。成己，仁也；成物，知也。”[1] 朱熹在《朱子语类》中指出：“诚虽所以成己，然在我真实无伪，自能及物。自成己言之，尽己而无一毫之私伪，故曰仁；自成物言之，因物成就而各得其当，故曰知。”[2]“成物”意味着顺应事物的本质可能性同时对事物加以成就，这就是“尽物之性”。“尽”即充分实现之义，如果“物性”只是一个单纯的、僵死的现实实存，那么也就无所谓人对其有“尽”的义务。朱熹在诠释《论语》“老安少怀”时指出：“今夫羁靮以御马而不以制牛，人皆知羁靮之作在乎人，而不知羁靮之生由于马，圣人之化，亦犹是也。”[3] 圣人参赞天地之化育并不仅仅在于顺应事物的自然本性，更在于“发明利用”的能动实践，这就是“成物”的过程。人对羁靮的制作是一种能动的“发明利用”，然而羁靮之所以能够被用于马而不是被用于牛，是因为“羁靮之生由于马”。自然实存的马，在其原初的本质规定性之中不包含羁靮，但是羁靮基于顺应马的原初本性，进一步扩充、生成了它自身蕴含的可能性，使马能为人所用。那么在人对羁靮的运用之中，马就实现了全新的功用之可能。“尽物之性”意味着人充分发挥事物之功用，乃至在顺应其本性的基础上，创造出全新的功用之可能。

“尽物之性”并非意味着改变“物”的自然本性，而是指向人对于“物”的恰当利用与生成，此即所谓“成物”。主体在与“物”作为“他者”发生实践关联的过程中，顺应“理”之“所以然”，能动地实现

[1] 朱熹：《四书章句集注》，第34页。
[2] 朱熹：《朱子语类》卷六十四，载于《朱子全书》第16册，第2128页。
[3] 朱熹：《四书章句集注》，第83页。

"理"之"所当然"，使得万事万物皆在各正性命的基础上获得安顿与成就，这是主体为了实现自身"心与理一"的内在本性而应当承担的责任与义务。由此可见，"格物致知"作为主体与"物"之间循环往复、交织过渡的实践活动，最终指向对于"物"在"理"之"所当然"的整体性秩序中的生成。

四、结语

朱熹对于"格物致知"的论述体现出朱熹思想以"中介性"为根本特征，"物"的范畴是体现"中介性"的枢纽性环节。在朱熹思想中，"理"作为具有最高普遍性的本体不是抽象的普遍性，而是必然将自身的实有体现为"物"的实存。主体以"心与理一"作为自身的内在本质，然而"心与理一"并非意味着直接的同一，而是必须通过"格物致知"作为中介性活动才能实现"心"与"理"的统一。朱熹"格物致知"思想的理论意义在于主体必须深入到本体的真实实存，即"物"作为存在者的特殊性和规定性之中去。"格物致知"是主体通过自身的能动行动将自身潜在的普遍性与"物"在其特殊性之中的普遍性合而为一的过程。

"理"的普遍性并非通过主体直接的内向体证便能充分实现，而是必须在实存之"物"的分殊之中获得充实，这是朱熹强调"格物致知"的理论意图之所在。主体通过"格物"这一中介性活动，将"物之理"作为启发自身"心之理"的中介，认识并实现自身与"理"相同一的本性，这一过程就是"致知"。"物"在与主体交织的过程中，表明自身并非一个相对于主体而言单纯外在的中介，"物"与"心"皆是"理"体现自身的环节，"物"与"心"之间的差别在"理"作为普遍性本体逐渐澄明的过程中被超越。因此"格物致知"的过程在根本上是"理"这一普遍性本体的自身中介过程。

"物"这一范畴体现出朱熹哲学建构的鲜明特点，即本体向主体呈现的方式在根本上是中介而非直接的。"格物"作为主体的实践行动，指向对于具体事物及其境遇之特殊性的深入，在此基础上基于"物"的"所以然”而指认其“所当然”，并在对于道德规范性原则的践履中实现对于具体事物及其境遇的重新肯定与创造。“格物致知”体现出朱熹思想的实践品格，即拒绝停留在对于本体的某种静观和沉思之中，而表现为一种永无止境的、朝向应然秩序之实现的行动过程。

The Mediation of "Things": A New Exploration of Zhu Xi's Theory of "Ge Wu Zhi Zhi"

(Liu Qin, School of Philosophy, Wuhan University, Wuhan, 430072)

Abstract: Zhu Xi's discourse on "Ge Wu Zhi Zhi" is characterized by its emphasis on the mediating nature of "Things" and "Ge Wu" as an intermediary activity. "Li" (the principle of Heaven) as the universal essence of all things must be mediated through "Things". "Things" are related to the value and practice of the subject, and are interrelated with "the Mind" based on the universal coherence of "Li". Therefore, there is no fundamental opposition between "Things" and "the Mind". "Ge Wu Zhi Zhi" as a transitional practical activity between "Things" and "the Mind", ultimately points to the generation of "Things" in the order of "Li".

Keywords: Thing; Ge Wu Zhi Zhi; the Mind and Li being as one; mediation

论宋儒叶梦得对汉唐《左传》学之批判
——以其对《左传》、杜预的批判为例

李　颖　张立恩*

摘要： 自中唐新《春秋》学兴起以来，对汉唐三传之学的批判构成新《春秋》学构建其学术体系的一个重要方面，啖助学派及北宋《春秋》学家都对三传展开批判，其中两宋之际的《春秋》学家叶梦得对三传之学的批判尤为深入。在《左传》学上，基于“《左氏》传事不传义，是以详于史，而事未必实，以不知经故也”的基本立场，其对汉唐《左传》学做了系统批判。在他看来，造成《左传》学这些问题的根本原因是《左传》不传经。从更深的层次来看，叶梦得对汉唐《左传》学的批判源于其对“传”之解经属性的判定。在他看来，解经不可偏执一家，而应博学多闻、慎乎所择。他的这种立场和方法反映出，其对三传的批判仍然是在中唐以来新《春秋》学演进的脉络中展开。正是在此意义上，其对《左传》的批判并非要彻底否弃《左传》，而是试图择善而从，发明经义。

关键词： 叶梦得；《春秋》；《左传》

一、引言

如所周知，自中唐新《春秋》学兴起以来，对汉唐三传之学的批判构成新《春秋》学构建其学术体系的一个重要方面，如元人梁寅指出：“至

* 作者简介：李颖，西北师范大学马克思主义学院讲师，研究《春秋》学；张立恩，西北师范大学哲学学院教授，研究《春秋》学。邮箱：zlely2018@ nwnu. edu. cn。本文系教育部社科基金青年项目“中唐以来新《春秋》学演进逻辑研究”（20YJC720028）及西北师范大学青年教师科研能力提升计划项目“叶梦得《春秋》学研究”（NWNU-SKQN2022-28）的阶段性成果。

唐赵匡、啖助、陆淳始辨三传之非，而专求圣经之义，虽未能尽善而其开示后人者，其功已多。”[1] 江藩（1761—1830，字子屏，号郑堂）亦称：“至唐，赵匡、啖助、陆淳，始废传谈经，而三传束置高阁，《春秋》之一大厄也。有宋诸儒之说《春秋》，皆啖赵之子孙而已。”[2] 尽管论者对啖助（724—770，字叔佐）、赵匡（字伯循）、陆淳（？—806，字伯冲）之新《春秋》学在学术史上的地位的评价不一，但都认为其学的一个重要特点就是辨析三传之是非。宋代《春秋》学也延续了啖赵这种批判三传之学风，《四库总目》说：“盖北宋以来，出新意解《春秋》者，自孙复与（刘）敞始，复沿啖、赵之余波，几于尽废三传。”[3] 而在宋代《春秋》学家中，对三传之学做出系统批判的，叶梦得（1077—1148，字少蕴，号石林居士）是其中的典型代表。事实上，《四库总目》就曾指出，叶梦得的《春秋》学“主于信经不信传，犹沿啖助、孙复之余波”。[4]

叶梦得著有《春秋谳》三十卷、《春秋考》三十卷、《春秋传》二十卷、《石林春秋》八卷、《春秋指要总例》二卷。其中《春秋谳》是四库馆臣从《永乐大典》中辑出，是专门评判三传之书，《四库总目》认为其书“于《公羊》《穀梁》多所驳诘，虽《左传》亦据传末‘韩魏反而丧之’之语，谓智伯亡时，《左氏》犹在，断以为战国时人”[5]。事实上，叶梦得自己就称，其撰著《春秋谳》就是要“正三家之过”。[6]

---

[1] 梁寅：《策要》卷一，清嘉庆宛委别藏本。

[2] 江藩：《国朝汉学师承记》，钟哲整理，中华书局，1983 年，第 144 页。

[3] 纪昀等：《钦定四库全书总目》卷二十六，“春秋传十五卷”条，中华书局，1997 年，第 337 页。

[4] 《钦定四库全书总目》卷二十六，“春秋谳二十二卷”条，第 344 页。

[5] 同上。

[6] 叶梦得：《春秋考原序》，《春秋考》卷首，影印文渊阁《四库全书》第 149 册，台湾商务印书馆，1983 年，第 248 页 b。

学界有关叶梦得《春秋》学已形成一些研究成果,[1] 但有关其对三传之学的批判的系统分析则尚未出现,[2] 因此,这一论题还需继续研究和推进。由于叶梦得对三传之学的批判非常系统和繁杂,非一文可以完成,因此,本文拟就其对汉唐《左传》学的批判做一分疏,揭示其批判的内在理由及理论得失,以就教于学界前辈。

众所周知,《左传》之后,在汉唐《左传》学史上,杜预(222—284,字元凯)的注解影响巨大,唐代《左传正义》就是对其说加以疏解。因此,叶梦得对汉唐《左传》学的批判集中于《左传》及杜注,主要表现在以下几个方面。

二、论《左传》中的无经之传

在《左传》所载文字中,有些地方与《春秋》经文不太一致,而且《左传》当中所记事件并不与经文中的事件一一对应,《左传》中存在的大量"无经之传"就是这种问题的典型表现。这些大量存在的"无经之传"往往被批评《左传》的人视为《左传》不传经之据,实际上这一问题并非后人之发明,在叶梦得那里已有所述。

《左传》于隐公元年的经文之前记载了以下文字:

---

[1] 可参阅李颖、张立恩:《原情以见义——叶梦得的〈春秋〉诠释》,《哲学评论》2021 年第 1 期;张悦:《叶梦得〈春秋〉学研究》,硕士学位论文,扬州大学,2018 年;许瑜容:《叶梦得〈春秋谳〉研究》,硕士学位论文,高雄师范大学,2015 年;胡宇芳:《叶梦得的〈春秋〉学》,《儒家典籍与思想研究》2010 年第 2 辑;姜义泰:《叶梦得〈春秋传〉研究》,花木兰文化出版社,2008 年;潘殊闲:《叶梦得〈春秋〉类著述考论》,《湖州师范学院学报》2004 年第 6 期。

[2] 姜义泰对叶梦得有关三传的批判有所分析,但他认为叶梦得"主要是对日月例的攻击以及经从赴告此问题的分析"(《叶梦得〈春秋传〉研究》,第 73 页),因而其文亦就此两方面做了分析。拙文《原情以见义——叶梦得的〈春秋〉诠释》对叶梦得有关三传解经与释事的缺失也有所涉及,但该文侧重叶梦得《春秋》学"原情以见义"诠释理路和特点的揭示,因而对其有关三传之学的批判未能展开分析。概言之,叶梦得对三传之学的批判远非以上方面可概括,而是更为广泛和系统。

> 惠公元妃孟子。孟子卒，继室以声子，生隐公。宋武公生仲子。仲子生而有文在其手，曰为鲁夫人，故仲子归于我。生桓公而惠公薨，是以隐公立而奉之。

按照通常认识，《左传》既然是要解经，因而其对于经文的解释应依经文顺序逐条进行解释，比如《公羊》和《穀梁》所采用的就是这种方式，但《左传》并没有采取这种解经方式。以上文字在《左传》经文之前出现，从《公羊》《穀梁》的解释方式来看，似乎《左传》的这段话并不是要解经。对于这种情况，杜预提出一种说法进行解释：

> 左丘明受经于仲尼，以为经者不刊之书也，故传或先经以始事，或后经以终义，或依经以辨理，或错经以合异，随义而发。[1]

按照此说，《左传》中在经文之前出现的文字其实也是为了解经，即孔颖达所谓“先经为文以始后经之事”，[2] 就是说虽然这段话出现在经文之前，但它的目的是解释后面的经文中出现的事件。但叶梦得认为，《左传》中的这种记载基本不可信。针对以上《左传》文字所述四事：孟子为鲁惠公元妃；声子为隐公之母；仲子生桓公；桓公为嫡子，隐公立而奉戴桓公，他逐一进行批驳。限于篇幅，以下仅以其对此四事中第一条的反驳为例做一分析。

《左传》说“惠公元妃孟子”，叶梦得认为，依此则孟子是惠公夫人，而夫人去世应记其谥氏，所谓“嫡母则其葬自得有谥”，[3] 但《左传》记载夫人去世不称其谥，而是称之为“孟子”。他认为《左传》这种记载夫

---

[1] 杜预：《春秋左氏传序》，《春秋左传正义》卷一，北京大学出版社，2000 年，第 14 页。

[2] 同上。

[3] 叶梦得：《春秋左传谳》卷九，《春秋三传谳》，影印文渊阁《四库全书》第 149 册，第 637 页 a。

人去世的称呼与《春秋》对鲁昭公夫人吴孟子去世的记载方式是相同的。按照他对《春秋》有关“孟子”记载方式的认识，他提出：惠公之“元妃未必为孟子也”。[1]

《左传·哀公十二年》经文载：“夏五月甲辰，孟子卒。”《左传》说：“昭夫人孟子卒。昭公娶于吴，故不书姓。”关于此事，《论语·述而》中齐国大夫陈司败在与孔子讨论时曾提出“君（引者按：鲁昭公）取于吴，为同姓，谓之吴孟子”[2]。叶梦得认为，孟子既为夫人，则其去世应依礼记为“夫人姬氏”，但《春秋》并未如此记载而是称其“孟子”。他根据以上《论语》中的说法提出，《春秋》之所以这样记载，是鲁国为了替鲁昭公娶同姓之事进行避讳。在《论语》中记载为“吴孟子”，到了《春秋》中，孔子去掉“吴”字，而只记载为“孟子”，“故《坊记》曰：‘鲁《春秋》去夫人之姓，曰“吴”，其死，曰“孟子卒”’，则自不得以夫人称矣”[3]。

众所周知，吴是太伯之后，与鲁都是姬姓诸侯国。按照叶梦得所引《礼记·坊记》之说，去掉孟子的“姬”姓而记为“吴孟子”的是鲁《春秋》，孟子卒后，去掉“吴”字而变成“孟子”的也还是鲁《春秋》。郑玄《礼记·坊记》注也延续此说：“吴，大伯之后，鲁同姓也。昭公取焉，去‘姬’曰‘吴’而已，至其死，亦略云‘孟子卒’，不书夫人某氏薨。”[4] 此说似与叶梦得所说“至《春秋》，又去‘吴’不称”[5] 的说法矛盾，但其实并不如此，叶梦得曰：“‘孟子’云者，鲁人之辞也。……《春秋》从而不革，史也。其（不）书‘吴’，则义之云尔。”[6] 就是说，

[1] 《春秋左传谳》卷一，影印文渊阁《四库全书》第149册，第496页b。
[2] 杨伯峻：《论语译注》，中华书局，2006年，第85页。
[3] 《春秋左传谳》卷十，影印文渊阁《四库全书》第149册，第643页a。
[4] 郑玄注，孔颖达疏：《礼记正义》卷五十一，北京大学出版社，2000年，第1657页。
[5] 《春秋左传谳》卷十，影印文渊阁《四库全书》第149册，第643页a。
[6] 叶梦得：《叶氏春秋传》卷二十，影印文渊阁《四库全书》第149册，台湾商务印书馆，1983年，第242页b。

叶梦得承认去掉“吴”字而改为“孟子”的是鲁《春秋》，他认为孔子作《春秋》时没有改变鲁《春秋》这种记载，所谓“《春秋》从而不革”，而孔子不改变这种记载的目的是通过这种记载来表达他的思想，所谓“其（不）书‘吴’，则义之云尔”。

叶梦得还根据杜预提出的“‘孟子’，若宋女”[1] 的观点，认为“孟子”当中的“子”字指的是宋国的姓。

> 昭公取于吴，讳取同姓也。……讳取同姓，则何以谓之“孟子”？疑辞也，若宋女然。……叶子曰：“吾何以知孟子之为宋姓与？”《记》曰：“鲁《春秋》去夫人之姓，曰‘吴’，其死，曰‘孟子卒’。”“孟子”云者，鲁人之辞也。宋、鲁婚姻之国，故因之以为称。[2]

由叶梦得在此所说“吾何以知孟子之为宋姓与”来看，似乎他认为孟子的姓就是宋国的子姓，这与前文提到孟子为姬姓的说法是抵牾的。实际上他认为孟子确实是姬姓，但经文“孟子”的“子”字是指宋国的子姓，他认为《春秋》的这种做法是孔子的特殊处理，他说：

> 昭公夫人称“孟子”。吴，姬姓。子，子姓。妇人以字系姓，则夫人不当系宋姓。三家皆不为说，惟杜预以为“谓之‘孟子’，若宋女”，吾初不敢以为然，既而求“子”之义而不得，至《论语》陈司败之言曰，君娶于吴，谓之吴孟子，而《礼·坊记》云：“鲁《春秋》去夫人之姓，曰‘吴’，其死，曰‘孟子卒’”，而后翻然知讳不言“姬氏”而曰“吴孟子”者，昭公也，去“吴”号而存其为“孟子”者，《春秋》也。盖昭公之讳娶同姓，不敢正其名曰“夫人姬氏”，故冒宋姓以“子”称，而又畏吴，不敢废其国号，故复系之吴。夫不去国号而冒之宋，是自暴也，则存宋“子”之称以著其失，而去

[1] 《春秋左传正义》卷五十九，第1916页。

[2] 《叶氏春秋传》卷二十，影印文渊阁《四库全书》第149册，第242页b。

“吴”号以全其讳者，孔子为之义也。[1]

叶梦得认为吴孟子是鲁昭公夫人，是与鲁国同姓的吴国人，鲁昭公为了避讳而称呼“孟子”为“吴孟子”，鲁《春秋》也称其为“吴孟子”，到孟子去世之后，鲁《春秋》记载为“孟子”。孔子作《春秋》延续了鲁《春秋》的做法，是为了表现两方面意图，一是“存宋‘子’之称以著其失”，第二是“去‘吴’号以全其讳”。叶梦得认为，既然不记载孟子为“夫人姬氏”是因为以上特殊原因，那么，若在正常的情况下，夫人去世就必须记载为“夫人某氏”，但《左传》在记载其所认定的鲁惠公夫人孟子之卒时却记载为“孟子卒”，由此可知，《左传》所述孟子为惠公元妃之说不可信。

叶梦得对隐公元年经文之前《左传》传文所述四事逐一进行分析批驳之后指出，此“四事皆不可据”。[2]

三、论《左传》不知礼

叶梦得的《春秋》学非常重视礼，他认为“学《春秋》者，不可不先学礼”[3]。按照他对礼的认识，他对《左传》提出批评。桓三年，“冬，齐侯使其弟年来聘”。《左传》曰：“齐仲年来聘，致夫人也。”杜预曰：“古者女出嫁，又使大夫随加聘问，存谦敬，序殷勤也。在鲁而出，则曰致女；在[4]他国而来，则总曰聘。故传以致夫人释之。”[5] 就是说，《左

[1] 《春秋考》卷十六，影印文渊阁《四库全书》第149册，第490页。

[2] 《春秋左传谳》卷一，影印文渊阁《四库全书》第149册，第497页a。此外，就记事而言，叶梦得认为《左传》记事还存在增衍事实的情况，对此，拙文《原情以见义——叶梦得的〈春秋〉诠释》一文已有所述，故不再赘述。

[3] 叶梦得：《统论》，《春秋考》卷二，影印文渊阁《四库全书》第149册，第266页a。

[4] “在”，原作“任”，据清嘉庆二十年南昌府学重刊宋本十三经注疏《春秋左传正义》改。

[5] 《春秋左传正义》卷六，第184页。

传》认为齐僖公把女儿嫁给鲁桓公，又派齐仲年到鲁国进行聘问，把姜氏护送到鲁国。叶梦得认为，从《左传》的解释来看，可知其不知礼。他说：

> 礼：女嫁，舅姑没，三月以奠菜之礼见于祢庙，称“来妇”，成其为妇也。父母之家，因使大夫致之，谓之致女。致之者何？亦所以成其为妇者。叶子曰：“致女，舅姑没之礼也。”婚礼：同牢之夕，妇已见于庙矣。质明，复以枣、栗、腶、修赞见于舅姑，所以成妇礼也。舅姑入室，妇盥馈以特豚，以明妇顺。厥明，舅姑以一献之礼飨妇，授之室事，以申著代，而妇道成矣。乃舅姑没，则未之有施也。故三月择日而祭于祢庙。三月者，天道之一变也。是以女未庙见而死，不迁于祖，不祔于皇姑。婿不杖、不菲、不以，归葬于女氏之党，示未成妇。则三月父母从而致之者，其亦成其女于舅姑者与。先儒乃概谓舅姑存之礼，以为聘问，以笃婚姻之好，故《左氏》以齐侯使弟年来聘为致夫人文姜。是盖不知有祢庙之祭，此《左氏》不学礼之罪也。[1]

他引用《礼记》《仪礼》之说批评《左传》，认为致女是舅姑没之礼，诸侯嫁女，若舅姑已没，则在嫁女的三个月之后，女以奠菜之礼见于夫家的祢庙，同时父母之家还要派大夫去聘问，从而成其为妇，这就是致女。他认为先儒不明白这一点，把致女当成舅姑存之礼，《左传》所说“齐仲年来聘，致夫人也”是沿袭了这种错误的认识，由此可见，《左传》对礼的认识并不准确。

又，僖九年春，“王三月，丁丑，宋公御说卒”。《左传》云：

> 九年春，宋桓公卒，未葬而襄公会诸侯，故曰“子”。凡在丧，王曰“小童”，公侯曰“子”。

[1] 《叶氏春秋传》卷十四，影印文渊阁《四库全书》第149册，第168页。

宋公御说（宋桓公）在鲁僖公九年去世，传文所说“未葬而襄公会诸侯，故曰‘子’”是指当年夏，“公会宰周公、齐侯、宋子、卫侯、郑伯、许男、曹伯于葵丘”，其中“宋子”指的就是宋襄公。《左传》根据这条经文建立一凡例：“凡在丧，王曰‘小童’，公侯曰‘子’。”叶梦得认为，从《左传》这种做法来看，说明《左传》作者对礼缺乏深刻的认识：

> 王在丧称“小子”，则见于《诗》《书》与《礼》矣，未有称“小童”者也。礼：邦君之妻自称曰“小童”。二名不应相乱。其见于《春秋》，亦无以是为言者。其说盖无据也。传言“卿不会公、侯，会伯、子、男可也”，则传以公、侯与伯、子、男为两例。武氏子，大夫之子也，其在丧犹称“子”，今言公侯曰“子”，岂伯、子、男不称“子”乎？此盖见经但书“宋子”“卫子”“陈子”，而伯以下适无称“子”者，故从而为之例，其实不知礼也。[1]

叶梦得的反驳从两方面展开：第一，《春秋》中没有出现王在丧称“小童”的记载，所以王在丧只能称“小子”。第二，指出《左传》的解说存在矛盾。他认为《左传·僖公二十九年》既然已提出“卿不会公、侯，会伯、子、男可也”，则公、侯与伯、子、男应属于两种不同层次的爵位，而传文在此又说“公侯曰‘子’”，按照这种说法，那么伯、子、男就不应称“子”。但隐公三年经文记载“武氏子来求赙”，所谓“武氏子”指的是周王大夫之子，杜预云：“武氏子，天子大夫之嗣也。”[2]《左传》云：“武氏子来求赙，王未葬也。”叶梦得认为，既然周大夫之子在丧都可以称“子”，那么，伯、子、男就没有不称“子”的道理。

---

[1] 《春秋左传谳》卷三，影印文渊阁《四库全书》第149册，第535页a。

[2] 《春秋左传正义》卷三，第80页。

四、论《左传》不传经

以上叶梦得对《左传》中无经之传及其不知礼的批判，从根本上说，是因为在他看来，《左传》只是传事，并不知经："《左氏》传事不传义，是以详于史，而事未必实，以不知经故也。"[1] 在他看来，《左传》这一特点固然决定了其对经文之事的所述有不实，而且也导致其对经文的解说多有失误。文十五年"冬十有一月，诸侯盟于扈"。《左传》说：

> 冬十一月，晋侯、宋公、卫侯、蔡侯、郑伯、许男、曹伯盟于扈，寻新城之盟，且谋伐齐也。齐人赂晋侯，故不克而还。于是有齐难，是以公不会。书曰："诸侯盟于扈。"无能为故也。凡诸侯会，公不与，不书，讳君恶也。与而不书，后也。

《左传》认为《春秋》记载"诸侯盟于扈"是表示诸侯讨伐齐国没有成功，并且在盟之前还有"会"，但因鲁文公未参"会"，所以《春秋》为了替鲁文公避讳，就没有记载这次"会"。叶梦得认为从《左传》的这种说法可以看出，《左传》对《春秋》经义确实有一定了解，但在本质上，《左传》是不传经的，他说：

> 凡诸侯盟会而不序，皆以不足序见贬，城缘陵与此两盟于扈、一会于扈是也，各以其事考之可见。此言齐人赂晋侯，故不克而还，书曰"诸侯盟于扈，无能为故也"，其说是矣，何用复书诸侯会？而公不与与公与而后至两例乎？若然，是一不会而为说者三，则何以别？且诸侯会而公不与，见于经者多，何以独此三会盟而讳？为有齐难而不会，非无故而弃诸侯之好，亦何以遽为君恶？凡此皆《左氏》不传

[1] 叶梦得：《叶氏春秋传原序》，《叶氏春秋传》卷首，影印文渊阁《四库全书》第149册，第3页a。

经，虽偶闻之而不能必是，以参用所传而幸其或中也。[1]

叶梦得认为《左传》所说的“书曰：‘诸侯盟于扈。’无能为故也”的说法是正确的，但他认为就这一点而言并不能说明《左传》是传经的，而仅是对经义“偶闻之”而已，且《左传》对经文中不书“会”的解释存在着逻辑上的矛盾。《左传》说：“凡诸侯会，公不与，不书。”又说：“与而不书，后也。”就是说，《左传》认为这两种情况是《春秋》中的凡例，那么，针对《春秋》中不书“会”的情况来说，究竟是因为公没有参加会而不记载会，还是说公参加会，但却迟到，所以就不书“会”？而且《左传》既然说“书曰：‘诸侯盟于扈。’无能为故也”，也就是说，《左传》承认《春秋》不书“会”而只是书“盟”是因为诸侯对于所会之事无能为力。结合以上提到的两种凡例，那么，对于《春秋》不书“会”的情况就可以有三种不同的解释，因此，叶梦得提出：“是一不会而为说者三，则何以别?”在他看来，造成这种问题的根本原因就是《左传》不传经。

叶梦得在其《春秋》学三书中反复指出《左传》不传经，比如《左传·宣公十六年》经文载“夏，成周宣榭火”，但《公羊》《穀梁》记载的是“灾”，叶梦得指出：“《公羊》《穀梁》皆以‘火’为‘灾’，当从二氏作‘灾’，《左氏》不传经之误也。”[2] 他在《春秋考》中分析《左传》的解经的语句时说：

《左氏》于文公取叔孙昭子之言，若天子、诸侯等威之辨，而谓“鼓，用牲于社”为非礼，于庄公言“天灾，有币无牲。非日月之眚，不鼓”，皆近之，而不能不惑于平子之言，遂妄以为例，则不传经之过也。[3]

[1] 《春秋左传谳》卷三，影印文渊阁《四库全书》第149册，第547页b-548页a。
[2] 《春秋左传谳》卷四，影印文渊阁《四库全书》第149册，第560页a。
[3] 《春秋考》卷十一，影印文渊阁《四库全书》第149册，第411页b。

总之，在叶梦得看来，《左传》对经文的解释虽然有时正确，但那只不过是偶闻经义，侥幸解释正确，在本质上来说，《左传》是不传经的。他说：“《左氏》不传经而意臆之，常为两说，以幸多中，然于经不能无害，学者所贵乎慎取也。”[1] 又说：“《左氏》传史不传经，故虽得于三言而莫知《春秋》之义。”[2] 叶梦得还从汉代《春秋》学发展史的角度对《左传》不传经之说做了考证：

> 《左氏》本出孔子宅，谓之古文，而未及行，但藏于秘府而已。太史公书所以时载《左氏》事，盖从孔安国受书，并得之当时为《左氏》学者，既以其多古字、古言，传训诂而已，故刘歆诋诸儒，亦以其谓《左氏》不传经。至刘歆乃始引传文以解经，转相发明，以为章句。由是言之，西汉诸儒，本不以《左氏》言经也。[3]

在他看来，《左传》成为《春秋》之传始于刘歆“引传文以解经”，但实际上从汉代古文《左传》的发掘开始，《左传》不传经之说就为西汉诸儒所论定。

五、论杜预之失

叶梦得不仅反思《左传》之说，而且对杜预之注也提出批评。鲁宣公十八年经书“夏四月”，而《左传》记为“夏，公使如楚乞师，欲以伐齐”。杜预认为《春秋》不书此事是因“公不事齐，齐与晋盟，故惧而乞师于楚。不书，微者行”[4]。叶梦得指出，杜预之说不仅延续《左传》之失，且“妄为之辞”来回护《左传》：

---

[1] 《春秋考》卷四，影印文渊阁《四库全书》第 149 册，第 319 页 b。
[2] 《叶氏春秋传》卷十二，影印文渊阁《四库全书》第 149 册，第 147 页 a。
[3] 《春秋考》卷三，影印文渊阁《四库全书》第 149 册，第 299 页 a。
[4] 《春秋左传正义》卷二十四，第 783 页。

僖以“公子遂如楚乞师”书，则此安得不书？且鲁前此与齐未有隙，何为而欲伐齐？杜预谓“公不事齐，齐与晋盟，故惧而乞师于楚”，此皆求其说不得而妄为之辞也。按成二年六月，传言“臧宣叔如晋乞师”，盖谓是年春，齐侯伐我北鄙故尔，齐晋相与盟，鲁惧而为之备可矣，何遽乞师于人而伐之乎？传误也。[1]

叶梦得认为，从僖公二十六年《春秋》记载的“公子遂如楚乞师”来看，若宣公十八年真有公使如楚乞师之事，《春秋》不可能不书。同时，他认为公使如楚乞师试图讨伐齐国的说法也不合情理，因为在此之前齐鲁之间并无摩擦，鲁无伐齐之由。他又用成公二年《左传》所记的“臧宣叔如晋乞师”为据，来说明《左传》对乞师事件的虚构。成公二年经文并未记载臧宣叔如晋乞师之事，而只书“春，齐侯伐我北鄙”，叶梦得认为，从经文所记来看，说明齐鲁之间有矛盾，假如《左传》所记为真，那么，从一般情理而言，鲁因恐惧齐而提前做准备是合乎情理的，没有理由向其他国家乞师而去讨伐齐国。可见，乞师事件是《左传》虚构。由此亦可见，杜预之说只是为了维护《左传》而做的附会之辞。

诚如论者所言，杜预《春秋》观之核心观点是所谓“经承旧史、史承赴告”[2]说，其对《春秋》《左传》之解说皆基于这一观念。因此，叶梦得除了对杜预的经传注解提出批判，对杜预赖以为说的基本观念也提出批判。在他看来，杜预指出《春秋》来源于旧史，旧史来源于赴告，有其合理性，但如果认为《春秋》完全沿袭旧史，旧史完全沿袭赴告，则为附会之辞。因为，“旧史虽从赴告，赴告所言未必皆实，经虽据旧史，旧史所书未必皆当，必有研考是非，为之褒贬以示法者”[3]。比如，僖公五年经文所记“晋侯杀其世子申生”，按照《左传》所记，申生之死的事实是，

---

[1] 《春秋左传谳》卷四，影印文渊阁《四库全书》第149册，第560页b。

[2] 皮锡瑞：《经学通论》，周春健校注，华夏出版社，2011年，第365页。

[3] 《春秋左传谳》卷一，影印文渊阁《四库全书》第149册，第501页a。

晋献公宠妾骊姬阴谋陷害申生，导致申生自缢而死。[1] 叶梦得认为，依常理，晋国“赴告之辞，必不自言申生无罪而已杀之”[2]，那么，若按照“经承旧史、史承赴告”之说，经文就不应记为“晋侯杀其世子申生”，因为这一书法——称晋侯杀世子，表明是要斥责晋献公，所谓“杀世子何以目君？甚之也”[3]。

在他看来，《春秋》对于鲁史所记之事必然会以经义为标准加以辨正：

> 凡公子弑君而代之，与大臣弑君而相其后君，权皆在己，如楚商臣、蔡般、齐商人、齐崔杼、卫宁喜之徒，其赴告必不自言弑，当有以疾或加之辞者，而经皆书以实，则经之不从赴告可知矣。[4]

依此可知，经并不沿袭赴告。所谓“经承旧史、史承赴告”，是杜预对《左传》观点的归纳和发挥。《左传》有所谓告则书之，不告则不书之说，如隐元年《左传》载“八月，纪人伐夷”，但经不书此事，《左传》认为经不书此事是“夷不告，故不书”。隐十一年《左传》亦称：“凡诸侯有命，告则书，不然则否。”杜预之说正是对这些观点的进一步发挥。叶梦得对《左传》这一观点也提出批判，他认为《左传》以上说法只是针对史书的原则，而非经文书法：

> 此以旧史言之可也，今言纪伐夷，不告，故不书者，以《春秋》言也，然《春秋》所据者旧史，旧史所据者赴告，旧史既以不告而不书矣，传何从得之，而复以经不书为说邪？以此知，凡事有不见于经……皆旧史所无有，传盖参取诸国之书与杂家小说，相与共成之，不全出于旧史，故每兼见经外事，多与经不合，而妄以经不书为义

[1] 详见高士奇：《左传纪事本末》卷二十四，中华书局，2015 年，第 267—276 页。
[2] 《春秋左传谳》卷一，影印文渊阁《四库全书》第 149 册，第 501 页。
[3] 《叶氏春秋传》卷八，影印文渊阁《四库全书》第 149 册，第 94 页 b。
[4] 《春秋左传谳》卷六，影印文渊阁《四库全书》第 149 册，第 581 页 b。

者，皆非也。[1]

叶梦得认为，即便承认《左传》所说不告故不书的原则，但按照这一原理，却会推出《左传》所记不是事实的结论。因为既然《左传》主张不告则不书，说明经文不书之事，旧史也不曾记载，那么，《左传》又是如何知晓此事并加以记载的呢？以此来看，那些经无而传有的记载，只能是《左传》杂糅诸国之书与杂家小说的结果。同时也可见，《左传》所主张的不告不书说并不成立。

六、结语

以上本文以叶梦得对《左传》、杜预的批判为例，对其有关汉唐《左传》学的批判展开分析，指出叶梦得在针对《左传》学的基本立场上，主张《左传》不知经，故其“传事不传义，是以详于史，而事未必实”。基于此观念，其对汉唐《左传》学做了系统的反思。从更深的层次来看，叶梦得之所以提出针对汉唐《左传》学的以上批判，是因为在他看来，“传”的基本属性就是解经，而解经不应偏执一家，而应做到“求之不可不博，而择之不可不审也”[2]。而所谓“求之不可不博，而择之不可不审”须有客观的判断标准，他认为这种判断标准就是既要“当于义”，也要“验于事”：

> 吾所谓失者，非苟去之也，以其无当于义也，盖有当之者焉。吾所谓非者，非臆排之也，以其无验于事也，盖有验之者焉，则亦在夫择焉而已。[3]

---

[1] 《春秋左传谳》卷一，影印文渊阁《四库全书》第149册，第499页。

[2] 叶梦得：《春秋考原序》，《春秋考》卷首，影印文渊阁《四库全书》第149册，第248页b。

[3] 同上书，第249页a。

可见，叶梦得对汉唐《左传》学的批判，无论是在基本的立场上，还是在研究的方法上，都可谓继承啖助、赵匡、陆淳以来并被北宋《春秋》延续的综合折中前人观点、择善而从的做法。因此，其对汉唐《左传》学的批判仍然是在中唐以来新《春秋》学演进的脉络中展开。由此亦可见，对于宋代《春秋》学的考察，从中唐以来新《春秋》学演进的角度加以研究，是一个不可或缺的理论进路。事实上，《四库总目》对叶梦得《春秋》学的评价正是从这一角度展开：

> 盖不信三《传》之说创于啖助、赵匡，其后析为三派：孙复《尊王发微》以下，弃《传》而不驳《传》者也；刘敞《春秋权衡》以下，驳三《传》之义例者也；叶梦得《春秋谳》以下，驳三《传》之典故者也。[1]

《总目》对叶梦得《春秋谳》主于驳三《传》之典故的说法未必准确，但其对叶梦得在新《春秋》学三传批判史上所处学术地位的点出，则可谓恰切。

不过，需要说明的是，叶梦得对汉唐《左传》学的批判并非完美无瑕，在某些方面，其对后者的理解存在误解，比如前述其对杜预经从赴告说的批评，所谓“其赴告之辞，必不自言申生无罪而己杀之”，言下之意，既然赴告不言“申生无罪而己杀之”，则鲁史亦不言“申生无罪而己杀之”。但实际上这种对杜预有关“史”的理解未免简单。因为，在杜预看来，赴告不一定都是正式的官方文告，同时，鲁史在记述赴告时也并非完全没有对事实的辨正。其《春秋释例》曰：“晋、鲁久不交使，而告杀申生，则所告不必尝有玉帛之使，但欲广声其罪耳。”孔颖达称：“言‘广声其罪’，则晋侯谓谗言为实，诬加大子以罪，时史知其实，改告而书之。此传不言‘书曰’，则是旧史然也。”[2] 事实上，对于经文“晋侯杀其世

[1] 《钦定四库全书总目》卷二十八，“春秋三传辨疑二十卷”条，第356—357页。

[2] 《春秋左传正义》卷十二，第385页。

子申生”之经义的理解，杜预与叶梦得也有相同之处，所谓“称晋侯，恶用谗”[1]。

另一方面，有关汉唐《左传》学，叶梦得并非只有批评，而是既有批评，又有肯定，这一点透过其对前人《春秋》学的评价即可看出，如其论刘敞之学曰：

> 刘原甫知经而不废传，亦不尽从传，据义考例，以折衷之，经传更相发明，虽间有未然，而渊源已正。今学者治经不精，而苏、孙之学，近而易明，其失者不能遽见，故皆信之。而刘以其难入，则或诋以为用意太过，出于穿凿，彼不知经，无怪其然也。[2]

所谓“苏、孙之学”就是苏辙和孙复的《春秋》学，他认为这二人的《春秋》学近而易明，因而其《春秋》学中的失误之处不能被人遽见，而刘敞的《春秋》学从难处入手，因而不能被人认识，受到时人批评，在他看来，刘敞的《春秋》学能“知经而不废传”，“经传更相发明”，这是其学胜过其他《春秋》学之处。可见，其所采取的是一种择善而从的立场，《四库总目》说：

> 梦得以孙复《春秋尊王发微》主于废传以从经，苏辙《春秋集解》主于从《左氏》而废《公羊》《穀梁》，皆不免有弊，故是书（引者按：叶梦得《春秋考》）参考三传以求经。不得于事，则考于义，不得于义，则考于事，更相发明，颇为精核。[3]

所谓“参考三传以求经。不得于事，则考于义，不得于义，则考于事，更相发明，颇为精核”就是指明叶梦得《春秋》学择善而从以发明经

---

[1] 《春秋左传正义》卷十二，第385页。

[2] 马端临：《文献通考》卷一八三《经籍考》，文渊阁《四库全书》第614册，第156页b。

[3] 《钦定四库全书总目》卷二十六，“春秋传二十卷”条，第343页。

义的诠释学立场。

An Analysis of Ye Mengde's Criticism of *Zuo Zhuan* in Han and Tang Dynasties

—With the criticism of *Zuo Zhuan* and Du Yu as an example

(Li Ying, School of Marxism, Zhang Lien, School of Philosophy, Northwest Normal University, Lanzhou, 730070)

Abstract: Since the new study of *Chun Qiu* in the Mid-Tang Dynasty, the criticism of *Chun Qiu* Studies in the Han and Tang Dynasties has constituted an important aspect of the new study of *Chun Qiu* in building its academic system. DanZhu school and scholars studying *Chun Qiu* in the Northern Song Dynasty criticized the three biographies of *Chun Qiu*. Among these scholars, Ye Mengde's criticism of the theory of three biographies was particularly profound. He believed that *Zuo Zhuan* only recorded historical events, but did not understand the ideas of *Chun Qiu*. According to this basic idea, he made a systematic criticism of the study of *Zuo Zhuan* in the Han and Tang Dynasties. He believed that the fundamental reason for the misinterpretation of *Zuo Zhuan* was that *Zuo Zhuan* was not a biography of *Chun Qiu*. From a deeper ideological perspective, Ye Mengde's criticism of *Zuo Zhuan* in the Han and Tang Dynasties originated from his judgment of the attribute of "Zhuan" (传) to interpret scripture. He believed that interpretation of scripture should not be paranoid about any one aspect, but should be knowledgeable and selective. His position and method reflected that his criticism of the three biographies was still the research style of the new study of *Chun Qiu* since the Mid-Tang Dynasty. It can be seen that his criticism of *Zuo Zhuan* was not to completely reject it, but to try to better explain *Chun Qiu*.

Keywords: Ye Mengde; *Chun Qiu*; *Zuo Zhuan*

话语体系转换视域下的儒家情论演变

——以《乐记》“情礼”论与《复性书》“性情”论为中心的考察

张道奎*

摘要：“节情”与“止情”是先秦儒家与唐宋儒家在情论问题上的基本分野。先秦儒家以《乐记》为文本核心建构了“情—礼”论，试图以人情之常来论证礼乐制度的合理性；唐宋儒家则以《复性书》为文本源头建构了“性—情”论，并试图以此回应域外佛学与魏晋玄学的理论冲击。如果以福柯话语体系的视角来观察上述差异，则先秦“情—礼”话语体系导向“节情”，唐宋“性—情”话语体系导向“止情”；二者之间具有明显的继承关系，但在概念与文本、知识与信仰系统、社会实践指向以及人性论上也具有一定差异，因而构成了话语体系转向。儒家情论问题的这个话语体系转向的实现，更多的是受域外佛学、魏晋玄学等外缘因素的影响。而话语体系的分析方法在认识儒家情论演化历程、推动当代儒学的第三期发展等方面仍具有一定的理论优势。

关键词：儒家情论；话语体系；“情—礼”；《乐记》；《复性书》

一、问题的提出

在宋明以来的儒家性情论发展史中，有关“情”的观念是随着性情关系、性善性恶、“心统性情”等问题的讨论而铺陈开来的。历史地看，“性—情”

---

* 作者简介：张道奎，山东大学儒学高等研究院历史学博士，主要研究方向为中国近现代思想史，中国儒学史。电子邮箱：echors@163.com。

这一对概念并非宋明儒家的首创，在《孟子》《荀子》等先秦文献中已有关于性情关系的讨论，[1] 郭店楚简《性自命出》篇也已经提出“情生于性”的命题。当代学者也提出，《性自命出》的性情论可能是荀子性情论的直接来源[2]的判断。然而问题在于，在关涉情的讨论时，先秦儒家却与宋明儒家迥然而别。当代学者也注意到了《性自命出》中的“性论与孟荀不同，论情尤与传统儒家漠视或压抑情感的态度迥异”[3] 的问题，更为准确地说，“‘情’在先秦儒家人性论中曾居于核心地位，但汉代以降的儒学发展史，却是情被贬抑和放逐的历史”[4]。

赵法生教授在有关研究中，已经明确了情论在先秦儒家与汉以后儒家的变化问题，而陈鼓应先生所观察到的“压抑情感”的“传统儒家”，在很大程度上就是指宋明儒家。如果进一步解释这个差别，则是“孔学特别重视人性情感的培育……这实际是以‘情’作为人性和人生的基础、实体和本源”[5]。具体来看，赵法生教授则以“气本论”与“理本论”的变异来解释儒家情论的这种变化，“原始儒家的性情论以气本论为基础，性情关系的特征在于性情一本；（宋明以来）气本论的宇宙观被理本论的本体

---

[1] 相关研究参见黄意明：《道始于情：先秦儒家情感论》，上海交通大学出版社，2009 年；郭振香：《先秦儒家情论研究》，安徽大学出版社，2011 年；马丽娜：《荀子“情”论研究》，南京大学硕士学位论文，2014 年；李晓楠：《论先秦儒家“情”思想及其当代价值》，吉林师范大学硕士学位论文，2016 年；刘丰、杨寄荣：《先秦儒家情礼关系探论》，《社会科学辑刊》2002 年第 6 期；陈继红：《情感 · 人伦 · 秩序——解码先秦儒家情论中的秩序情结》，《哲学研究》2011 年第 12 期；等等。

[2] 颜炳罡：《郭店楚简〈性自命出〉与荀子的情性哲学》，《中国哲学史》2009 年第 1 期。相关研究参见丁原植：《楚简儒家性情说研究》，万卷楼图书有限公司，2002 年。

[3] 陈鼓应：《〈太一生水〉与〈性自命出〉发微》，陈鼓应编：《道家文化研究》第十七辑，生活 · 读书 · 新知三联书店，1999 年，第 393 页。

[4] 赵法生：《性情论还是性理论？——原始儒家人性论义理形态的再审视》，《哲学研究》2019 年第 3 期，第 53 页。

[5] 李泽厚：《论语今读》，生活 · 读书 · 新知三联书店，2004 年，第 16 页。

论所取代，情也沦为理学复性工夫的主要障碍。”[1] 在宋明以降的儒家性情关系论辩中，性善情恶的理论倾向似乎在有关问题讨论深入的过程中不断回环往复，但总的来看“压抑情感”的倾向是一直存在的。除开把“人欲”作为“人情”等同物的极端观点，即使是在信服《中庸》“中和”论并提出“四端皆情”的朱熹那里，“性—理”仍是其哲学体系的核心内容，情则只能处在“性之动”的地位上。[2] 因此朱熹进一步发展了“情—欲”论，提出“性才发，便是情”[3]“欲是情发出来底”[4]，且“情有善恶，性则全善”[5]，情因欲的存在而有善与不善的区别。[6] 据此，宋明时期的程朱一派学者仍基于“性情三品”“情有善恶”的观点，大致坚持着“止情”的原则。[7] 这种认识是原始儒家“致容貌所以文，节也”的“节情”论的发展，但显而易见也是与先秦儒家“道始于情”“礼生于情”的理论发展路向迥异的。

问题的吊诡之处在于，以孔孟道统传人自居的唐宋儒家为何能在人性论方面与孔孟保持一致，而在情论问题上却与先秦儒家截然相反呢？学者们大都认同这样一种观点：从刘昼到李翱的有关性情对立的学说，是受到了佛教“灭情去欲”“无情有性”的影响。[8] 佛教教义的传入对儒学概念的冲击自然是革命性的，这其中尤以“性”“情”“心”等概念的哲学涵

---

[1] 参见赵法生：《从性情论到性理论——程朱理学对原始儒家性情关系的诠释与重构》，《广西师范大学学报》（哲学社会科学版）2021年第5期。从哲学的人性论话语体系出发，赵法生教授围绕先秦儒家的情论与性论问题发表了一系列文章，下文将陆续引用并探讨相关问题。

[2] 参见马育良：《中国性情论史》，人民出版社，2010年，第211—216页。

[3] 《朱子全书·朱子语类卷第五》，朱杰人等编，上海古籍出版社、安徽教育出版社，2010年修订版，第225页。

[4] 《朱子全书·朱子语类卷第五》，第229页。

[5] 《朱子全书·朱子语类卷第五》，第225页。

[6] 参见蒙培元：《情感与理性》，中国人民大学出版社，2009年，第170—177页；陈建美：《朱子的情论》，《切磋集系列·切磋八集》，四川大学哲学系儒家哲学合集2019年，第81—98页。

[7] 宋明时期陆王心学一派在情论问题上则持“情感与理性是同一物事”的情理同一、性情一体的观念。参见蒙培元：《情感与理性》，第107—118页。

[8] 参见马育良：《中国性情论史》，第167—170、181—184页。

义更新为代表。但是从先秦有关情论的文献如《乐记》《性自命出》等篇章来看，先秦儒家在讨论性情问题时，其核心关怀指向的却始终是“礼乐”这一对概念。也就是说，唐宋儒家与先秦儒家虽然讨论的是同一个“情”字，但是其哲学意涵与实践指向已经全然不同了。

关于这一差异，赵法生教授从“气本体”到“理本体”转换的角度解释儒家情论的倾向变化，[1] 并特别指明先秦“性情论的形成以人的本源之情为根基，以性情一本和性情相应为特征，情本身具有超越意义，这与理学及现代新儒学所诠释的先秦儒家人性思想具有显著不同”[2]，这是一种现代哲学本体论立场的思考探究模式。而稍有未圆满的地方在于，在儒学史上本体问题与“形上—形下”模式的思考，并未在中国传统儒家的话语体系演化中发挥这种引领性作用。因而在回溯有关儒家情论差异时，笔者更倾向于以话语体系转换的视角、立足儒学话语本身来解释儒家情论的这一变化。也就是说，先秦儒家是在“礼生于情”的话语系统中来讨论情感问题的，这与唐宋儒家的“心统性情”论分别属于两种不同的话语体系。

本文依据先秦儒家情论的代表作品《礼记·乐记》和唐宋儒家情论的重要源头之一李翱《复性书》的文本，来分析儒家情论差别的具体表现形态；并尝试用“情—礼”与“情—性”话语体系转换的视角，解释先秦儒家与唐宋以降的新儒家在情论问题上出现差异的原因。同时，谨以此文求教于赵法生教授及诸方家。

二、《乐记》与先秦“情—礼”话语体系及其节情论

儒家学说自孔子创始起，就一直在试图为“复礼”做合法性辩护与学

[1] 参见赵法生：《从性情论到性理论——程朱理学对原始儒家性情关系的诠释与重构》，《广西师范大学学报》（哲学社会科学版）2021 年第 5 期。

[2] 赵法生：《性情论还是性理论？——原始儒家人性论义理形态的再审视》，第 53 页。

理性说明，孔子“仁”观念的提出自有这一理论用意在其中。从孔子强调“人而不仁，如礼何？人而不仁，如乐何？”[1] 的话语中，从强调孝悌为“仁之本”的立论中，也能够看出孔子欲建立“人—情—仁—礼”的话语体系的用意。因而对以继承并维新周代礼乐制度为使命的儒家来说，彼时面临的一个重要的理论任务就是重新论证礼乐制度的合理性与“克己复礼”主张的合法性问题。

《礼记·乐记》则主要集中了先秦儒家即孔子弟子及“七十子后学”有关礼乐论与情论的思考。先秦儒家在《礼记·乐记》中关于“情”“礼”的认识大致是持“发乎情，民之性也；止乎礼义，先王之泽也”[2] 的基本立场。而关于《礼记·乐记》文本的先秦属性问题，根据《汉书·艺文志》《隋书·经籍志》《史记·儒林列传第六十一》等记载，并综合钱穆、李天虹、王齐洲等学者的讨论，则基本可以确定，《乐记》的主体内容由先秦产生的《周官·大司乐》章及战国中后期的儒家学派“诸子言乐事者”等文字组成，而文本编纂成书及版本的修订流传则在汉初。因而我们可以视《礼记·乐记》为认识先秦儒家情论问题的基本文献。

在“仲尼弟子及后学者所记”的主要文本《乐记》中，孔子弟子及“七十子后学”则沿着孔子“仁”的思路，围绕“仁”与“礼”的关系进一步发掘了“情”“性”“欲”“命”等相关概念，从而构建出一套关于以“复礼”为实践追求的“情—礼”话语体系。

建立“情—礼”的理论关联，以人之常情来论证礼乐制度的合理性，是先秦“情—礼”话语体系的出发点和立足点。两者关系化约而言之，则是“合情饰貌者，礼乐之事也”[3]，在《性自命出》篇则更简述为“礼生于情”“礼作于情”[4]。具体来看，“七十子后学”在《乐记》中讨论

---

[1] 《四书章句集注·论语集注》，中华书局，2012 年，第 61 页。

[2] 《毛诗注疏·周南》，孔颖达疏，见《儒藏》精华编第二三册，北京大学出版社，2010 年，第 15 页。

[3] 《礼记集解·乐记》，沈啸寰、王星贤点校，中华书局，1989 年，第 986—987 页。

[4] 《性自命出》，转引自梁静：《上博〈性情论〉研究及与郭店本的对比》，《出土文献》2019 年第 1 期。

“情”的问题时，即是围绕礼乐制度之用而展开的，《礼记·乐记》云“夫乐者，乐也，人情之所不能免也”[1]。音乐、礼仪与政治的关联在于，“礼作于情，或兴之也”[2]，作为政治制度的礼乐是“因人之情”而生的，[3]即“声音之道，与政通矣”[4]。《性自命出》篇亦有相近的立场。正如赵法生教授指出的，“《性自命出》是将人置于礼乐文明背景下来考察，人格是礼乐教化的产物”[5]。由此可见，在先秦诸子看来，合情是周代礼乐制度在人情上的生发点。[6]

在“情—礼”话语体系中，“乐”充当了“情—礼”论证链条的中间环节。礼乐制度中的“乐”，包括宫商角徵羽五音律，干戚羽旄的舞蹈和《韶》《武》《颂》《南风》等词文。能够起“合情”作用的礼乐，是音、舞、词齐备的乐，尤指祭祀、宴饮上的乐舞。三者之中，与情最为密切的是音。音由心生，“凡音之起，由人心生也。人心之动，物使之然也。感于物而动，故形于声”[7]。人心受外在事物的感染而生出哀、乐、喜、怒、敬、爱六情，六情所反映的是人内心的不同情绪，而根据声音就可以了解人的情绪。正是乐的不同种类能够表达出人的情绪，所以由国风等音可以知民情，可以观察到施政后的民间反应。因而先秦儒家认为，政和象征治世，音安；政乖象征乱世，音怨；民困象征亡国，音哀。所以辨国风之音能够知人情，知人情，能够同民心，“是故先王慎所以感之者。故礼以道其志，乐以和其声……所以同民心而出治道也”[8]。人情即是民心，

---

[1] 《礼记集解·乐记》，第1032页。

[2] 《性自命出》，转引自梁静：《上博〈性情论〉研究及与郭店本的对比》，《出土文献》2019年第1期。

[3] 相关论述参见刘金波：《中国古代文论范畴发生史——〈礼记〉卷：礼以节情乐以发和》，武汉大学出版社，2009年，第28—32页。

[4] 《礼记集解·乐记》，第978页。

[5] 赵法生：《论〈性自命出〉性情化的身体观》，《齐鲁学刊》2019年第6期，第22页。

[6] 关于“礼乐互补”观点的论述，参见吴大顺：《论汉武帝礼乐文化建构与汉代乐府学的价值取向》，《乐府学》2018年第1期。

[7] 《礼记集解·乐记》，第976页。

[8] 《礼记集解·乐记》，第977页。

先王能够以乐声体察民情，了解治理的实际效果，周代采风活动正是基于民间乐风与民心民风的这种关联性。

儒家之所以重视乐，是因为乐能够与礼一同定秩序、兴王道。乐何以能定秩序、兴王道？“礼节民心，乐和民声”的主张，则明确了可以通过“乐—情”的途径达到善化民心的效果。“道德的本源却在于情，对于成德而言，情比理更具有原初性意义。”[1] 能够对情发挥作用的有效手段即是乐：“乐也者，圣人之所乐也，而可以善民心，其感人深，其移风易俗，故先王著其教焉。”所以先秦儒家认为，既然“情动于中，故形于声”，那么“致乐以治心”就是可以实现的善民的办法。能够调节喜怒哀乐的人之常情的有效办法，就是以乐和人情，“使刚气不怒，柔气不慑”。最终效果是使“易、直、子、谅之心生则乐，乐则安”，民心安则天下安。“是故君子反情以和其志，比类以成其行。奸声乱色，不留聪明；淫乐慝礼，不接心术。惰慢邪辟之气不设于身体，使耳目鼻口、心知百体皆由顺正以行其义。……故乐行而伦清，耳目聪明，血气和平，移风易俗，天下皆宁。”[2] 因而雅乐可以与人心共情，因此，去“奸声”“淫乐”“惰慢邪辟之气”的乐能够正民心。民心正就可以移风易俗，就可以达到天下大治的王道理想。

在“情—乐—礼”话语体系的合理性论证中，礼乐是“先王本之情性，稽之度数”[3] 而“制之礼义”产生的，因而礼乐制度就具有符合普遍人情与人性的优越性。大戴《礼记·文王官人》“（喜怒欲惧忧）五气诚于中，发形于外，民情不隐也”[4]。五气未发为性，称为“情气”，已

---

[1] 赵法生：《从性情论到性理论——程朱理学对原始儒家性情关系的诠释与重构》，第 147 页。

[2] 本段上引自《礼记集解·乐记》，第 986、998、978、998、1000、1029、1003—1005 页。

[3] 《礼记集解·乐记》，第 1000 页。

[4] 王聘珍：《大戴礼记解诂》，中华书局，1983 年，第 191 页。

发则为情感。[1] 既然情与欲都是人伦之常，那么礼乐制度就是在探讨如何正视它。所以《乐记》明确提到，“先王之制礼乐也，非以极口腹耳目之欲也，将以教民平好恶而反人道之正也”[2]。乐的核心是顺人心而节制人情，礼的核心也是顺人之恶欲而节制人情人欲。由此可见，先秦儒家已经认识到普遍人性的问题，并试图把礼乐制度的合理性建立在普遍的人伦之常的基础上。

如果以上论证可以成立，那么“情”在先秦“情—礼”话语体系中的核心地位就很明确了。这一理论架构就进一步为“情—礼”话语体系中“情”的方法论框定了范围。既然先秦儒家向往“发乎情，止乎礼义”的有情有礼的行为，那么在面对情的问题时就不能是一味迎合或排斥，而必有以礼乐“节情”的理论预设，因而先秦儒家明确主张“反情和志”，以乐“节情”。[3]《中庸》认为，“喜怒哀乐之未发，谓之中；发而皆中节，谓之和”[4]，如果情发而不和，应如何?《乐记》的回答是：节之。“物至知知，然后好恶形焉。好恶无节于内，知诱于外，不能反躬，天理灭矣。夫物之感人无穷，而人之好恶无节，则是物至而人化物也。人化物也者，灭天理而穷人欲者也。于是有悖逆诈伪之心，有淫泆作乱之事。……是故先王之制礼乐，人为之节。”[5] 虽然民之情“无喜怒哀乐之常”，但在先秦时期的理论预设中，礼乐制度最高理想是在情未发之际以乐和之，“使之阳而不散，阴而不密，刚气不怒，柔气不慑，四畅交于中而发作于外，皆安其位而不相夺也”[6]。即使是发而不中节的喜怒哀乐之情，也具有体现民情的作用，能够为政策的调整提供依据。由此可见，《乐记》的高明

---

[1] 黄意明：《道始于情：先秦儒家情感论》，上海交通大学出版社，2009年，第129页。

[2]《礼记集解·乐记》，第983页。

[3] 相关讨论可参见刘金波：《中国古代文论范畴发生史——〈礼记〉卷：礼以节情乐以发和》，武汉大学出版社，2009年；祁志祥：《中国美学全史：论美学、美与中国古代美学精神》，上海人民出版社，2018年。

[4]《四书章句集注·中庸章句》，第18页。

[5]《礼记集解·乐记》，第984—986页。

[6]《礼记集解·乐记》，第1000页。

之处恰恰体现在，它不仅主张以“致乐以治心”“合情”的方法进行引导、节制，而且还鲜明提出了“情”在礼乐制度的社会治理中的体察效能。这就进一步论证了先王制礼乐是“本之情性”，是符合人之常情的。

即使主张人性恶的荀子，也明确提出礼的出发点在于“导欲”“节欲”：“欲虽不可去，求可节也。”[1] 这一立场应该说是先秦“节情”论的发展。礼乐能够节人情而养人欲的这种解释，自然有儒家为礼乐制度提供合理性的主观意愿；但包括荀子在内的先秦儒家皆采取承认人情人欲而顺而导之的态度[2]，正是因为儒家理想始终建筑在此世此岸的现实世界，始终有为天下人谋幸福、以此身行王道的使命感。

因此总的来看，在“本之性情，制之礼义”的先秦“情—礼”话语体系中，正视人之常情与人之恶欲，并以“节之”的方法恰当地引导节制它，是先秦儒家的基本立场。

三、《复性书》与唐宋“性—情”话语体系及其止情论

儒家情论发展到唐宋时期发生了一个较大的转折。具体来看，先秦儒家“节情”的主张被废弃，唐宋儒家在情论方面则发展为“止情”“弃情”论的产生和大行其道。从儒学史的视角来考察儒家情论的话语体系变化则能够发现，先秦儒家所提出的“本之性情，制之礼义”的基本论证立场，到唐宋时期已经基本被废弃，代之而起的是“性—情”这一对基本概念。

在郭店楚简《性自命出》篇中，先秦儒家就已经提出“道始于情，情生于性”的命题，并认为“苟以其情，虽过不恶。不以［其］情，虽难不贵”[3]，因而情性关系在这里是和谐统一的，陈鼓应先生提出《性自命

---

[1] 王先谦：《荀子集解·正名》，中华书局，2012年，第323页。

[2] 相关讨论参见马育良：《中国性情论史》，第120—122页。

[3] 梁静：《上博〈性情论〉研究及与郭店本的对比》，第136页。

出》尚情的观点[1]。在唐宋儒家的“性—情”话语体系中，“情”不再被认为是“礼”的生发点，而被看作是“性”的阻碍物，这就必然把儒家情论导向“止情”“弃情”的理论立场上去。唐宋时期把“止情”论发挥到极致的，则是唐代李翱的《复性书》。

唐代儒学是在魏晋玄学兴起与域外佛学传入的理论冲击下重新崛起的。苏轼在《潮州韩文公庙碑》中称韩愈的功绩为“文起八代之衰，而道济天下之溺”，由此可见，唐代儒学在重构过程中所面临的理论困境是极大的。儒家“止情”论的立场与“性—情”话语体系的建构，正是在这样的理论背景下产生并获得了新的发展。因此唐宋儒家的第二期复兴，所要面临的最大问题不再是论证礼乐制度的人情人性之理论基础，最大的最首要的问题是回应魏晋玄学与域外佛学的理论质疑，重新树立儒家的理论自信。而佛学关于“性情”的讨论、玄学关于“忘情纵情”的讨论塑造了一个全新的理论背景和外缘影响，域外佛学、汉代阴阳五行说、魏晋玄学的理论体系的成熟程度皆高于汉代的经学，因而三者“情性”对立的共同理论立场，就成为唐宋儒家无力扭转的理论情势，这是唐宋儒家放弃礼乐制度的论证而把讨论重心转移到“性—情”方面的最大推动力。

而在唐宋儒家新的“性—情”话语体系建构过程中，如何对待人情人欲的问题就尤为突出了。作为李翱《复性书》性情论的重要思维背景之一，韩愈《原性》中对性情三品的讨论，对李翱“止情”论的产生也具有一定影响。持儒家立场的韩愈，在讨论性情问题时是自觉继承先秦儒家而有所发挥的。韩愈认为，“性也者，与生俱生也；情也者，接于物而生也”，这与《乐记》的认识基本一致。韩愈在《原性》中提出“性情都有上中下三品”，这是对先秦性情论的重大突破。在性与情的问题上，韩愈并没有简单地判定其善恶，也没有再坚持先秦儒家重情的立场，而是把性、情都划分为三个等级，认为“上之性，就学而愈明；下之性，畏威而

[1] 陈鼓应：《〈太一生水〉与〈性自命出〉发微》，《道家文化研究》第十七辑，第406—407页。

寡罪。是故上者可教，而下者可制也”。[1] 上品的情可以达到中庸的境界，下品的情则是“直情而行”。韩愈关于性情问题提出的上下有差别的观点，不仅继承了孔子“唯上知与下愚不移”[2] 的论断，也延续了汉代董仲舒提出的“性三品”说，继承了儒家情有善有不善的基本认识并进行了细化分类。性情论在唐代从韩愈《原性》到李翱的《复性书》，其内涵发生了很大的转变。

首先，李翱把韩愈“性情三品”说中的圣人与众人的性情差别，转化为众生普遍存在的性与情的差别。在李翱看来，情的存在是众人不能成为圣人的原因，“情既昏，性斯匿矣。非性之过也，七者（指喜怒哀惧爱恶欲）循环而交来，故性不能充也”[3]。这就把性与情完全对立起来，以情作为性显现的阻碍物，作为众人不能成为圣人的阻碍物。因而能显现人人具有的“圣”性就是修养工夫的重点。这一判断明显是照搬情欲与“佛性”的理论预设。情论发展到李翱，情与性完全对立了起来。性与情的对立统一，则是“性—情”话语体系的理论特征之一。

其次，李翱把对情的态度与自我的觉悟、控制能力作为划分圣人与众人的标准。李翱认为：“人之所以为圣人者性也，人之所以惑其性者情也。”“性者天之命也，圣人得之而不惑者也；情者性之动也，百姓溺之而不能知其本者也。”在其论性情之始，就曾强调“圣人者，寂然不动，不往而到，不言而神，不耀而光，制作参乎天地，变化合乎阴阳，虽有情也，未尝有情也”[4]。因而圣人的境界是有情而不惑于情，而百姓达不到圣人的境界，所以溺于情而不能见性，因而不知本。

正是基于这个认识，李翱提出了复圣人之性的方法论。具体可分三步：第一步，正思。“弗虑弗思，情则不生，情既不生，乃为正思。”第二步，离静。“方静之时，知心无思者，是斋戒也。”第三步，至诚。“知本

[1] 本段引自韩愈：《韩昌黎文集校注·原性》，马其昶校注，马茂元整理，上海古籍出版社，1986 年，第 20、22 页。

[2] 《四书章句集注·论语集解》，第 177 页。

[3] 李翱：《李文公集卷二·复性书》，上海古籍出版社，1993 年，第 6 页。

[4] 李翱：《李文公集卷二·复性书》，第 6 页。

无有思，动静皆离，寂然不动者，是至诚也。”[1] 达到至诚的境界，则可以回归到《中庸》的指示，可以“自诚明”，“自诚明，谓之性”，进而通过渐进的修习途径实现圣人之性的彰显。由无思—正思，止情—明性可以看到，李翱复性的方法论设想深受佛学“五蕴空”的影响，试图以禅宗佛性与无明，来对应儒学的人性与人情，[2] 并借鉴吸收了禅宗北派的“渐悟”方法。而佛学贵本性贱人情的基本立场，则通过李翱被稍后的宋明儒家基本继承，成为“性—情”话语体系的理论特征之一。

佛学贵性贱情的主张，被李翱表述为“情者妄也，邪也。邪与妄则无所因矣。妄情灭息，本性清明，周流六虚，所以谓之能复其性也”。这就进一步明确了情确为“复性成圣”的障碍，因而去情就成为了必要手段和必经阶段。因此复性之第一步正思，即是止情。据此李翱明确提出“止情”的论点：“情者性之邪也，知其为邪，邪本无有。心寂然不动，邪思自息。惟性明照，邪何所生？如以情止情，是乃大情也。”[3] 也有学者明确指出，李翱的性情论吸收了天台宗智顗《摩诃止观》和《大成起信论》的观点。[4] 同时，李翱复性的最终旨归仍是试图回归到子思的道路上来，因而又具有鲜明的儒家立场。从论证上来看，“情不自情，因性而情，性不自性，由情以明”[5] 接近于先秦儒家的情论立场；复性的最后一步仍是回到“诚明”的要求上，以《中庸》为最后皈依。因而，李翱的论证试图进一步奠定《中庸》在唐代儒学理论建构上的地位。因而李翱复性的方法虽接近于佛学“戒定慧”的次第，但最终旨归仍是子思的诚明尽性之道。可见，儒学与佛学的之间的张力在李翱的《复性书》中有明显的体现，这也正是韩愈所说李翱是“杂佛道而言也”。由此来看，李翱虽涉及

[1] 本段引自李翱：《李文公集卷二 · 复性书》，第 6—8 页。
[2] 参见牟钟鉴：《从儒佛关系看韩愈、柳宗元与李翱》，《圆光佛学学报》创刊号，1993 年，第 206—220 页；转引自马育良：《中国性情论史》，第 181—184 页。
[3] 李翱：《李文公集卷二 · 复性书》，第 8、10 页。
[4] 参见韩丽华：《回归诚明：李翱〈复性书〉研究》，巴蜀书社，2015 年，第 57—58、68—69 页。
[5] 李翱：《李文公集卷二 · 复性书》，第 6 页。

“心”“天命”等现在来看更为本源的哲学概念，但在“复性”的相关讨论中，这些概念显然并未居于理论的核心地位。“性—情”话语体系的重点在性情关系建构，关涉工夫论话题，而并不在于本体论探讨。并且在“止情”的相关工夫论上彻底滑向了佛学的立场。

但从儒学发展史的意义上来看，宋明儒家正是不满于李翱的佛学色彩“止情”说而试图回复思孟之立场。在《定性书》中，二程则以“情蔽”论调整了李翱“情恶”的判定，主张“圣人之常，以其情顺万事而无情”[1]。并通过复兴孟子的情感心性论，[2] 回归到先秦儒家“情有善恶”的立场中。朱熹为了调节唐代儒家的“止情”观与先秦儒家性情观的龃龉参差，进一步发挥了二程的情论，提出“欲是情发出来底”的命题，以使“欲”承担“情恶”的遮蔽天之性的责任；同时又强调欲生于情，情生于性，明确了人欲中也有天理的成分。[3] 并且朱熹引入“心”来作为实现性与情相统一的媒介物，缓和了性情对立的紧张关系。[4] 宋明时期就把“性—情”的话语体系发展为了二程“性—情—理”与朱熹“心—性—情”的新建构，而宋明儒家相关讨论正是以李翱关于“性—情”讨论为基础的。[5]

总的来看，“性—情”话语体系发展到程朱“性—情—理”阶段，确实缓和了情性对立的矛盾，却又造成新的问题。在回复先秦儒家情论的同时，程朱一派的“性—情—理”体系又把七情中的“欲”单拿出来，把

[1] 本段上引自程颢：《二程集·答横渠张子厚先生书（一）》，王孝鱼点校，中华书局，1981 年，第 460—461 页。

[2] 孟子心性、情感论对宋明儒家的影响，参见蒙培元：《情感与理性》，第 105—107 页。

[3] 参见蒙培元：《情感与理性》，第 170—172 页。

[4] 赵法生教授以“形上—形下”来区分宋明理学中对性情关系的认识，以本体—存在论视域理解宋明儒家对先秦儒家性情关系的重构。参见赵法生：《从性情论到性理论——程朱理学对原始儒家性情关系的诠释与重构》，《广西师范大学学报》（哲学社会科学版）2021 年第 5 期。

[5] 李翱复性论对二程及理学建构的影响，参见赵法生：《从性情论到性理论——程朱理学对原始儒家性情关系的诠释与重构》，《广西师范大学学报》（哲学社会科学版）2021 年第 5 期。

“性”划分为天地之性与气质之性，认为纯善的天地之性即是天理，而不善的“欲”则是遮蔽天地之性的根源物——进而造成了天理与人欲在“性—情—理”话语体系中的对立。深究其思想根源，这种“理—欲”对立乃至极端化为存天理灭人欲的学说，与李翱性善情邪的二元对立思维有深刻的关系，因而仍大致属于同一话语体系。

四、“情—礼”话语体系与“性—情”话语体系的转换及其原因

由以上讨论可以看到，以《乐记》为主要文本依据的先秦儒家情论与以《复性书》为起源性文本的唐宋儒家情论，具有明显的文本差别、话语差别、立场差别和理论旨意差别。这个关于情论的差别，也构成了由先秦儒家转向唐宋明儒学新建构的主要表现内容之一，因而构成了儒学的第二期发展阶段的有力证据。这个儒学发展阶段的差别，已经由牟宗三、刘述先、杜维明等人反复论证。[1]

那么，应该如何理解儒家情论由先秦时期到唐宋时期的转向呢？本文则意在通过对儒家情论问题的分析，尝试运用话语体系转换的理论视角，来进一步论证儒学的三期发展理论，并试图以此作为当下的儒学“两创”的理论依据。

话语体系概念主要由法国哲学家米歇尔·福柯提出并进行了系统阐释。根据福柯的解释，“话语（discourse）指的是一个社会团体根据某些以将其意义传播确立于社会中，并为其他团体所认识、交会的过程。”话语的运作依赖于“一个轨迹架构可资依循”，即话语形构（discursive formation）[2]。略加概括福柯的论述或可以发现，话语形构或话语体系的

---

[1] 相关讨论参见牟宗三：《政道与治道》，吉林出版集团有限责任公司，2010年；杜维明：《儒学第三期发展的前景问题》，生活·读书·新知三联书店，2013年。

[2] 王德威：《导读2：“考掘学”与“宗谱学”——再论傅柯的历史文化观》，见［法］米歇·傅柯：《知识的考掘》，王德威译，台北麦田出版有限公司，1993年，第45页。

构成大致包括以下三方面的要素：一是相关概念、语言与文本的形成，二是相对固定的知识、信仰和思想的体系，三是具有明确的话语实践与社会实践的面向与目的。[1]

以这个标准来看，先秦“情—礼”话语与唐宋“性—情”话语是明显作为两种不同的话语体系存在的。根据上文对“情—礼”话语与唐宋“性—情”话语的分析，先秦“情—礼”话语体系的核心概念是“仁”“情”“礼”“乐”等，相关文本是五经，《论语》《礼记》等文本则是属于五经的衍生文本，出现相对较晚。围绕“情—礼”话语而形成的知识与信仰的体系，仍以周代的政治形态与社会形态为理想，专注外王事业，以礼乐制度的实现作为其话语实践与社会实践的具体指向。而在唐宋“性—情”话语中，核心概念已经演化为了“性”“命”“心”“情”“理”等，核心文本依据是《中庸》与《大学》以及《论语》《孟子》四书，五经的其他文本反而成为了次要的。“性—情”话语显然不再属意于礼乐制度的实现，转而向内圣下功夫，关注如何复性成圣。至于在外王追求上，则试图以内圣外扩为“化民成俗”与“得君行道”[2]作为话语实践与社会实践的具体指向。

同时应该看到，宋明儒家宣称自己的理学理论建构的依据，皆来源于孔孟学派。因而宋明儒学建构具有继承先秦儒学基本概念、基本立场的理论自觉。因此两大话语体系之间是继承发扬的关系，《复性书》中的立场则是唐代儒学在情论上对先秦儒学立场之反动的极端表现。从核心概念的比较上来看，宋明儒家所讨论的核心概念如“欲”“性”“命”等在先秦时期已经出现。虽然以现代哲学的视角看“情生于性”“性自命出”的命题已经表明，“性”“命”相对于“情”处于更本源的地位上，然而先秦儒家理论论证的重点是“情—礼”关系，而不是“性—情”关系，它们显然在先秦“情—礼”话语体系中处于从属话语的地位。并且，从心性论方

[1] 参见米歇·傅柯：《知识的考掘》，第119—162页。
[2] 参见余英时：《朱熹的历史世界》，生活·读书·新知三联书店，2011年。

面来看，先秦儒家的人性论的基础是人之常情，[1] 孔子论仁孝，孟子论四端也正是基于此。因而赵法生教授明确指出“原始儒家是在本真之情的基础上建构自己的人性观而非相反”，情“是人性论发生的前提”。[2] 李泽厚更点明，“‘情’竟成为善恶忠信的标尺所在”[3]。因而在先秦“情—礼”的话语体系中关于性善还是性恶的讨论，并不会对“仁之本”“四端之心”的理论建构产生决定性的影响。而在唐宋“性—情”话语体系中，“性”成为了与天理一致的本源性存在，情成为了“心之用”“性之动”，性与情的理论位置出现了反转。于是，性善性恶的问题就成为了不可回避的根源性问题，“心”“性”“命”概念因此成为了比“情”更为核心的概念。

“情—礼”话语体系与“性—情”话语体系转换是儒家第二期发展的主要体现之一。那么，这个巨大的话语体系转化，尤其是从“节情”论到“止情”论演化得以实现的原因是什么呢？除了上文中分析的儒学概念与文本的继承与发展的内在理路的因素外，从外缘影响来看，主要有三个方面的影响因素：

其一是域外佛学的影响。“性”“欲”“情”的概念是佛学的核心概念，相关讨论在唐宋时期深刻影响了儒学二期的建构。在佛教的性情话语体系影响下，唐宋时期持儒家立场的思想家也不得不正面回应性命情欲的、关涉儒学如何安身立命的理论命题。“佛教以‘修心养真’、穷理尽性傲视诸家，传统儒学如仍不言心性，就达不到佛老的思维水平，以所谓仁义礼教与佛学心性说相较量，结果只能是注定失败。”[4] 佛教认为世间万物以其无自性，所以皆是幻象。[5] 众生之所以执着于六尘的根源和心中

---

[1] 赵法生：《先秦儒家性情论视域下的〈中庸〉人性论》，《中国哲学史》2020 年第 5 期。

[2] 赵法生：《性情论还是性理论？——原始儒家人性论义理形态的再审视》，第 57 页。

[3] 李泽厚：《实用理性与乐感文化》，生活·读书·新知三联书店，2005 年，第 337 页。

[4] 马育良：《中国性情论史》，第 194 页。

[5] 参见陈秋平译著：《金刚经·心经》，中华书局，2010 年，第 131 页。

的妄念，就在于情与欲的存在。"只要根源还在，它就会导致出生，一段寿命，以及生物经历的尘世体验"[1]，这个根源就是人对此岸世界的欲。儒家性情论又经王安石"以生之自然言性，以欲言性"[2]的调和孟（子）、扬（雄）的发展，至程朱逐步确立了"以性为天地之根本，天性即道，情为性之外在表现，有善有恶"[3]的基本观点。这就表明唐宋以来的儒学不得不努力在"性—情"话语体系中寻求理论重建，从而找到自己的思想立足点。从这方面来看，唐宋儒家在儒家"性—情—理"话语体系构建中的努力与先秦诸子以"情—礼"话语论证礼乐制度的合理性与必要性，有相似的危机意识和现实关切。

其二是汉代兴起的阴阳五行学说的影响。一般认为，唐宋儒家有关"性—情"对立的讨论是吸收了佛教的持"佛性"以"灭情"的主张。然而在佛教传入之前的汉代，就已经有"性—情"对立的讨论了。[4]历史地看，"从先秦至汉初，思想家关于性情关系的基本思路是：性内而情外，'情生于性'"。[5]此时性与情是相对统一的关系。儒学话语体系内部"情生于性"的理论立场转变的重要立论根基之一，即在于汉代把"性情"引入"阴阳"的理论框架中。汉代阴阳论的兴起，对先秦儒家的话语体系有着根本性的冲击。儒家的天—人、君—臣、男—女等对应概念的相互关系，在阴阳论的框架中从和谐统一走向等差甚至对立，因而先秦儒家的相关概念关系和思维体系在董仲舒这里发生了革命性的变化。董仲舒明确提

[1] 帕谭佳里：《瑜伽经》，霍华德·雷斯尼克英译，嘉娜娃中译，中国社会科学出版社，2017年，第58页。

[2] 参见冯茜：《唐宋之际礼学思想的转型》，生活·读书·新知三联书店，2020年，第316页。

[3] 马育良：《中国性情论史》，第171页。

[4] 关于两汉魏晋的"情理论"演变线索的讨论，可参见罗雅纯：《戴震〈情理论〉的继承与转化》，《淡江中文学报》2020年6月总第42期。

[5] 马育良：《中国性情论史》，第157页。

出的“身之有性情也，若天之有阴阳也”[1] 的判断，也是在阴阳的思维框架内的，[2] 而汉代《白虎通》与王充《论衡》等文献也基本继承了这个思想。因“阴阳—情性”的这种对应关系，从汉代的阳尊阴卑理念里直接导出了“尊性贱情”的基本立场。秦汉以降性尊情卑的相对评判，亦由此而生。

其三是魏晋玄学的理论影响。魏晋玄学关于情论的认识，大致可分为任情与忘情两类主张。魏晋时期玄学的兴起是以道家之真矫儒家之伪，[3] 是对西汉动辄数万言的繁琐解经方式和东汉的谶纬解经方式的反动。何晏曾沿袭汉儒的“情阴”主张，提出“圣人无情”的观点，晋朝人王戎也认为，“圣人忘情，最下不及情”[4]。王弼则在《周易注》中提出“利贞者，性情也”的观点，针锋相对地主张“圣人有情”。[5] 因而魏晋士人的论辩，大致围绕着“守名教而顺自然”和“越明教而任自然”的两派对立的主张展开。结合王弼“性其情”的认识我们可以看到，在汉代“性—情”关系思维框架内的“贱情”问题，在魏晋时期已经转化为“名教—自然”关系下的任情与忘情的立场。由于佛学、阴阳五行说、魏晋玄学的话语体系的成熟程度皆高于汉代的经学，因而三者“情性”对立的共同理论立场，就成为唐宋儒家无力扭转的理论情势，而不得不顺势继承下来。

五、结语

由《乐记》《复性书》所反映出的唐宋儒家与先秦儒家在情论问题的

[1] 《春秋繁露义证·深察明号第三十五》，苏舆撰，钟哲点校，中华书局，1992年，第291页。

[2] 马育良：《中国性情论史》，第142页。

[3] 可参见王克奇：《传统思想新论》，齐鲁书社，2000年。

[4] 刘义庆：《世说新语·伤逝》，刘孝标注，徐传武校点，上海古籍出版社，2013年，第268页。

[5] 相关讨论参见汤用彤：《王弼圣人有情义释》，见《玄学、文化、佛教》，台北育民出版公司，1980年，第71—82页，转引自马育良：《中国性情论史》，第165—166页。

对立可以发现，受佛学、玄学影响的唐宋儒家在认识人之常情的问题上，逐渐脱离了先秦儒家的此岸理想，走上了弃人之常情的宗教玄思。因此，仅就唐宋儒家的“性情”论话语体系建构来说，这是远离先秦时期的王道政治理想的。

今天的哲学家们如何认识“情”的问题呢？“接着宋明理学讲”的冯友兰继承了宋明理学家，特别是程颢的观点，在讲“应付情感”的方法时认为，只有达到无我才能够不累于物，才能够“情顺万物而无情”。而“无我”就是有一个“客观的态度”，就是摒弃主观的我。[1] 蒙培元试图跳出唐宋儒家的情论立场，重新提出“情感是全部儒学理论的基本构成部分，甚至是儒学理论的出发点”，认为“情感与理性是同一事物”“性情浑然一体”[2]。黄玉顺则专注于情感之生活本源的理论建构，主张“性是形而上学的初始范畴，而情是它的生活本源”[3]，提出“生活—形上—形下”三层存有论。李泽厚基于对先秦儒家情论的理解，认为“情本体是人类学历史本体论所讲中国传统作为乐感文化的核心”[4]，提出“情本体论”的新命题。理性与情欲的平衡则应该“研究‘理’与‘欲’在不同生活方面所具有或所应有的各个不同的比例、关系和配置。”[5] 然而没有礼乐制度的情感儒学，难以回答“怎样由强调道德情感、境界形态的儒家哲学转而开发出外王事业的可能性”[6] 的诘难。

如果以概念意涵与话语体系为视角来观察儒家情论的立场转变的问题，则更能够看到话语体系的不同立场对“情”论问题理解的决定性意义。儒家“情”观念由先秦“节情”立场到唐宋“止情”立场的转变过

---

[1] 陈来：《有情与无情——冯友兰论情感》，见黄玉顺、彭华、任文利主编：《情与理：“情感儒学”与“新理学”研究》，中央文献出版社，2007 年，第 16—20 页。

[2] 参见蒙培元：《情感与理性》，第 468—497 页。

[3] 黄玉顺：《爱与思》，四川人民出版社，2017 年，第 298 页。

[4] 李泽厚：《关于情本体》，见《哲学纲要》，北京大学出版社，2011 年，第 39 页。

[5] 李泽厚：《关于情本体》，见《哲学纲要》，第 56 页。

[6] 林振礼：《中国哲学的特质：情感与理性的合一——评蒙培元新著〈情感与理性〉》，《北京大学学报》（哲学社会科学版）2004 年第 1 期，第 157 页。

程，从属于先秦“情—礼”话语体系向宋明“性—情”话语体系转变的过程。话语体系与概念的词义内涵的这种主导—适从关系，在儒家情论的意义转向中鲜明地展现了出来。从话语体系的转变角度理解儒家情论，不仅能够提纲挈领地把握儒家情论发展的基本线索，而且也能够为从先秦到宋明的儒家哲学的发展提供一个理解的新趋向。类比于当代中国哲学的学理演化与时代发展，则更能够清晰地理解新时代中国特色哲学社会科学话语体系建设的现实关切，从而为建构儒学第三期发展的新话语体系与“情”论立场提供一个理论借鉴。

The Evolution of Confucian Feeling Theory from the Perspective of Discourse System Transformation—An Investigation Centered on the Theory of "Feeling—Propriety" in *Yue Ji* and "Nature—sentiment" in *Fu Xing*

(Zhang Daokui, Institute of Literature History and Philosophy, Shandong University, Jinan, 250100)

Abstract: "Restraint feeling" and " Cleanse sentiment" are the basic differences between pre-Qin Confucianism and Tang and Song Confucianism on the issue of emotion. The pre - Qin Confucianists constructed the theory of "Feeling-Propriety" with *Yue Ji* as the text core, trying to demonstrate the rationality of the propriety and music system with the common human feelings; Confucianism in the Tang and Song Dynasties constructed the theory of "Nature-sentiment" with *Fu Xing* as the text source and responded to the theoretical impact of Buddhism and metaphysics in the Wei and Jin Dynasties. From the perspective of Foucault's discourse system, the discourse system of "Feeling-Propriety" in the pre-Qin period led to "Restraint feeling", and the discourse system of "Nature-sentiment" in the Tang and Song Dynasties led to " Cleanse sentiment"; There is an obvious inheritance relationship between the two, but there are also some differences in concept and text, knowledge and belief system, social practice direction and human nature theory, which constitutes the turn of discourse system. The analysis method of the discourse system has certain theoretical advantages in understanding the evolution of Confucian feeling theory and promoting the third development of contemporary Confucianism.

Keywords: Confucian feeling theory; the discourse system; "Feeling-Propriety"; *Yue Ji*; *Fu Xing*

欧陆哲学

论《存在与时间》中"作为可能性的死亡"

朱松峰　国　旗*

摘要：在《存在与时间》中，海德格尔为了阐明此在的生存论结构而探索此在对死亡的领会，因为此在之整全取决于死亡，死亡作为此在最本己的可能性在基础存在论中具有重要的意义。但是，围绕于此的争论也一直都没有停止过。误解大多是源于将死亡作为一个自然事件来对待，但生存论上的死亡现象并不是生命终结事件，而是高于现实性的可能性。作为可能性的死亡具有可能性的有限性和时间的有限性两个维度，而关联这两个维度的死亡之畏唤醒沉沦的此在，使其重演本己的可能性。只有将这两个维度结合起来，才能完整构画出《存在与时间》中作为可能性的死亡概念。

关键词：死亡；此在；可能性；生存；海德格尔

《存在与时间》中海德格尔对死亡的现象学分析与其良知概念一起被认为是此书最为出色的高峰。[1] 这一分析的最为出色之处在于：将死亡同人生筹划联系起来，达到了纯思想与生存情境的相互融合，从而使得死

---

* 作者简介：朱松峰，中南财经政法大学哲学院教授，博士生导师，主要研究方向为现代西方哲学。电子邮箱：zhusf2000@163.com。国旗，中南财经政法大学哲学院博士研究生，研究方向为现代西方哲学。本文系国家社科基金项目"海德格尔的教育哲学研究"（19BZX093）的阶段性成果。

[1] 张祥龙：《海德格尔传》，商务印书馆，2017年，第183页。

亡不再是一个自然事件，而是成了生存论的一个重要环节。这种意义上的死亡作为此在（Dasein）无法经验的“丧失”，不是能实现的现实性，而始终是一种可能性。而海德格尔所说的“可能性”有别于逻辑的可能性，是此在在生存论上向来所是那种可能性。这种“可能性”是其死亡分析的核心。但是，海德格尔对死亡的这种理解一经问世就引发了诸多争议。在对其“作为可能性的死亡”的阐释中，国内外的大多数学者都是拘泥于《存在与时间》中相应的关于死亡的章节（即第46—53节）为背景来展开讨论的，忽略了这本书的整体框架，尤其是忽略了死亡的可能性与时间之间的关系。所以，澄清《存在与时间》中“作为可能性的死亡”概念及其与时间之间的关系，对于辨明围绕着海德格尔的死亡分析产生的纷争，对于透彻且全面地理解这一分析对《存在与时间》的重要意义及其对以往哲学的突破，都具有重要的理论价值。

一、海德格尔“作为可能性的死亡”概念引起的争论

美国学者威廉·布拉特纳（William D. Blattner）曾断言：“海德格尔对于死亡的分析是其哲学思想中最重要和最令人满意的解释。”[1] 即使并不完全赞同后期海德格尔哲学的约翰·怀尔德（John Wild）也曾表示：“《存在与时间》中对死亡的阐释对于整个西方死亡哲学而言如同暗室逢灯，绝渡逢舟。”[2] 不过，虽然诸多学者都对海德格尔的死亡概念誉不绝口，但是其引发的争论也不容小觑。

关于《存在与时间》中的“可能性”概念，保罗·爱德华兹（Paul Edwards）在《海德格尔与死亡的可能性》一文中认为，有三种不同的含义。海德格尔指出此在是以对存在有所领会的方式去存在，此在“知道”

---

[1] William D. Blatter, “The Concept of Death in Being and Time,” *Man and World* 27, no. 1 (1994): 49.

[2] Paul Edwards, “Heidegger and Death as ‘Possibility’,” *Mind* 84, no. 336 (1975): 548.

它于何处随它本身一道存在，也就是说，随它的能在一道存在。爱德华兹因此认为，“可能性”首先是指我们可以选择，或者说是我们有选择的能力。[1] 因为海德格尔认为“向终结存在”揭示出“可能性”的本质是任何存在的不可能性，所以爱德华兹由此得出，“可能性”在这里的含义不是指“选择”，而是指存在状态的缺席。至于第三种含义，爱德华兹主要是针对海德格尔的“死亡是一种独特的可能性”这一论述而展开的。海德格尔不断地强调死亡是独特的可能性（ausgezeichnet Möglichkeit）。ausgezeichnet 在德语中是杰出的、优等的意思。在爱德华兹看来，约翰·麦夸里（John Macquarrie）和爱德华兹·罗宾逊（Edwards Robinson）将 ausgezeichnet Möglichkeit 译为“独特（distinctive）的可能性”是非常错误的，是对海德格尔本意的曲解。他认为 ausgezeitchnet 可以被视作或等同于英语中的 splendid、excellent、first class。就此而言，海德格尔所说的死亡的可能性是人一生中的“高光时刻”，类似于一种千载难逢的黄金机遇。根据爱德华兹的观点，上述不同的可能性的含义，隐含在此在的向终结存在中，一旦被揭示，人们就会发现海德格尔将死亡作为一种可能性的分析漏洞百出，因为如果死亡只是存在的不存在，那么海德格尔将死亡定义为“不可能的可能性”就是毫无意义的。在海德格尔的语境中可能性是一种可能的存在方式，而不存在就不是一种可能性。在爱德华兹看来，死亡不是任何事物的可能性，而是失去所有可能性。[2] 所以他认为海德格尔将死亡定义为可能性的做法是对语言的误用，并没有什么出色之处。

赫尔曼·菲利普斯（Herman Philipse）在《海德格尔的存在哲学》一书中指出，海德格尔是在一种前所未有的意义上使用“可能性”一词的，而且他和爱德华兹一样，认为这是对语言的极致误用。他进一步指出：海德格尔在《存在与时间》中关于“死亡是一种可能性”的四种讨论中否定了三种可能的态度，即“实现”“想去死”和“期待”，因为这三种态度都削弱了死亡的可能性，为了“培养”死亡的可能性，海德格尔提出了第

[1] Paul Edwards, “Heidegger and Death as ‘Possibility’,” p. 550.

[2] Ibid., pp. 548—566.

四种态度，即“先行到可能性中”（Vorlaufen in die Mölichkeit）。但是，菲利普斯认为，海德格尔并没有解释清楚“先行到可能性中”是什么意思。根据海德格尔所说的“在领会着的靠近中可能事物的可能性只不过是‘更大’了”[1] 这一说法，菲利普斯认为海德格尔只是将可能性和现实描绘成标量大小，然而事实上死亡的可能性应该是一个尺度的极限，我们可以在这个尺度内来回奔跑，当我们尽可能接近可能性的极点时，我们离现实的极点最远。[2]

还有一种流行的解读即将海德格尔所谓的“向死而在”指向虚无，下文将以约翰·卢埃林（John Llewelyn）的阐释为例来展示这种解读。

卢埃林在《海德格尔的可能性》一文中从四个方面对海德格尔所谓的“死亡是一种可能性”进行了阐释：（1）死亡事件在逻辑和经验上是可能的，虽然这不是海德格尔存在论意义上的死亡，但他不会否认事实的死亡；（2）死亡在任何时候都是可能的，这种可能性指的是死亡时间的可能性；（3）死亡作为最本己的可能性，从某种意义上是非本己存在的一种替代；（4）死亡具有的可能性（The possibility which death has）与死亡所是的可能性（The possibility which death is）是有区别的，前者指的是存在的可能性（Seinsmöglichkeit），而后者指的是能在（Seinkönnen）。[3] 对于海德格尔反复强调的死亡是一种独特的可能性，卢埃林认为这种“独特”不是理性或自我意识层面的独特，而是此在能存在的根基，它使得此在得以

---

[1] ［德］海德格尔：《存在与时间》，陈嘉映、王庆节译，商务印书馆，2019 年，第 362 页。

[2] Herman Philipse, *Heidegger's Philosophy of Being* (Princeton: Princeton University Press, 1998), p. 367. 这里“标量大小”的原文是 scalar magnitudes，其中 scalar 用作形容词是指标量的、数量的、梯状的、分等级的，用作名词时指标量、数量。考虑到 magnitude 是个名词，那么 scalar 在此处只能取其形容词的用法，所以本文将 scalar magnitudes 译为“标量大小”。这种译法主要考虑到原文中菲利普斯曾以一个着火的房子为例来类比走向死亡的方式：当我们靠近这个房子时，它会显得更大，更加让人印象深刻，那么离现实就越远。

[3] John Llewelyn, "The 'Possibility' of Heidegger's Death," *Journal of the British Society for Phenomenology* 14, no. 2 (1983): 136—137.

整全，成为一个有限整体。[1] 同时，卢埃林提出了关于此在向死而在的“朝向”（object）问题：如果在死亡中，此在是向死而在的，那么这是否意味着死亡是一个意向性的对象？这个问题不能用简单的是或不是来回答。因为如果回答不是，那么此在就可以走向死；如果回答是，这个对象也不是严格意义上的非经验或非本体的。卢埃林就此提出了此在如何在存在论上与死亡相关，而又不失其意向性的对象这一问题。[2] 他从本真和非本真的死亡方式中找到出路，认为非本真的死亡是本体死亡，而当此在在存在论上与死亡相关时，面对的则是虚无的可能性。本真的向死而在，意在虚无。

综上所述，对于海德格尔的作为可能性的死亡概念有如下几种理解：(1) 爱德华兹虽然将“可能性”区分出选择、存在状态的缺席和高光时刻三种含义，但他明显是将死亡当作一个存在者层面的事件来理性对待，所以他得出海德格尔的死亡概念是荒谬的结论也并不为奇。以爱德华兹为代表的否定态度并不在少数，但是不得不指出的是，海德格尔在其基础存在论的基础上讨论死亡，所以仅仅把死亡当作生命的终结难免有误解的嫌疑。(2) 把本真的向死而在解读为虚无。虽然卢埃林认识到死亡是此在得以整全的关键，但本真的向死而在意在虚无这一解读无疑还存在争议。传统主体论基于主客关系，把主体置于无世界的虚空中，孤立地看待事物。这“世界”不过是意识的对象，它被海德格尔称为“无害的空虚”，它与此在是没有任何切身关系的。(3) 菲利普斯所说的“尺度的极限”将死亡的可能性指向有限性。但是海德格尔曾明确表示“生存论上的可能性并不意味着‘为所欲为’意义上的漂游无据的能在”[3]。所以菲利普斯所描绘的标量大小的“尺度的极限”失之偏颇。针对这一点，休伯特·德雷福斯（Hubert Dreyfus）和威廉·布拉特纳就有不同的观点，两人分别将死亡的可能性阐释为可能性的有限性和生存能力的有限性。在本文看来，可能性

---

[1] John Llewelyn, “The ‘Possibility’ of Heidegger’s Death,” p. 135.
[2] Ibid., pp. 133—134.
[3] 海德格尔：《存在与时间》，第204页。

的确和有限性相关，但是菲利普斯、德雷福斯和布拉特纳都是以《存在与时间》第46—53节，即关于死亡的具体章节为背景进行阐释的，忽略将之放在《存在与时间》的整体框架下来考察。

对于海德格尔死亡概念的讨论从未停止过，上述几位学者的阐释都是从死亡的“可能性”出发提出各自的观点。可见“可能性”是理解海德格尔死亡概念的关键，而他之所以将死亡定义为“可能性”主要是基于生存论的死亡现象。下面本文就先分析《存在与时间》为什么从可能性的角度来讨论死亡以及“可能性”的含义；进而阐释作为可能性的死亡概念的基础——生存论上的死亡现象；然后进一步分析作为可能性的死亡所揭示的两个维度的有限性，即可能性的有限性和时间之有限性；接着讨论使两个维度的有限性得以相关联的死亡之畏意味着什么。最后，本文根据这些分析来回应《存在与时间》中的作为可能性的死亡概念所引起的上述争议。

二、《存在与时间》中死亡分析的独特视角：可能性

《存在与时间》对死亡现象的分析是由存在问题引发的。海德格尔认为传统形而上学从未真正解决，甚至从未恰当地提出过存在的问题，因为它只关注存在事物属性的知识，即存在是什么，从而遮蔽了更为本根的维度，即一般存在的意义。为了揭示作为存在的存在，即一般存在本身，海德格尔认为必须从一个恰当的存在者出发，这个存在者就是“此在”，它与其他存在者的区别在于：此在总是已经先行领会了自己的存在。此在这种“先行于自身”的领会之所以可能，乃是基于此在的时间性。而此在的时间性从根本上来说意味着此在的有限性，即其有死性。因此海德格尔断言：理解此在的生存论结构需要分析此在存在的终结——死亡。在这个意义上，可以说死亡是“源始的”把握存在意义的关键。

在海德格尔看来，非此在式的存在者具有现成的本质和规定性。而此在则不同，它的本质只有在“去存在”的过程中才能获得，因为此在自身只是一种“可能性”。此在的可能性关系到此在的领悟、筹划和自由，如

果没有可能性，此在就不再是此在。[1] 所以海德格尔强调："作为生存论环节的可能性却是此在的最源始最积极的存在论规定性。"[2] 而死亡则是此在最本己的可能性。海德格尔之所以这么说，是因为一方面，由于死亡只能是自己的死亡，与他人无关，所以最本己的可能性是无所关联的；另一方面，日常此在是非本真的，只有死亡才有可能让此在作为自己本真地存在，也就是说实现其自身而"个别化"。

关于作为此在之最本己可能性的死亡，海德格尔从消极的意义上强调如下三点：第一，死亡的可能性不能被理解为要"实现"的东西。死亡既然是一种可能性，那就不会是一个固定对象。即便死亡的确是此在的终结，但却是作为可能性的终结，此在不会也不可能在这个终结处停留，因为死亡降临时，此在已不再存在。第二，死亡的可能性不能被当作何时以及怎样实现的事件被思虑。这样的一种对死亡的思虑实际上是把死亡当作一个还未实现的客观事实来看待，或是把死亡当作可以计算掌握的事情，而这样一来它就不再是此在存在的可能性，也不再是生存论意义上的可能性了。最后，死亡的可能性不能被"期待"。凡是可"期待"之事都可以被理解为有实现的可能的事物。人们对某物、某人或某事有所期待，期待的不是可能的东西，而是期待它的实现，期待将可能的东西纳入现实，虽然被期待者现在尚未成为现实。所以"期待"不能恰当地理解死亡的可能性。

从积极意义上来说，海德格尔把死亡的可能性理解为此在存在于此的一种方式。在他看来，"'只要此在存在'，它直至其终都对它自己的能在有所作为"[3]。这就意味着在存在论上，作为能在的此在就是作为死之可能性的此在。海德格尔一反传统，认为这种意义上的可能性高于现实性，而且这种意义上的可能性是纯粹的可能性，也就是说它是不能成为现实性的可能性。换句话说，只要此在生存着，那么死亡就永远且随时是此在的

[1] 参见段德智：《西方死亡哲学》，北京大学出版社，2006年，第240页。
[2] 海德格尔：《存在与时间》，第204页。
[3] 同上书，第328页。

可能性。海德格尔的这种作为可能性的死亡概念以前所未有的方式和敏锐性赋予了死亡问题一种完全有别于传统思路的深度。

通常人们不管对死亡的规定是多么的别出心裁，但本质上都是将死亡作为一个客观事实，而不是海德格尔所说的作为可能性的存在方式。对作为可能性的死亡概念的误解大多都是将死亡理解为生命的结束事件。海德格尔之所以将死亡定义为此在最本己的可能性，是因为它以生存论的死亡现象为基础。生存论上的死亡现象有别于生物学、心理学和神学，前者是后者的基础。下面我们来探究《存在与时间》中生存论上的死亡现象。

三、生存论上的死亡现象

正如威廉·布拉特纳所说：“‘死亡是此在最本己的可能性’这一论断中的‘死亡’不是此在理解其死亡的术语，而是对其死亡的理解。”[1] 生存论的死亡现象是死亡作为此在最本己可能性得以成立的前提。

海德格尔明确表示：死亡意味着一种独特的存在可能性，死亡绝对涉及自己此在的存在。死亡（Sterben）表明，死（Tod）在存在论上是由向来我属性和生存构成的。[2] 在这里我们要注意区分死亡与死，它们的内涵并不完全一致。Sterben 在德语中是一个动名词，它可以指去世、濒死。用英文来表示的话可以是 cease living 或 slip one’s breath。由此可以看出，Sterben 主要并不是指名词意义上的死亡，而是强调死亡的过程。海德格尔用它来意指“向死存在”（Dieses Sein zu Tode），即此在向它的死亡存在这种存在方式，而不是生命的终结事件。Tod 在德语中是一个名词，意思是作为结果的死、死亡、终结。[3] Sterben 与可能性相应，表达了其非现成性，而 Tod 作为纯粹的名词表达的是静止、现成的含义。由此可见，在海

[1] William D. Blattner, “The Concept of Death in Being and Time,” p. 54.

[2] 海德格尔：《存在与时间》，第 240 页。

[3] 海德格尔在《存在与时间》的样书上对 Tod 做了如下批注：与死亡的此在性关系；死亡本身=它的到来=进入，死（das Sterben）。

德格尔的哲学语境中，死亡不是一个单一的自然事件，而是一个动力学的结构整体，作为可能性的死亡概念正是基于这一生存论基础。

进一步区分此在之死与一般有生命的事物的终结有助于我们深入理解《存在与时间》生存论意义的死亡。死亡通常被当作是生命的失去，是对生命的否定，而在海德格尔语境下死亡是一种生命现象。此在之死与一般的动植物的终结是不同的。死亡对于此在而言就是不再在世存在的可能性，而一般有生命之物的死被海德格尔定义为“完结”（Verenden）。不过，即使是“完结”与医学上指生理生命结束的“死”（Exitus）在内涵上也并不相同。海德格尔认为医学上的“死”的意义远比“完结”要窄，前者仅仅指向生理上的生命终止。[1]

此在的死亡与自然生命的终结也有所不同。死亡（Sterben）就是被抛向最本己的、无关系的和不能超越的能在，死亡就是此在向自己揭示这一被抛性。而亡故（Ableben）[2] 是自然生命的终结。前者涉及的是存在的可能性，后者只是存在者层面的经验事实。作为自然生命终结的亡故不是完结（Verenden），也不是一般有生命的事物的终结。它是一种“中间现象”，这种死亡是本己死亡（存在论意义的死亡）与非本己死亡（日常意义的死亡）的中间现象，可以被理解为此在生理意义的死亡。这种理解基于海德格尔对于事实性（Tatsächlichkeit）与实际性（Faktizität）的区分。他指出：所有的生命有机体都会完结，这是一个事实，但是不同的文化会将这一事实阐释出不同的意义。而所谓亡故就是已经得到阐释的实际性。[3] 由此，我们可以明确：作为向终结存在的死不是自然生命终结的亡故（Ableben），两者并不等同。如果把死等同于亡故，就会将对此在的理解局限于存在者状态，从而遮蔽生存论上的死亡。

海德格尔对死亡（Sterben）这种此在的可能性的描述，意味着死亡是

---

[1] 参见张汝伦：《存在与时间释义》，上海人民出版社，2020 年，第 651 页。

[2] 这里对“Ableben”的翻译采用的是朱松峰翻译的德雷福斯的《在世》一书中的译法。

[3] 参见［美］休伯特·L. 德雷福斯：《在世》，朱松峰译，浙江大学出版社，2018 年，第 368 页。

先行于此在的可能性，是一个生存论要素（Existenzial）。这个生存论要素并不意味着经验和事实的死亡，而是意味着无法存在的可能性，而这种可能性是此在存在的先天条件，是最本己、无关系、不可超越的可能性。那么这一可能性究竟揭示了什么呢？

四、作为可能性的死亡概念揭示出可能性的有限性与时间的有限性

死亡作为最本己的可能性是无关系的。海德格尔说：“先行（Vorlaufen）让此在理解到，它只能从它自己接受这种可能性。”[1] 在先行中得到理解的死亡的这种无关系性将此在个别化。就此而言，死亡这件事只与自己有关，这是向死存在的存在论性质。同时，死作为此在最本己的可能性是不可逾越的。海德格尔提出：“摆在它面前最极端的生存可能性就是放弃自己。”[2] 此在最极端的生存可能性就是死亡。难道他是说死亡就是要“放弃自己”吗？难道向死而在是一种悲观主义？其实不然。海德格尔所说的“放弃自己”不是说面对死亡时不作为，而是要去坦然地“接受”。“接受”在通常意义上总是指接受某个具体对象，像接受任务或接受委托。但是死亡并不是一个具体的对象，所以此在也不能像接受具体任务那样去接受死亡。此在所“接受”的是死亡这一此在最本己的能在，“接受”的是被抛的实际性。可以说，“接受”死亡是此在的存在方式。另外，死作为此在最本己的可能性是确知而又不确定的。死亡的不确定性妇孺皆知，即死亡不知何时何地以何种方式降临。但是海德格尔所说的死亡的不确定性是生存论意义上的不确定性。他认为从生存论意义上来看，正是因为不知死亡何时降临，它才是一种“威胁”。这种“威胁”意味着死亡时时刻刻都是可能的。

“无关系”使得此在有了从日常生活中脱离出来的可能性；“不可逾越”则指的是此在诸多可能性的有限性，换句话说也就是此在不可能的可

---

[1] 海德格尔：《存在与时间》，第263页。
[2] 同上书，第264页。

能性；确知又不确定则表明只要人存在着就有死亡的这种可能性。以这种方式，海德格尔从此在的在世存在出发，赋予了死亡以存在论的意义，让死亡揭示了在世存在的有限性。

德雷福斯在《在世》中写道："死亡或死亡的可能性可能具有生存论意义的唯一方式乃是康德所谓的类比。"[1] 他认为，作为一个具体例证的类比代表着不能被表象的其他东西。正如海德格尔所说："死亡，作为可能性，不给此在任何'可实现'的东西，不给此在任何此在本身作为现实的东西能够'是'的东西。"[2] 这意味着死亡的可能性向我们显现的是此在不可能拥有规定它自身及其世界的可能性。因此德雷福斯认为，此在不能使任何可能性成为自己的可能性，即死亡作为可能性让其他可能性有限，这就是可能性的有限性。当此在认识到这一点时，才会成为自己。这也就是说，此在通过死亡而达到本真。

布拉特纳认为，海德格尔所说的死亡的可能性有别于空洞的逻辑的可能性，是此在在生存论上向来所是那种可能性。根据这种可能性，此在不再存在。这似乎是矛盾的，但是布拉特纳通过对此在的存在进行广义和狭义的区分消解了这一矛盾。从狭义上讲，此在的存在对此在而言是个问题；从广义上说，此在的存在是一种存在的能力。死亡是一种极限状态，它定义了此在的生存能力的极限。[3] 布拉特纳的这一阐释，也得到了德雷福斯的赞同。

德雷福斯和布拉特纳都将《存在与时间》中的死亡视为不再存在。更重要的是，他们二人都认为死亡不是亡故（Ableben），更不是本真的亡故。海德格尔所说的死亡和死亡之畏，既不是自然生命的终结，也不是我们对生命终结的态度。[4] 这一点与爱德华兹和菲利普斯的观点截然相反。在本文看来，德雷福斯和布拉特纳显然是正确的，他们的观点也表明爱德

---

[1] ［美］休伯特 · L. 德雷福斯：《在世》，第 370 页。

[2] 海德格尔：《存在与时间》，第 362 页。

[3] William D. Blattner, "The concept of death in Being and Time," p. 68.

[4] Hubert Dreyfus, Foreword to Time and Death: Heidegger's Analysis of Finitude, by Carol J. White (London: Routledge, 2005), pp. xix–xxi.

华兹和菲利普斯的相关阐释是对海德格尔的误解。但是，德雷福斯和布拉特纳的阐释只是针对死亡这一局部问题。德雷福斯在《死亡与时间》一书的前言中明确表示，《存在与时间》整本书是“现象学存在主义”，第一篇似乎是现象学，第二篇是存在主义，两篇的转折点就是关于死亡的讨论。对于死亡一章的讨论，其意义延伸至此在的时间的相关章节。[1] 但是他并没有进一步解释究竟在何种意义上死亡与时间相关。然而，可以确定的是，《存在与时间》中的核心概念只有与时间之有限性相关时才有意义，作为可能性的死亡概念当然也与时间有限性相关。

在本文看来，可能性的有限性和时间的有限性是通过畏得以相关的。畏作为生存情态将此在向自身揭示为时间上的有限性和向终结存在。德雷福斯和布拉特纳将死亡阐释为可能性的有限性，是对生命中可能实现的东西的无助与限制。但是他们两人疏忽了在向终结存在中，除了对未来所有可能性有所预期之外，还有一个终极的预期，那就是关闭此在的时间轨迹。[2] “向终结存在”揭示了时间的有限性，正如穆尔霍尔（Stephen Mulhall）在《人的终有一死性：海德格尔论如何描绘此在的不可能的可能性》一文中所说：“当死亡作为一种尚未而悬临，与此在的任何其他可以实现的可能性都不一样，除了迫在眉睫的可能性，此在无法将其他可能性与死亡相联系。因为当死亡的可能性实现时，此在也不在了。暴风雨不一定会在我们存在的每一刻都会发生，但是没有一刻死亡是不可能的，没有一个时刻不可能是我们的最后一刻。所以死亡的可能性有且只能是一种可能。”[3] 死亡不是能够实现的可能性，而是此在时间性的存在论条件。可

---

[1] Hubert Dreyfus, Foreword to Time and Death: Heidegger's Analysis of Finitude, p. xvii.

[2] 参见 Havi Carel, “Temporal Finitude and Finitude of Possibility: The Double Meaning of Death in Being and Time,” *International Journal of Philosophical Studies* 15, no. 4 (2007): 546—547。

[3] Stephen Mulhall, “Human Mortality: Heidegger on How to Portray the Impossible Possibility of Dasein,” *A Companion to Heidegger*. eds. Hubert Drefus and Mark Wrathall (Oxford: Blackuell, 2005), pp. 297—310.

能性的有限性（德雷福斯和布拉特纳意义上的死亡）和时间的有限性都定义了生命的终结和局限，是此在其他可能性的条件，是界定意义边界的极限概念。

总而言之，作为可能性的死亡概念揭示出可能性的有限性和时间的有限性两个维度，而作为生存情态的畏使得两者得以相关。那么，死亡之畏又意味着什么呢?

五、唤醒本己可能性的死亡之畏

“畏”与“怕”不同。“怕”总是有具体的对象，怕死是非本真的向死而在，只是把死亡经验为一种现成的终结，并没有领悟到死亡的本质，更不用说去领会死亡的存在论意义了。畏是此在的生存情态。面对作为可能性的死亡，此在油然生畏。“畏”没有确定的对象。当畏来袭，此在仿佛置身茫茫荒野，无家可归。在畏中，此在身处它生存可能的不可能性的无之前。[1]“身处”（befindet）不是说此在的物理处境，而是此在的生存情态。畏之所畏的不是生理上生命的结束，而是通过畏死揭示的此在最本己的能在。正如海德格尔所说：“畏在此在中公开出向最本己的能在的存在。”[2] 此在首先而通常地已经沉沦了，沉沦是此在最切近的存在可能性。沉沦的前提是接受常人的存在领会，这种接受会导致此在逃避本己的能自己存在（Selbst-sein-können），即逃避它的本己性。但是这种逃离是以对本己存在有所领会为前提的，否则此在不可能投身世界，更谈不上逃离自己的本己性。而畏的作用就是唤醒此在，使之从沉沦中觉醒，重演自己的本己可能性。

海德格尔说畏之所畏者是“无”。“无”没有任何形而上学所指，不是任何经验和观念的对象。在《论根据的本质》中他明确地指出：“无是对

[1] 海德格尔：《存在与时间》，第 266 页。

[2] 同上书，第 188 页。

存在者的不，因而是从存在者方面被经验的存在。”[1] 这就表明“无”作为畏的对象不是具体的存在者层面的无，但也绝不是虚无，而是此在最本真的存在。存在者本身没有任何意义，只有在此在的在世存在中它们才得以展示。意义也是针对此在而言才有的，但意义也不是主观臆造。此在是被投于世的，只能接受意义。一方面，畏之所畏者的“无”与虚无主义无关，相反是一种“有”，即存在。在畏中，由于应手关联性整体的丧失，世界失去了实践或实用的意义，仅仅只作为意义的可能性出现；另一方面，之所以说畏之所畏者是无，是因为畏允许此在揭示它的无根据性。畏切断了此在沉沦于常人的可能性，这些可能性通常被不假思索地占用，并提供了一个常人状态下公共的可能性。一旦畏将这些可能性切除，为此在的世界和行为提供可理解性的背景也就消失了，此在无法将自己投射到任何特定的可能性中。正如德雷福斯所说：“畏所揭示的是日常此在没有它自己的可能性，也绝不能获得任何它自己的可能性。”[2] 因此，畏启示的是此在的无根据和无意义。一个人只有在畏这种生存情态下才会面临死亡这种极限，如果本真的此在不断地处于畏这种生存情态中，就会感受到在死亡这种极限下，所有的日常可能性对此在而言都无关紧要。正如布拉特纳所说：“向死而在是为了畏的发作而做好准备的，只有通过坚定、默默地投入死亡的可能性，并为随之而来的畏做准备，一个人才能面对本真的自己，并坚持这种理解。”[3]

总而言之，让一切都归于无的死亡使此在油然生畏，畏所为而畏者，不是此在的某一种存在方式或可能性，而是在世本身。通过畏死，此在个别化为最本己的在世存在，基于对自身的领会将自身投向各种可能性。从这个方面来讲，畏是一种积极的生存情态。同时，海德格尔认为，“因为先行到无可逾越的可能性中去，把一切排列在这种可能性之前的诸种可能

---

[1] ［德］海德格尔：《路标》，孙周兴译，商务印书馆，2014年，第144页。

[2] 休伯特·L. 德雷福斯：《在世》，第363页。

[3] 转引自 Hubert Dreyfus, Foreword to Time and Death: Heidegger's Analysis of Finitude, by Carol J. White (London: Routledge, 2005), p. xx.

也一齐开展出来，所以在这种先行中就有在生存上先行拿取整个此在的可能性”。[1]

六、结语

根据上文所述，我们可以清楚地看到：爱德华兹对“可能性”的三种区分虽然丰富了可能性的含义，但从本质上来说是对海德格尔所谓的作为最本己的可能性的死亡的误读。海德格尔是基于生存论的死亡现象才将死亡定义为此在最本己的可能性的，所以如果脱离了生存论死亡现象这一根基，误解将是必然。而卢埃林将死亡的独特可能性诠释为此在能存在的和得以整全的根基，相较于爱德华兹的理解更为合理，但是他进一步指出本真的向死而在意在虚无，就值得商榷了，因为虽然海德格尔将死亡的本质归结为无，但这种“无”指的是此在存在的无根据性，并非虚无。后来，海德格尔本人在谈及他人对于其死亡分析的误解时，明确指出：“向死而在”最终不是要把人消解在虚无状态（Nichtigkeit），而是要使敞开状态完全地并且通过最极端的东西而为原在（Seyn）敞开。[2] 就此而言，对于海德格尔来说，死之“‘无’非但不会消解一切存在者的意义显现，不会切断此在与世界内的存在者源始的意义关联，甚至能从‘无’中不断派生存在者尚未展开的本质，使存在者所是和所成”[3]。

另外，爱德华兹、菲利普斯以及卢埃林对海德格尔的解读都没有置身《存在与时间》的整体背景下。德雷福斯和布拉特纳将死亡阐释为可能性的有限性是正确的，但是他们二人的解读需要增加一个额外的维度，即时间的有限性。作为可能性的死亡概念具有可能性的有限性与时间的有限性两个维度，两者相结合才完整构画出《存在与时间》中作为可能性的死亡概念。

---

[1] 海德格尔：《存在与时间》，第365页。

[2] ［德］海德格尔：《哲学论稿（从本有而来）》，孙周兴译，商务印书馆，2012年，第300页。

[3] 邓定：《海德格尔是一个现代虚无主义者吗？——基于约纳斯对〈存在与时间〉中的“瞬间”概念考察》，《云南大学学报》（社会科学版）2021年第1期。

On “Death as Possibility” in Being and Time

(Zhu Songfeng, Guo Qi, School of Philosophy, Zhongnan University of Economics and Law, Wuhan, 430073)

Abstract: In *Being and Time*, Heidegger explores Dasein's understanding of death in order to clarify its existential structure. Because the wholeness of Dasein depends on death, death is the authentic possibility of Dasein, which is of great significance in the fundamental ontology. However, the debate around this has never stopped. Most of the misunderstandings stem from treating death as a natural event, but the existential phenomenon of death is not an end-of-life event, but a possibility higher than reality. Death as a possibility has two dimensions, the finitude of possibility and the finitude of time. The anxiety, which connects these two dimensions, awakens Dasein from falling prey and makes it reenact its own possibility. Only by combining these two dimensions can the assertion of death as a possibility in *Being and Time* be fully delineated.

Keywords: death; Dasein; possibility; existence; Heidegger

走向游戏的共同体

——论阿甘本生命政治学的历史使命

郝志昌*

摘要：在阿甘本生命政治学的范式中，人类原初的共同体依赖一种“神圣化”操作。“神圣化”意味着“纳入性地排除”结构，这种悖论式的结构为原初的共同体建构了稳健的基石。资本主义共同体不仅延续了“神圣化”操作，同时将其熟稔地普遍化、纵深化到各个领域中，而资本主义共同体所衍生的诸种危机都与此“神圣化”紧密相连。与此相反，“亵渎”在本质上是一种去神圣化的努力，它以玩忽、弃置、无视的姿态对“神圣化”进行牵制。在其中，游戏是“亵渎”方案的典范，游戏在内部构造上表现为秩序的自主性与目的的自由性，它拒绝“神圣化”所要求的悖论式秩序与特殊性目的。因此，游戏担当着重置资本主义共同体“神圣化”的重大历史使命，并为真正的共同体提供了一种生命政治学的贡献。

关键词：神圣；亵渎；游戏；资本主义共同体；真正的共同体

在电子竞技游戏泛滥的今天，游戏对于芸芸众生而言似乎是一种时尚。然而游戏不仅仅是一种新兴的生活方式，它同时也是一种非常古老、严肃的哲学话语。一部游戏史，也就是一部人类史，它与人类共同体的向上跃迁息息相关。在前资本主义阶段，它受制于生产力发展水平而体现为低水平的游戏。无论是庄子的“逍遥游”还是柏拉图将游戏看作“生活之

---

* 作者简介：郝志昌，吉林大学哲学社会学院讲师，主要研究方向为马克思主义政治哲学。电子邮箱：haozhichang@ jlu. edu. cn。本文系国家社会科学基金青年项目“阿甘本生命政治哲学思想及其当代价值研究”（22CZX008）的阶段性成果。

道”，都只能被视作浪漫主义的想象，游戏本身也只能局限于幼年时期。在资本主义阶段，它受制于“冒充的”“虚幻的”的共同体而体现为“异化”的游戏。电子竞技游戏以及大型电视直播的“真人秀”，都不是将游戏的真正自由作为终极目的，游戏空间受到资本逻辑宰制。在真正的共同体中，游戏才能如其所是地实现自身，从而体现为一种“高阶的”“大写的”游戏。凡是分享了游戏内在结构与范式的一切事物，都可以称之为“高阶的”“大写的”游戏。在对游戏严肃的哲学发问中，游戏体现了严谨的内在结构与重大的理论使命。

在生命政治学的意义上，阿甘本揭示出了人类共同体内在的建构机制始终依赖于“神圣化”操作，这种“神圣化”在今天愈演愈烈，生命深受其侵蚀。要想破解此危机，就得“亵渎”“神圣化”，游戏正是“亵渎”方案的典范。不过，如果阿甘本将游戏作为对抗共同体“神圣化”的典范的话，那么在实质上阿甘本并没有完成将游戏进行到底的一种现实建构，而仅仅停留在理论的设计层面。循着阿甘本所开辟的对共同体“神圣化”的游戏式反抗，如何将游戏的现实力量爆破出来，从而为马克思所指明的真正的共同体敞开另一种可能，就成为当今时代马克思主义者的一个生命政治学的任务，而不是仅仅局限于西方激进左翼纯粹的理论想象之中。

一、共同体的“神圣化”操作及其危机

在阿甘本生命政治学的范式中，资本主义共同体的危机在本质上体现为一种“结构性”危机。时至今日，资本主义在全球范围内的布展，无论在形式上如何复杂乃至大刀阔斧的改革，但在其深层的运行机制上都依赖一种永恒不变的“神圣化”操作。这种“神圣化”操作以一种隐秘的方式，植根于资本主义共同体中。超越资本主义共同体，就必须首先将其隐秘的内在结构揭示出来。

何谓“神圣化”操作？阿甘本指出，“神圣”（sacred）在词源学的意义上，指的是将某物从世俗领域移置出去，从而将其归属于神法领域，它是宗教神学的术语。但阿甘本发现，宗教（religio）在本质上并非接近于

和它相似的一个词——联结（religare），而恰恰相反，它在词源上来源于分隔（relegere）。这意味着：具有宗教属性的神圣，实质上透露出的是分隔，而绝非一种亲近的联合，它拒绝在世俗领域得到一种自由的使用，而要求在神法领域架构一种特权的使用。“根据罗马法，在某种意义上归属于众神的客体，被认为是神圣的或宗教性的。因此，这些事物就不能在人类之间自由使用和交易。”[1] 至此，我们看到“神圣”首先意味着一种排除结构，即把事物从世俗领域的自由、共通使用中排除出去。

但“神圣”的排除结构绝非就此终止，它同时要开启一种更为复杂的第二重排除结构。后者的至关重要之处，显现为“神圣”不仅要对凡俗事物介入，同时要对“生命”介入，这也是“神圣人”的诞生。“神圣化”操作一旦介入生命，生命不仅被世俗领域所排除，同时也将被神法领域所排除，这就是后者的第二重排除结构。至于第二重排除结构的原因，则出于“神圣”本身的诅咒机制。在此，阿甘本从哲学考古学的方法论角度，认为誓言是人类的元语言，并且也是誓言出现之后才诞生了人类共同体中的诸因素，例如城邦、权利、责任、语言等。因为誓言之前和誓言之后的世界完全是两码事，只有誓言之后的世界，即生命通过誓言将自身交付、献祭给了诸神之后，才能建立一种权力关系、责任关系，从而真正的、稳固的世界体系才得以成型。所以，“可以从考古学上，将誓言定位在其与人类起源的关系之中”[2]。在这个意义上，生命在面临“神圣”之际，早就已经通过誓言表达对诸神的忠诚。“誓言似乎是源自三种要素的结合：证言、引诸神为见证、针对伪誓的诅咒。”[3] 所以一旦违背誓言，生命将受到誓言的诅咒效力，并将被驱逐、排除在神法领域之外，生命就遭受到了第二重排除。但这种情况，在现实的政治实践中，完全具备一种主观的可操作性。因为，人类原初的共同体完全能够以主观的统治者意愿，并以

---

[1] ［意］乔治·阿甘本：《论友爱》，刘耀辉、尉光吉译，北京大学出版社，2017年，第21页。

[2] ［意］吉奥乔·阿甘本：《语言的圣礼：誓言考古学》，蓝江译，重庆大学出版社，2016年，第148页。

[3] 同上，第71页。

共同体安全的名义为“不合格”的生命拟制出一种罪行，从而开启伪誓的诅咒，生命由此被排除在世俗的共同体之外。作为被排除在共同体之外的违背誓言的“不洁之人”，由于神法领域的诅咒机制就相应地受到神法领域的拒绝。这让生命“呈现出一种双重例外的形式，既被排除在人间法之外，又被排除在神法之外，既被排除在俗世之领域外，又被排除在宗教之领域外。”[1]

政治在此巧妙地借助于“神圣化”操作，对生命实现了成功地殖民。此时，政治也演变为生命政治。人类原初的共同体，恰恰就是以这种双重排除的“神圣化”操作得以建立的，“在现实中，从共同体中被排斥出去的东西正是整个共同体生活的基石”[2]。双重排除的政治目的就是想要获得一种无法的特权空间，至高主权才能成为绝对性的存在。悖论的是，至高主权作为法的象征，却运行在无法之中。如此一来，双重排除同时意味着双重纳入，即在外部对其进行把握抑或迂回性地将其纳入到人类共同体的运作机制中。这实质上就是例外状态建构起来的悖论式治理模式，因为例外状态“不只是单纯的排斥，而是一种包涵性排斥（inclusive exclusion），是一种字面意义上的 ex-ceptio：外部的把握”[3]。

当今资本主义共同体的结构模型，恰恰就来源于此。它不仅借用、延续了人类原初共同体的这种“神圣化”操作，并将其不断地普遍化、纵深化。劳动力成为商品这个资本主义共同体得以存续的典型前提也不例外，在劳动力真正进驻到市场之前，现代政治体制早已对劳动力抑或生命进行了等级制划分，从而对其实施一种“包含性地排斥”或“纳入性地分隔”。劳动力首先被划分为“现役劳动军”与“产业后备军”，“产业后备军”是被排除在资本主义生产体系之外的。但是，它又相反性地被纳入到资本

[1] ［意］吉奥乔·阿甘本：《神圣人：至高权力与赤裸生命》，吴冠军译，中央编译出版社，2016 年，第 116 页。

[2] Giorgio Agamben, *Language and Death*, trans. Karen Pinkus and Michael Hardt (Minneapolis: University of Minnesota Press, 1991), p. 105.

[3] ［意］乔治·阿甘本：《剩余的时间——解读〈罗马书〉》，钱立卿译，吉林出版集团，2011 年，第 130 页。

主义生产体系之中，从而随时能够为资本主义市场进行即时补位，同时也刺激着“现役劳动军”不间断地服从工厂的规训，否则就会被代替。“产业后备军”又被分化为“人才储备军”和“现代性的废物”，“工业资本主义时代被替换、排斥、淘汰、剩余的各种产业后备军被发达资本主义社会中符合市场需求的单一的人才储备军所取代”[1]。“神圣化”操作在此被资本主义共同体发挥得淋漓尽致。对一般商品而言，资本主义共同体同样也对其进行了“神圣化”操作。商品的使用价值被“神圣化”地排除在外，取而代之的是其展示价值、交换价值与消费逻辑。如果说“神圣化”对生命的介入，将其排除在俗世领域与神法领域之外，那么“神圣化”对商品的介入，就将其排除在物的自由、共通的使用之外。因此在某种意义上，商品的使用价值不再被看作最诱人的存在，它必须被纳入性地排除在外，在外部对其内部的展示价值、交换价值、消费逻辑进行烘托和牵制。凝聚与确证劳动力对象化存在的使用价值被降格，德波所谓的景观社会的无根性恰恰来源于此，这在某种程度上呼应了马克思对虚幻的、冒充的资本主义共同体的揭示。

由此可见，虽然“神圣化”本身来源于宗教神学，并且“神圣化”最初“借尸还魂”的现实场域是人类原初的共同体，但资本主义共同体延续并极大地更新了这种“神圣化”，使之更具现实的规训功效。作为结果，资本主义共同体最终爆发式地呈现为“神圣化”的最大值。这反映在真实的历史事件中，就是奥斯维辛集中营的诞生。在集中营中，犹太人被以种族安全、卫生的名义抹掉了公民权与国籍，他是非人的存在。这种非人的不洁“罪名”让他们同时丧失掉了神性。“他们，‘穆斯林’，被埋没者，构成了集中营的脊柱，一个由默默前行和劳作的非人组成的无名大众，不断地更新又总是同一，神性的火花在他们身上死寂。”[2] 在此空间中，阿

[1] 王庆丰、苗翠翠：《“产业后备军”的生命政治》，《国外理论动态》2019年第4期。

[2] Giorgio Agamben, *Remnants of Auschwitz: The Witness and the Archive* (New York: Zone Books, 2002), p. 55.

甘本一再强调，犹太人之死绝不是在大屠杀中完成的，而是作为赤裸生命被剥夺了一切权利之后被悄无声息地干掉的。在这个意义上，死亡既没有宗教的厚重感，也绝不存在法律的庄严感，死亡仅仅是在生命政治的意义上发生的。死亡异化，残酷地显示了“为生命而歌颂”这一举动的徒劳。于是，阿甘本才会指认：“尽管对于受害者们而言难以直面，但我们必须有勇气不以祭祀来掩盖——犹太人不是在一种疯狂的、规模巨大的屠杀中被灭绝，而是像希特勒所宣称的那样‘像虱子般’，即作为赤裸生命被灭绝。”[1]

因此，问题的关键是，奥斯维辛集中营就不仅仅是一种历史事件，而是作为一种稳固的范式抑或结构模型呈现在我们面前。在这样的考量下，阿甘本指认“营范式”已经散布在当今资本主义的角角落落，“营范式”表征的正是资本主义共同体中各种“神圣化”的殖民：既是劳动力与商品的经济“神圣化”操作，又是生命的政治、文化与社会维度的“神圣化”操作。在这里，“营范式”最直接的表现就是智能科技对生命的算计和殖民。在生命政治的语境中，智能科技的管控是最为有效的治理工具，“我的认同不再由‘他人’、同伴、朋友或敌人来确认，甚至也不由我的伦理能力来确认……赤裸生命，一组纯粹的生物学数据”[2]。这意味着黑格尔强调的“他人认同”以及马克思强调的“社会关系的总和”，在智能科技的管控中都被打碎了，从而成为冰冷的生物性人格。人活着，就意味着被智能机器的数码信息所确认；人死去，就意味着抹去这些数码信息。生物性人格成为今天资本主义社会中主体的普遍性面貌，阿甘本所强调的生命形式（bios）也被打碎了。阿甘本认为，谁要是掌握了这一套可怕的智能装置，纳粹的暴行会更容易上演。“在这种被高度数字化的治理方式下，人类的政治终结了，让位于技术化的生命政治装置。”[3] 生物性生命在今

[1] 吉奥乔·阿甘本：《神圣人：至高权力与赤裸生命》，第159页。

[2] [意] 吉奥乔·阿甘本：《裸体》，黄晓武译，北京大学出版社，2017年，第94—95页。

[3] 蓝江：《后疫情的生命政治学与政治生态学》，《南通大学学报》（社会科学版）2022年第1期，第7页。

天的诞生，就是死亡异化普遍化的真正意蕴。资本主义共同体让其中的生命仍然存在于奥斯维辛集中营的权力矩阵中，每个人都携带着奥斯维辛集中营的文身，这才是当今资本主义共同体的危险所在。故而，阿甘本指出“神圣”恰恰不是日常生活中那个崇高的、联结的并令人敬畏的东西，而是排除与隔绝的生命政治化操作，它是一切危机的渊薮。由此，阿甘本呼吁我们必须贬抑“神圣”，并在相反的层面上褒扬“亵渎”。而最为有效的“亵渎”就是游戏。

二、游戏的出场与共同体结构的重置

“神圣化”与共同体的媾和，让生命成为任由权力摆布的提线木偶。这种情况在古典共同体中，表现为至高主权抑或城邦主权、君主主权对生命的戕害；在现代资本主义共同体中，表现为至高主权抑或资本主权对生命的戕害。对于后者而言，生命所丧失的诸种权利表现为一种普遍化、纵深化与更隐蔽化的结果。如果说，现代资本主义共同体借用了宗教神学的“神圣化”，延续了古典共同体的“神圣化”，那么面对当今时代俨然已膨胀为最大值的“神圣化”，在生命政治的范式中就绝不能再坐视不管，而必须要有所行动。

为了扭转人类共同体的“神圣化”后果，阿甘本提出了“亵渎”的诊断方案。如果“神圣化”意味着把物的自由使用移出世俗法的领域之外，那么“亵渎”就意味着将物的自由使用归还给人；同样地，如果“神圣化”对生命的介入，使生命本身的人性与神性得到双重排除，那么“亵渎”就意味着打破这种结构对生命的殖民链条，将人本身本应具有的生命形式——bios（无论是人性的 bios 还是神性的 bios）归还给人。因此，“亵渎”唯一的靶子与工作，就是消解“神圣化”操作，以此达致人与物的自由维度。“亵渎”像“神圣化”一样，同样出自宗教神学领域。“亵渎”（profanare）在词源学的含义上意味着在神圣领域（fanum）之外（pro）。它驻立在“神圣化”之外，以玩忽、无视、弃置的姿态牵制“神圣化”。“它是‘玩忽’（negligenza），也即，在事物及其使用，在分隔的诸形式及其意义面前的一种自由的、‘分了心的’（distratto）（也就是说，从规范的religio中分心、释放出来的）行为。渎神就意味着打开某种特别形式的玩忽的可能性。”[1] 这种可能性，就为人与物、人与人之间的真正自由敞开了一种可能性，“回归人类共通使用的事物是纯粹的、渎神的和免于圣名（nomi sacri）的。但使用在这里并非作为某种自然的东西而出现：相反，只有通过渎神的手段，人们才能获得这种使用”[2]。在当今的资本主义共同体中，商品经济的发达程度不仅让物的使用价值一再降格到最低端，同时使用价值背后所彰显的劳动者自我确证、自我肯定的劳动的对象化也一再被降格。“亵渎”方案所要努力的方向就是：物的真正自由的、免于神圣特权的使用如何可能；以及生命本身的自由如何能免于“神圣”的禁止、分隔、排序效力。

如何对之进行“亵渎”？阿甘本把“亵渎”的典范称之为“游戏”。“事实上，从神圣到神圣之外的过渡，也可以借助一种对神圣之物的全然不当的使用（或者，更确切地说，重新使用）来完成：游戏。”[3] 因此，接下来，我们必须首先分析到底什么是游戏？

在《游戏改变世界》中，简·麦戈尼格尔寄予游戏一种厚望：“现实已停滞不前，而游戏让我们共同想象并创造未来。游戏，将成为地球生命的下一种突破性结构。”[4] 游戏真的能担当如此大任？我们当然有所怀疑。因为在日常生活领域中，游戏向来被视为不严肃、不负责的存在，游戏者的天生专属似乎也仅仅是儿童。然而，在对游戏进行严肃的哲学发问中，游戏始终与一种严肃的人类理性相互关联，游戏自身建构的核心也总是围绕着对理性的崇拜与信仰进行展开。游戏尽管专属于儿童，它同样由于严肃的理性追求与自由的设定专属于所有人。在传统的西方理性看来，

---

[1] [意] 吉奥乔·阿甘本：《渎神》，王立秋译，北京大学出版社，2017年，第127—128页。

[2] 同上，第125页。

[3] 同上，第128页。

[4] [美] 简·麦戈尼格尔：《游戏改变世界》，闾佳译，浙江人民出版社，2012年，第281页。

游戏就是一种高尚的理性、至善的理念。柏拉图将生活之正道最终归于对游戏的追求："生活应当如同游戏，玩确定的游戏，献祭、歌唱、舞蹈，这样一个人将能慰解众神，确立自身。"[1] 现代以来，随着科学主义与技术理性的日益昌隆，人文主义与艺术、审美领域的价值理性逐渐受到摧残。面对理性的畸形化发展，伽达默尔力图阐发一种新理性主义，从而夯显艺术、审美对于人类自由的重要性。其作为新理性主义的直接切入点，以及论证艺术、审美合理性问题的关键就是游戏。

在伽达默尔这里，"游戏显然表现了一种秩序（Ordnung），正是在这种秩序里，游戏活动的往返重复像出自自身一样展现出来"[2]。游戏自身所携带的秩序，并非外部世界与主体所附加给它的，而是它自身的存在方式。游戏的主体是游戏本身，而非游戏者。因为在伽达默尔看来，游戏本身并非对象性的存在，它是在特定的时间、空间范围中遵循着严肃谨慎的秩序，从而满足精神活动的一种社会行为方式。所以，游戏者不能对游戏进行一种强制的、主观的、特权的改变，否则就会破坏游戏中的自由。相反，游戏对游戏者来说，游戏者被游戏纳入其中，并接受游戏的规约，正是在此规约中游戏的秩序得以承认，游戏本身也能如其所是地表现自己。因此，游戏就具备着一种"被动见主动"的特性：游戏者主动参与游戏；游戏者又受游戏结构的制约。并且，游戏本身是无目的的活动，抑或准确地说，游戏没有外在于游戏的目的。除了游戏者事先为游戏设定了目的之后，游戏就开始独立于游戏者进行一种自洽的展开，它没有其他超越于游戏本身的目的。因此，无外在目的的游戏开显的是自由的活动。而具备着自身内在目的的游戏，就构成了一种稳定的秩序，从而能够进行一种自我实现与自我表现。

但问题是，既然游戏是主体，游戏者需要被动地接受游戏结构的制

[1] 转引自［荷］约翰·赫伊津哈：《游戏的人》，多人译，中国美术学院出版社，1996年，第236页。

[2] ［德］汉斯-格奥尔格·伽达默尔：《真理与方法》，洪汉鼎译，商务印书馆，2010年，第154页。

约，那么在游戏中游戏者如何体验自由？游戏也可能成为另外一种统治方式。实际上，游戏是凭其魅力吸引游戏者的东西，而不是凭借权力结构强制统治游戏者，从而让游戏者卷入其中的东西。反过来说，游戏者面对真正的游戏之际，不会将其视为支配的对象，而是将其视为向往的共同体。即便任何游戏都会显示出某种秩序，但对于真正的游戏而言，秩序乃合理性的规范而非强制性的支配。也正是在此意义上，游戏者最终构成了游戏整体“内容”的一部分，并充满了游戏本真的精神，共享了游戏本真的存在方式。以此，作为此在的游戏者，才能是自由的存在。

如果说游戏在其内部构造上表现为秩序的自主性与目的的自由性，彰显着一种充满理性的社会行为方式，那么它何以构成了阿甘本所谓的“亵渎”之典范？抑或说它如何完成了对“神圣化”的牵制？原因在于：作为严肃事件的游戏，在其起源上不仅来源于神圣领域，更是在其结构上表现了对神圣领域的割裂以及对神圣力量的颠覆。对于其起源而言，我们能够发现球类运动的产生是受到诸神争夺太阳的启发，而棋类运动所使用的棋盘则是宗教领域的占卜工具。游戏如同“神圣”与“亵渎”两个术语一样，在其属性上都与宗教神学息息相关。对于其结构式的颠覆而言，“游戏打破了这个统一，作为 ludus，或者说身体的游戏，它丢掉了神话并保留了仪式；作为 jocus，或文字的游戏，它抹除了仪式而允许神话继续存在”[1]。因为神学领域中圣行的力量，就在于神话与仪式的统一。“圣行的力量，本维尼斯特写道，在于讲述故事的神话，与再生产神话、把神话搬上舞台的仪式的结合。”[2] 正因此，游戏虽来自宗教神学领域，但它却打破了其中的神圣力量，以一种割裂、弃置、玩忽的姿态对抗“神圣化”的操作。

如此一来，作为哲学语境中的游戏，就是“亵渎”之典范，它将“亵渎”的使命与目的展现得淋漓尽致、活灵活现。作为“亵渎”的游戏，如同伽达默尔所揭示的那样，具有自己特定的秩序与结构。在此秩序与结构

[1] 吉奥乔·阿甘本：《渎神》，第 129 页。
[2] 同上，第 129 页。

中，不存在特定的目的。共同体，尤其是资本主义共同体以资本增殖为目的所设定的特定目的就会被游戏所"亵渎"。作为结果，被资本主义共同体"神圣"结构所建构起来的"特权的使用"将转变为全新的、自由的、共通的使用，生命在游戏中也将成为自由的存在。"这里出现的是一种新的使用维度，这个维度是儿童和哲学家给予人类的"。[1] 因此，游戏最终指向的是对资本主义共同体"神圣化"结构的重置，这也构成了游戏本身的追求与使命。

三、游戏的现实建构及其对真正的共同体的意义

虽然阿甘本所谓的作为"亵渎"的游戏，担当着重置资本主义共同体"神圣化"结构的重大使命，然而在其现实性上，游戏本身还需要从严谨的理论规范转化为具体的实践机制，以此才能为真正的共同体敞开一种另类的可能。但是种种令人沉浸其中的游戏，已丧失掉了游戏的基本内核。毋宁说，它甚至不是游戏，恰恰是游戏想要牵制的对立面——"神圣化"。真实情况是，资本逻辑并没有忽略将其"神圣化"普遍化在游戏身上。制造一种不可"亵渎"的"神圣化"，同样是资本主义共同体自我拯救的一种手段。这就是作为"亵渎"之典范的游戏的现实遭遇。那么，建构一种在现实性上具有真正的"亵渎"力量的游戏，并清楚明白地辩解什么才是真正的游戏，对人类共同体的筹划而言就尤为重要。

实质上，阿甘本作为"亵渎"的诊断方案，仅仅完成了在宗教神学的领域对人类共同体的拯救。正如"神圣化"本就是宗教神学的一种内在机制，"亵渎"同样在其发生学的意义上也来源于此，它们二者在此领域中正相对立，后者就是对前者的积极牵引。然而当"神圣化"世俗化、现实化为一种政治实践之际，它俨然非常巧妙并熟稔地完成了自身的一种过渡，但与此同时，"亵渎"的诊断方案却没有紧随其后地成为一种世俗的、现实的力量。二者在现实中并没有同步。即便阿甘本想要将"亵渎"从宗

[1] 吉奥乔·阿甘本：《渎神》，第130页。

教神学中拉入到现实的政治实践，使其成为一种政治力量，但它充其量不过是以一种感召、启迪的口号性方式。如果游戏是“亵渎”的典范，那么将游戏的生命政治任务进行到底，在现实的政治实践中对其进行合理地构架，就成为当今时代“亵渎”方案的重要抓手。而这却是阿甘本未竟的工作。

我们先来分析游戏在其本真的现实建构中所遭遇的挑战。在数字资本主义阶段，游戏并不能被视为柏拉图的“生活之道”以及伽达默尔和阿甘本所指认的“新理性主义”的代表。游戏在数字资本主义中，本质上是一种“游戏工业”，它所内蕴的理性被简化为工具理性，游戏者完全处于被支配的状态。游戏者所面对的“敌方对手”以及游戏的胜率，是可以通过精准的算法匹配来控制的。这让游戏者既不会觉得游戏太过于简单而放弃它，也不会让游戏者觉得游戏太过于难以取胜而放弃它。由算法支配的游戏，让游戏者总是觉得自己可以“再进一步”，成为排行榜抑或名人堂中的佼佼者。但数字算法的真正目的，并非让游戏者从中获得自由的存在方式，它真正要完成的是资本增殖。让更多的游戏者卷入其中，在更多的地区和国家推广这种游戏，是资本逻辑本身所固有的对空间不断占有和扩张的本义。游戏作为虚拟的地理空间，同时作为有可能“亵渎”“神圣化”的行为方式，资本逻辑绝不会将其忽略掉。因此，“人民币玩家”是游戏中优先性的存在，“流量”是衡量游戏是否能继续存在的决定因素。虽然在这样短暂的游戏中，游戏者可以获得片刻的放松。但是对于一种新的文明形态、真正的共同体而言，这样的游戏范式并不能提供一种积极的回答，因为这种工具理性“只要求理性以目的理性控制自然和控制冲动的形式表现出来，也就是说，它只要求理性是工具理性”[1]。如此一来，生命依旧是被支配的“提线木偶”。

游戏在当今时代鲜明地划分出了虚拟世界与现实世界的鸿沟，游戏者本人迷恋游戏的最主要动机恐怕就是对现实世界的逃避。游戏所背负的

---

[1] ［德］于尔根·哈贝马斯：《现代性的哲学话语》，曹卫东等译，译林出版社，2004 年，第 128 页。

“罪名”正来源于此，它非但不是对现实世界自由与幸福的复刻，反而是逃避现实世界矛盾性存在的重要工具行为。游戏者都清楚，游戏体验结束后，他们仍需面对现实的压抑性。在压抑性的文明中，游戏并不可能将真实的现实世界再现出来，而是以相反的方式逃离现实世界。当今资本主义共同体不断制造的大型“真人秀”恰恰也是一种资本逻辑新兴的实现形式。在电视、电影作为资本主义“新游戏”实现工具理性，获得价值增殖的时代，资本媒体人操纵着“合理性”的源泉。“蒂米什瓦拉”事件所显示西方媒体的面貌，就是如此。“有人说奥斯维辛之后像此前那样写作与思考已告不可能，同理，蒂米什瓦拉之后，以之前的方式看电视也将不再可能。”[1] 因此，“电视直播节目是一种新的礼仪的一部分；它们使一种无意识的宗教意图世俗化。把游戏的纯粹的亵渎召命归还游戏是一项政治任务”[2]。

那么，如何建构一种积极的、本真的游戏？实际上，游戏的现实遭遇已经为本真的游戏指明了方向。正如马克思所主张的那样：“从批判旧世界中发现新世界。”[3] 本真的游戏的建构，同样也要“从批判假游戏中发现真游戏”。本真的游戏所面临的挑战，都将其矛头指向了资本逻辑无限增殖的本性上，改变游戏的这种现实境遇，就必然改变由资本逻辑所主导的“压抑性文明”的发展方向。在马尔库塞看来，“要解放追求和平与安宁的本能需要，要解放‘非社会性的’、自主的爱欲，首先就必须从压抑性的富裕中解脱出来，即必须扭转进步的方向。”[4] 扭转压抑性文明进步的方向，也就是扭转资本逻辑在资本主义共同体中作为绝对主宰的地位。基于一种价值理性为主导建构的游戏，应该拒绝以工具理性、技术理性为主导建构的游戏。但这并不意味着完全泯灭工具理性的存在，而是在以价

---

[1] [意] 吉奥乔·阿甘本：《无目的的手段：政治学笔记》，赵文译，河南大学出版社，2015年，第111页。

[2] 吉奥乔·阿甘本：《渎神》，第131—132页。

[3] 《马克思恩格斯全集》第1卷，人民出版社，1956年，第416页。

[4] [美] 赫伯特·马尔库塞：《爱欲与文明》，黄勇、薛民译，上海译文出版社，2012年，第4页。

值理性为核心的基础上承认工具理性的应有之义。技术的进步理应不能导致压抑性的文明与非本真的游戏，它理应为一种非压抑性的文明提供动力。以此，游戏才能成为本真的游戏，从而拒绝被“神圣化”侵蚀。

事实上，如果我们说建构如此这般的本真的游戏，就具有对抗资本逻辑的绝对主宰性以及资本主义共同体的“神圣化”的话，未免显得过于幼稚与不切实际。这样的游戏何以具有爆发性的力量，从而完成一种对资本主义结构的撬动？问题的关键之处是：作为本真的游戏的现实建构，绝不能仅仅局限于游戏的日常形式中，如新兴的电子竞技游戏、传统的棋牌类游戏。在根本上，本真的游戏或“大写的游戏”，是一种面向生命本身的存在方式，同时还担当着超越资本主义共同体“神圣化”的重大使命。所以，游戏重要之处在于游戏的结构性魅力。凡是分享着游戏如此这般的内在范式与重大使命的现实存在，都可以称之为真正的“大写的”游戏。如果说资本主义共同体的“神圣化”表征的是资本逻辑为主导的资本主义制度，那么超越于资本主义制度的更高级的现实制度，同样也是本真的游戏——一种更为高阶的“大游戏”。在此基础上，具体的“小游戏”才能如其所是地成为可能。正如上文所述，本真的游戏即便总是携带着特定的秩序，但其秩序以合理性的规范为特征与自由个性的彰显为内涵，吸引游戏者参与其中，而非以强制性、压抑性的支配力量将生命卷入其中。前者是真正的游戏，后者是异化的游戏。另外，对于游戏而言，游戏都有胜负之分。资本主义社会作为一种异化的游戏，资本市场的胜负就是资本增殖与亏损。异化的游戏实际上隐秘地引申出了政治和道德的责任：生命或游戏者的胜负、自由个性的实现与否不仅从未被当作资本逻辑所聚焦的核心，甚至成为被牺牲掉的对象，“营”范式与赤裸生命就是如此。真正吸引而非压迫游戏者进入的游戏，必然是超越异化游戏的本真游戏、高阶游戏，它在现实的政治美学的意义上意味着制度优势对资本逻辑的驯服。

以制度优势对资本逻辑进行驯服和驾驭，让资本逻辑为更高形态的文明与真正的共同体提供动力，而不是让资本逻辑完全主宰文明形态与人类共同体。因此，在游戏的结构式魅力的启发下，提倡一种具有驯服并超越资本主义制度的更高级的制度，就成了人类对高阶游戏的期待。马克思所致思的共产主义的优越性，就是一种高阶的游戏结构。它以生命的真正自由为中心，让生命具备一种在家感，从而为人类敞开了无限希望。据此，我们才能在"大写的游戏"意义上重新理解马克思所设想的自由生命的内涵："任何人都没有特殊的活动范围，而是都可以在任何部门内发展，社会调节着整个生产，因而使我有可能随自己的兴趣今天干这事，明天干那事，上午打猎，下午捕鱼，傍晚从事畜牧，晚饭后从事批判，这样就不会使我老是一个猎人、渔夫、牧人或批判者。"[1] 这样，生命才不会陷入压抑的文明并成为"单向度的生命"；生命才能彻底摆脱"神圣化"的殖民而成为真正释放自由、个性、潜能的主体。前资本主义共同体的游戏，是一种生产匮乏与需要匮乏状态下的低等级游戏。资本主义共同体的游戏，是一种异化状态下的非本真的游戏。它们在生命政治学的意义上都未能摆脱"神圣化"侵袭。只有在超越"神圣化"的真正的共同体中，本真的游戏才能展开。在其中，生命齐物忘机、自由自在，从而真正游戏。

Towards a Community of Games— On the Historical Mission of Agamben's Biopolitics

(Hao Zhichang, School of Philosophy and Sociology, Jilin University, Changchun, 130012)

Abstract: In the paradigm of Agamben's biopolitics, the original human community relies on a "sacred" operation. "sacred" means "inclusive exclusion" structure, which is a paradoxical structure that builds a stable foundation for the original community. The capitalist community not only continued the "sacred" operation but also popularized and deepened it in various fields, with which the crises of the capitalist community were closely linked. "Profanare" is a kind of program to dispel sanctification, and it restrains the

[1] 《马克思恩格斯文集》第1卷，人民出版社，2009年，第537页。

"sacred" with the attitude of neglect, abandonment, and disregard. Among them, the game is the model of the "profanare". The internal structure of the game shows the autonomy of order and the freedom of purpose. It rejects the paradoxical order and special purpose required by the "sacred". Therefore, the game plays an important historical mission to reset the "sacred" of the capitalist community and provides a contribution of biopolitics to the real community.

Keywords: Sacre; Profanare; Game; Capitalist Community; Real Community

重构自我：利科的“自身诠释学”

刘丽苹　铁省林[*]

摘要：法国哲学家保罗·利科在后期思想中提出并阐述了一种“自身诠释学”，这种“自身诠释学”从告别笛卡儿为代表的“我思之我”出发，借鉴当代哲学的发展成就，在语言学的、实践的、叙事的和规范的四个层面上重构了自我，尤其突出了自我的肉身方面，使“自我”成为“自身”，使沉思自我的诠释学成为肉身自我的诠释学。重构自我为自身的意义不仅在于提出了一种新的“自身诠释学”，代表着利科自己的诠释学的一个新方向，而且在当代西方诠释学的发展中突破了传统诠释学的固有发展方向，推进了“诠释学的肉身转向”。

关键词：自我；自身；利科；诠释学；肉身

毫无疑问，法国哲学家保罗·利科的主要哲学贡献在诠释学，以诠释学家闻名于世，当代学术界对利科诠释学的研究也取得了显著的进展。然而，尚未引起研究者注意的是利科后期在诠释学思考方面的变化，尤其是利科在后期出版了一本书，名为《作为一个他者的自身》（*Soi-même*

---

* 作者简介：刘丽苹，曲阜师范大学政治与公共管理学院外国哲学专业博士研究生，济宁学院马克思主义学院教师，主要研究方向为西方诠释学，电子邮箱：jnxyllp@163.com；铁省林，哲学博士，曲阜师范大学政治与公共管理学院哲学系教授，博士生导师，主要研究方向为诠释学、国外马克思主义和西方哲学史等，电子邮箱：tiesl@163.com。本文系教育部人文社会科学研究规划基金项目“当代西方诠释学的身体向度探索研究”（19YJA720013）的阶段性成果。

comme un autre)[1]，他在该书中提出了一种“自身诠释学”(Hermeneutics of the Self)，并以规定新的自我为自身（soi；oneself)[2] 展开该书的内容。通读该书，我们不难发现，利科的自身诠释学从批评和告别笛卡儿为代表的传统哲学的“我思之我”出发，在综合和吸收大陆哲学和英美哲学的相关研究成就的基础上，以从语言学的、实践的、叙事的和规范的四个层面重构自我为自身作为基本内容，并进而实现了他本人在诠释学思想发展方面的一个“肉身转向”(the carnal turn)，使他的诠释学进入一个新的阶段，同时也启发了当代西方诠释学孕育中的“诠释学的肉身转向”，为当代肉身诠释学（carnal hermeneutics）的产生和发展提供了一个推力。

一、告别“我思”之“我”

“自我”(self) 是西方传统哲学的一个基本概念，尤其是西方近代哲学围绕着“自我”建构了以主体为中心的认识论。诠释学与认识论存在着密切的关系，就诠释学而言，利科的自身诠释学主要探讨的是“自我”的规定和重构，突出自我为肉身性的自身，而传统诠释学在涉及“自我”时主要以西方哲学认识论的基本规定为基础。在西方传统哲学中，关于“自我”的规定典型地表现在笛卡儿那里。无论是经验之我，还是先验之我，事实上都是一种笛卡儿式的“我思”之“我”，利科自身诠释学的出发点就是要告别这种“我思”之“我”。

笛卡儿通过“我思故我在”明确地从“我思”推导出了“自我”。笛

---

[1] 本文涉及此书的引文来自佘碧平的中译本（[法] 保罗·利科：《作为一个他者的自身》，佘碧平译，商务印书馆，2013 年)，但在引用该书时，译文参照英文版略有改动（见 Paul Ricoeur，*Oneself as another*，trans. Kathleen Blamey，Chicago：University of Chicago Press，1992)。

[2] 利科除了强调他的“自我”与传统哲学的“自我”的本质不同之外，还十分强调他的“自我”的反身性，因而本文在提到传统哲学的自我时，仍称之为自我，而在提到利科的自我时，与国内一些研究法国哲学的专家一样，译称为“自身”。

卡儿认为哲学应当建立在坚实可靠的基础之上，而长久以来哲学缺乏这样的基础，反而建立在不可靠的基础之上。为此，就需要把“历来信以为真的一切见解统统清除出去，再从根本上重新开始”[1]，这样做的最有效的方法是把普遍的怀疑作为出发点。笛卡儿认为，什么都可以怀疑，我可以怀疑我的身体，怀疑我现在坐在火炉边，穿着长袍，拿着报纸；我可以怀疑整个世界及其事物的存在；我可以怀疑物理学、天文学、医学等等一切研究事物的科学。那么，通过这样的怀疑，是否就没有任何可靠的东西了呢？绝不是，至少还有一个正在怀疑的“我”，无论我怎么怀疑，总是我在怀疑，所以“我”是确实无疑地存在的。和“肯定”“承认”“想象”“构思”等一样，“怀疑”也是一种思考、思想。所以，笛卡儿把这个怀疑的或思考的我看成是确定无疑的，把“我存在”这个命题看成是必然真的命题。

那么，笛卡儿的这个“我”是什么样的“我”呢？毫无疑问，笛卡儿利用这种方式断定的“我”是思想之“我”。思想与我不能分开，思想在我就在，思想停留多长时间，我就停留多长时间，思想不在了，我就不在了。“因此，严格来说我只是一个在思维的东西，也就是说，一个精神，一个理智，或者一个理性。”[2] 所以说，“我”不仅是“思”的主体、发动者，它就是“思”本身。自笛卡儿之后，历经康德、费希特到当代主流哲学把这种“我思”之“我”彻底化和固定化了，乃至“我思”之“我”成为西方哲学的主导“自我”。传统和主流的西方哲学所谓的主体不过是“我思之我”，其主体性不过是这种“自我之思”。

笛卡儿关于“我思”之“我”的论证似乎是无懈可击的，但利科还是从中发现了严重的问题。利科高度评价了马夏尔·盖鲁（Martial Gueroult）在《遵循理性秩序的笛卡儿》中提出的观点，并根据这种观点指出“我思”的确定性只是给出了“我在”的主观性保证，只具有一种主观的内在

---

[1] [法] 笛卡尔：《第一哲学沉思集》，庞景仁译，商务印书馆，1986 年，第 14 页。
[2] 同上书，第 26 页。

必然性，它缺乏任何客观性、必然性和保证。[1] 实际上，笛卡儿本人也看到了这一困难问题，所以他在接下来的第三沉思“论上帝及其存在”中通过论证上帝的存在，把上帝的存在看成了比我在更高的存在，是保证我的思想及其存在的东西。笛卡儿论证说，上帝创造了我，“只就上帝创造我这一点来说，非常可信的是，他是有些按照他的形象产生的我”[2]。我是一个不完全、不完满、依存于上帝的东西，而上帝则是一个现实、实际、无限、伟大的东西，我的本性是来自上帝、由上帝赋予我的。

然而这样一来，笛卡儿不但没有解决原先的问题，而且导致了更为严重的问题。利科把笛卡儿导致的问题称之为“发现的秩序”与“事物真理的秩序”的矛盾。笛卡儿的第一个论证确立了“发现的秩序”，如果“我思故我在”是一个首要的真理，“那么发现的秩序应该是从我（moi）到上帝，再到各种数学本质，以及各种感性事物和物体”[3]，“我思”是整个问题的第一环；是“我”保证了“上帝”，而不是“上帝”保证了“我”；事实上，笛卡儿在论证上帝存在的第三论证中，也在说上帝观念是我心中最清楚、最明白、最完满的观念。这就是说，无论上帝的观念多么完满，这个观念都是我的观念。

然而，笛卡儿的第二个论证的调子却变化了，来了一个大反转。因为第二个论证确立了一种“事物真理的秩序”，这种“事物真理的秩序”完全不同于“发现的秩序”，不同于“我思故我在”。根据这种秩序，先有上帝，然后才是我思及我在，最初的环节成了上帝，“我思”成了第二环。正是先有了上帝，然后才有了我，我是被上帝创造出来的。显然，笛卡儿关于事物真理秩序的论证，实际上推翻了关于发现秩序的论证。结合第一沉思和第三沉思的两个论证，我们看到：首先，从论证逻辑的程序上来看，笛卡儿犯了循环论证的错误，两个论证相互把对方作为自己的前提；其次，从论证结果来看，笛卡儿犯了自相矛盾的错误，两个论证相互否定

---

[1] [法] 保罗·利科：《作为一个他者的自身》，佘碧平译，商务印书馆，2013 年，第 15 页。

[2] 笛卡尔：《第一哲学沉思集》，第 53 页。

[3] 保罗·利科：《作为一个他者的自身》，第 15 页。

和推翻对方。因此，人们读过笛卡儿的著作之后，静下心来略一思考，就会不可避免地产生这种疑问：究竟主张“我”是第一的、绝对确定的，还是主张上帝是第一的、绝对确定的呢？

如何走出笛卡儿导致的困境？从哲学史的发展来看，主要表现为两条路径。一条路径是继承了笛卡儿的第二个论证，沿着笛卡儿第二个论证所造成的破坏性后果前进，否定自我存在的根本性和基础性。在这条道路上前进的著名哲学家有马勒伯朗士、斯宾诺莎等人。在马勒伯朗士看来，虽然人的心灵高于万物，但最高的理性是神，心灵是神创造出来的。他说：“人的心灵，从本性上说，可以说介乎它的创造主和各种有形创造物之间；因为按照圣奥古斯丁的说法，它以上只有神，它以下只有形体。”[1] 因此，自我从属于神，神是自我的造物主。就斯宾诺莎而言，利科引用斯宾诺莎在《伦理学》的话说：人的本质和人的存在不能等同起来，“人的本质不包含必然的存在”[2]，也就是说，自我只是一种可能的存在，它可能存在也可能不存在。既然自我本身的存在性并不确定，所以绝对说不上它会为一切事物的存在提供保证。可以看出，在马勒伯朗士和斯宾诺莎所走的这条道路上，自我只不过是一个普通的“我”，没有笛卡儿赋予的崇高性和绝对性了。

第二条路径继承的是笛卡儿的第一个论证所得出的结论，走的是把“我”进一步观念化、思想化和认识化之路，利科称之为“观念主义思潮”，代表人物既有近代的康德、费希特，也有现代的叔本华、胡塞尔。康德提出“‘我思’必须能够伴随着我的一切表象”，指出自我意识作为纯粹统觉具有本原性，能够进行综合统一，把自我先验化了。[3] 费希特认为，自我自己直截了当地设定了自己的存在，它是自己的根据，无需其他根据就是明确无误的，因而是“人类一切知识的绝对第一的、无条件的原

[1] [法] 马勒伯朗士：《真理的探求》，转引自《西方哲学原著选读》（上卷），商务印书馆，1981 年，第 471 页。

[2] 保罗 · 利科：《作为一个他者的自身》，第 18 页。

[3] [德] 康德：《纯粹理性批判》，邓晓芒译，人民出版社，2004 年，第 89 页。

理”[1]。叔本华直截了当地说：“‘世界是我的表象’：这是一个真理，是对于任何一个生活着和认识着的生物都有效的真理。”[2] 任何时间和空间，任何时间和空间中的任何事物，太阳、地球、动物、植物、眼睛、手等等，都是依赖于自我，都是自我的表象。胡塞尔的哲学目标也是要为哲学和科学提供“绝对可靠的”“绝对不可怀疑的”“绝对明证的”基础，他在先验自我中找到了这个基础。作为基础的“先验自我”，它是“伴随着我的思维活动的纯粹之流的纯粹自我”[3]，因此“先验自我的存在在认识上是先于一切客观存在的：在某种意义上，它就是以使一切客观认识得以产生出来的根据和基地”[4]。总之，康德、费希特、叔本华和胡塞尔都对笛卡儿的自我观进行了深入的批判，但他们在阐明自己的自我观时，并没有从根本上离开笛卡儿的基本思路，而是推进了这个思路，使自我更加纯粹、更加先验。

无论是否定自我的绝对性，还是提升自我的先验性，都不是利科所要选取的道路。首先，利科认为，哲学史上的这两条规定自我的路径的代价是“失去了它与我们所说的个人、对话中的‘我–你’、历史中个人的同一性以及负责任的自身的关系”[5]；自我决不仅仅是反思之我，而首先是肉体之我，在利科看来，“存在一个作为属于自身的身体，以及关于它与意愿‘自我’相关联的身体的现象学本质”[6]。也就说在现象学意义上来讲，作为意愿主体的本己身体就是本质性的存在，作为我思的基础，直观本身首先就是肉体性的。[7] 其次，利科认为“我的身体总有某种途径让

[1] ［德］费希特：《全部知识学的基础》，王玖兴译，商务印书馆，1986 年，第 6 页。

[2] ［德］叔本华：《作为意志和表象的世界》，石冲白译，商务印书馆，1982 年，第 25 页。

[3] ［德］胡塞尔：《笛卡尔式的沉思》，张廷国译，中国城市出版社，2002 年，第 29 页。

[4] 同上书，第 37 页。

[5] 保罗·利科：《作为一个他者的自身》，第 19 页。

[6] Paul Ricoeur, *Freedom and Nature: The Voluntary and the Involuntary*, trans. Erazim Kohak (Evanston: Northwestern University Press, 2007), p. 10.

[7] 马迎辉：《德法哲学转进融合的心身问题》，《中国社会科学》2022 年第 4 期。

自己惊讶、逃避自己以及欺骗自己”[1]。自我不仅要“思”，还要“感觉”“触觉”。因此，定义自我，不能仅仅从“思”这一个方面来规定，而且应当从多方面、更广泛的方面来规定，尤其是从肉身方面规定历史与现实之我。当利科揭示出作为“我思”之基础，并且先于在世的身体存在并将其肉身化视为现象学的基础时，他已经觉察到了现象学的局限。[2] 鉴于传统哲学自我规定的片面性，有必要从新的角度重构自我，展现自我的丰富性和现实性，突出具有肉身性的自身。

二、成为“自身”的自我之重构

利科重构自我，聚焦作为他者的自身而非自我，发现“自身”的更多内涵[3]，旨在为诠释学的肉身转向奠定基础。利科重构自我的基本途径是“通过迂回分析的间接反思途径”[4]，通过这个途径，使传统的我思之我，成为肉身的自身之我。所谓“迂回分析的间接反思”，在利科那里，首先是充分利用大陆哲学和英美哲学的已有相关研究成果，从这些成果中分析出所蕴含着的自身的规定性，为自身的规定提供广大的视域，为自身的诠释学提供丰富的材料和基础。虽然利科属于典型的大陆哲学家，并没有明显的英美哲学背景，但在重构自我方面他并没有忽视英美哲学的相关成果，而是把大陆哲学与英美哲学融合起来，尽力使自己的哲学成为具有最大普遍性的前沿成果。其次，利科把自身的规定性划分为四个具体的问题，通过四个方面的具体问题来重构自我。自身的重构的四个具体问题，即谁在说？谁在行动？谁在说自己？谁是归咎的道德主体？[5] 利科用“谁”的问题排除了“是什么”和“为什么”的问题，真正让自身成为问

---

[1] Paul Ricoeur, *Freedom and Nature: The Voluntary and the Involuntary*, p. 47.

[2] 马迎辉：《德法哲学转进融合的心身问题》，《中国社会科学》2022 年第 4 期。

[3] 莫伟民、贾其臻：《主体与人称：利科新主体理论研究》，《云南大学学报》（社会科学版）2022 年第 5 期。

[4] 保罗·利科：《作为一个他者的自身》，第 431 页。

[5] 同上书，第 26 页。

题的核心。这四个问题代表了自身所具有的四个层面：语言学的、实践的、叙事的和规范的层面。虽然利科从四个方面展开自身的重构，但这些自身实际上都带有行动的特性，即说、做、叙述和归咎都是从一个行动者发出的，所以也可以把这四个方面的自身综合为一个行动的统一体，因而从广泛的意义上来说，自身诠释学也是一种行动哲学或实践哲学。由此可见，利科在重构自我时对“我思之我”的突破和颠覆是彻底性的。

利科重构自我的基本方法是辩证的方法，这种辩证的方法首先从语法学和语义学的研究中提出自身概念，然后以自身性与相同性的对比来规定自身，最后通过自身性与他者性的辩证关系来规定自身。为了体现他的这种所谓“最丰富的”辩证的研究方法，利科把自己的著作定名为《作为一个他者的自身》，突出显示了自身与他者自身之间的一种本质辩证法[1]。利科这样做显然受到了胡塞尔的影响，其目的之一显然是为了使自我的分析和重构拥有超出自我的客观属性，不停留在自我本身中打转转，不至于陷入纯粹主观主义哲学的唯我论陷阱。因而，在重构自我时，利科借助了胡塞尔在《笛卡尔式的沉思》中阐释的主体间性思想。但是，利科既继承胡塞尔同时又超越胡塞尔，从消除胡塞尔主体间性学说对自身与他者关系论证的简单性、不充分性、模糊性和先验性出发，把胡塞尔的“不同于我的他者是另一个我”的观点提升为“自身也是一个他者”[2]，主张“在任何程度上，自身都是与它的他者不可分割的”[3]，力图进一步地抹平自我与他我之间的裂隙。

如前所述，虽然利科明显地属于大陆哲学传统，但他并没有排斥分析哲学的成就，因而在语言学层面上充分利用了语言哲学的成果，重构作为“说话主体”的自身。语言哲学包含两条具体进路，一是语义学进路，二是语用学进路。就语义学进路而言，利科吸纳了当代英国著名语言哲学家

---

[1] Bernard P. Dauenhauer, “ Taylor and Ricoeur on the self,” *Man and World* 25 (1992): 211—225.

[2] 保罗·利科：《作为一个他者的自身》，第 474 页。

[3] 同上书，第 29 页。

斯特劳森的观点。根据斯特劳森在《个体》一书中的研究，利科通过语义学进路确定了“个人概念”。也就是说，从语义学上来说，个人是一个不可还原到别的东西上去的纯粹的殊相，相反，其他一切如思想、意识、情感、心理经验都必须归属于它。[1] 个人处于逻辑主词的位置上，“个人概念是通过我们赋予它的谓词来界定的”[2]，我们通常会把各种各样的心理的谓词、物理的谓词归属于它。确定个人概念是语义学进路的特殊贡献，但语义学进路还没有把个人真正确立为自身本身，所以还需要语用学的进路。在语用学上，利科依据的是从奥斯汀到塞尔的言语行为理论。言语行为理论主张“说话即做事”，奥斯汀说：“说出句子（当然，是在适当的情境中）显然并不是要描述我在做我说这句话时我应做的事情，也不是要陈述我正在做它：说出句子本身就是做我应做或在做的事情。”[3] 奥斯汀和塞尔所强调的语言表达式尤其体现在“我保证……”“我命令……”“我承诺……”等言语行为中。与语义学进路不同，这些言语行为直接把“我”突出出来，从而明确地规定了说话和话语的主体之“我”。

“谁在说”的问题与“谁在行动”的问题是密切相关的，因为话语的主体也是行动的主体，说话也是一种行动，说话者就是施动者。在行动理论中，一般要研究行动的各种因素：谁做的，做了什么，为什么做，怎么做的，在什么情况下做的，产生了什么结果，等等。这些行动的要素不仅涉及行动的主体，而且涉及行动的意图、动机、方法、结果等，但在利科看来，无论行动理论研究哪些方面，都使行动的诸种因素联系到行动的主体身上去，“行动‘取决于’施动者”[4]，没有一个施动者，行动及其相关因素均失去其意义。比如，在讨论行动的意向和动机时，自然指的是施动者的意向和动机，“意向和动机，可以立即‘归属’”自身[5]，绝非意

[1] ［英］斯特劳森：《个体》，江怡译，中国人民大学出版社，2004年，第69页。
[2] 保罗·利科：《作为一个他者的自身》，第53页。
[3] ［英］奥斯汀：《如何以言行事》，杨玉成、赵京超译，商务印书馆，2017年，第9页。
[4] 保罗·利科：《作为一个他者的自身》，第133页。
[5] 同上书，第132页。

味着行动本身会拥有自己的意图和动机。无论是早期的亚里士多德，还是晚近的康德到当代的斯特劳森，无论是机械主义者，还是神秘主义者，不论他们认定的施动者是什么，都无一例外地承认行动来自施动者，是施动者所为。

无论是作为说话的主体，还是作为行动的主体，自身都是“有历史的，而且就是他们自己的历史”，而涉及自身历史变化的哲学问题是“个人同一性问题”，因此这个问题“只能在人的存在的时间向度里被表达出来”。[1]利科认为自身在历史和时间中的不间断的连续性是一个“时间中的恒定原则”，因为自身的自身性隐含着这样一种恒定原则，它就不能被简单地还原到固定的“基质”上去，无法还原为“什么”的问题，而是关于“谁”的问题，关于对“我是谁”问题的回答。利科解决个人同一性问题的理论是叙事理论，他专门写了一部书，名为《时间与叙事》（*Temps et Récit*，共三卷）。在这部书中，他提出一个假说，根据这个假说，叙述同一性是我们要探究的历史与虚构之间的交织点[2]。一旦按照人们叙述自己的故事、把历史或虚构中借来的各种叙述模式应用到个人生活上，自身的同一性就得到更明确和容易的理解。[3] 对自身的理解是一种解释，对自身的“解释依次在叙事中，在其他各种符号与象征中，找到了一种特殊的中介”[4]。因此，我们无法把叙事中的我分割、分离开来，体现在叙事中的我通过它在时间和历史中的生存经历最能把自身的统一性表现出来。

利科把自己对道德哲学的考察称之为“小伦理学”，按照利科的理解，小伦理学在伦理学上不走传统伦理学分歧对立的老路，既不偏向主张善优先于应当的亚里士多德主义、黑格尔主义，也不偏向主张应当优先于善的康德主义，而是旨在综合亚里士多德主义、康德主义和黑格尔主义，因此

[1] 保罗·利科：《作为一个他者的自身》，第 170 页。

[2] David Wood, “Introduction: Interpreting Narrative,” in *On Paul Ricoeur: Narrative and Interpretation*, ed. David Wood (New York: Routledge, 1991), p. 6.

[3] Paul Ricoeur, *Time and Narrative*, vol. 3, trans. Kathleen Blamey and David Pellauer (Chicago: University of Chicago Press, 1988), p. 261.

[4] 保罗·利科：《作为一个他者的自身》，第 171 页注 1。

这种伦理学能够把亚里士多德的实践智慧、康德的道德义务和黑格尔的伦理生活调和起来，从而提出“善”和“应当”是平等的基本道德概念。既然“善”和“应当”是基本的道德概念，那么在评价道德行为时，“善”和“应当”就成了基本评价词，自身的行为表现为谓词“善的”和“应当的”。谓词“善的”和“应当的”主词问题也就是道德责任的主体问题，或者说是道德归咎的主体问题。在伦理学上，“可归咎的”意思是“可以被归因于这个人”[1]，不难看出，谓词“善的”和“应当的”主词就是那个能够施行道德行为的主体，即自身，所以自身是道德归咎的主体。

显然，利科借助迂回的方式，借鉴当代大陆哲学和英美哲学发展的最新成果，从“谁在说?”“谁在行动?”“谁在说自己?”“谁是归咎的道德主体?”四个方面，从根本上否定了那个在传统哲学中表现为纯粹意识的自我，突出了这个带有肉身性的主体自身。我不仅是一个在思维的东西，我更是一个在生存的东西，一个有生命的东西，一个肉体的存在。[2] 不是我思故我在，而是我在故我思。

三、诠释学之肉身转向

就利科本人的思想发展来说，他的诠释学经历了两次转向。最初，利科受到胡塞尔的影响，表现为一个典型的现象学家。利科在20世纪50年代受胡塞尔的启发阐释了一种肉体的现象学，认为“承认肉身化、本己的身体”是肉体现象学的“中心问题”[3]。这一时期，利科利用胡塞尔和梅洛·庞蒂提出的“本己的身体”（corps propre）概念、加布里埃尔·马塞尔“肉身化”（incarnation）概念和曼恩·德·比朗的“具身我思”（the

---

[1] 保罗·利科:《作为一个他者的自身》，第424页。

[2] 杨大春:《语言·身体·他者：当代法国哲学的三大主题》，生活·读书·新知三联书店，2007年，第151页。

[3] Reagan, Charles E. and David Stewart (eds.), *The Philosophy of Paul Ricoeur* (New York: Beacon Press, 1978), p. 87.

embodied cogito）概念，提出了他自己的“肉身我思”（incarnate cogito）的概念。[1] 但是，到了20世纪60年代，随着《解释的冲突》的出版，利科开始了他的诠释学之旅，成为世界闻名的诠释学家。这个诠释学之旅的出发点受到了伽达默尔诠释学的影响，开启了强调语言的“语言转向”。在这个阶段，利科抛弃了他早期关于肉体性身体的观点，转而强调语言的媒介作用，建立了一种独特的文本诠释学。因此，不可否认，利科的主导诠释学是一种以语言为中心的文本诠释学，它以语言代替肉身，以文本代替感觉。然而，在意志哲学阶段之后，利科认为，认识自我不应该通过远程的思想、超然的意识，而应回到人的身体，回到肉体的自身，回到身体经验。因此，在利科的思想中，他总是否定纯粹意识的超然存在，更加强调心灵或意识的肉身化形态。[2] 到了后期，尤其是在《作为一个他者的自身》中，在否定“反思之我”和通过迂回辩证的方式重构自我之后，利科的诠释学思想发生了一个重大的变化，即从以前的语言转向又进行了一次“肉身转向”。这种肉身转向“试图复活他的早期肉体现象学与后期语言诠释学之间的对话”[3]，这种转向既不涉及原始直觉，也不涉及推理，它需要的是一种超越距离、差距和差异的肉身诠释学[4]，主要表现在他注重自我的肉体性，注重现实的、历史的活生生的自身，这也是他否认“反思之我”并试图走出“反思之我”的一个必然的逻辑结果。

从行动哲学出发，利科不仅指出自身是施动者，“我存在”就是“我要、我动、我做”[5]，而且指出自身也是受动者，因此他在考察自身的施动性时也强调了自身的受动性。自身之所以具有“受动性”就在于自身是

[1] Richard Kearney, "The Wager of Carnal Hermeneutics," in *Carnal Hermeneutics*, eds. Richard Kearney and Brian Treanor (New York: Fordham University Press, 2015), p. 47.

[2] 杨大春：《语言·身体·他者：当代法国哲学的三大主题》，第152—153页。

[3] Richard Kearney, "The Wager of Carnal Hermeneutics," in *Carnal Hermeneutics*, p. 47.

[4] Richard Kearney, "The Wager of Carnal Hermeneutics," in *Carnal Hermeneutics*, p. 54.

[5] 保罗·利科：《作为一个他者的自身》，第467页。

一个“自己的身体”（le corps propre），即肉体的身体。这种肉身的“受动性”或“被动性”构成了自身的突出特征，使自身突破了干巴巴的、毫无生气的“我思之我”，成为一个现实的、活生生的、真实的“我”。正是“受动”更强烈地体现了自身的肉体性：只有作为一个肉体，自身才受动、受苦、受难，磨难、苦难、挫折、绝望的“我”才是本真之我，因此自身的受动性突出地表现出自身是一个肉体之我，肉身的受动性最大程度地保证了自身的存在和意义。当然，利科在分析肉身之苦时，并没有像一些哲学家一样由此走上主张人生悲观主义的道路，而是把肉身的受动性作为一个起点，“肉身是所有被动综合的地点，正是在这些被动综合的基础上，主动综合才被确立起来”[1]，肉身的被动综合体现为身体最初的触觉，而肉身的主动综合体现为表象和统觉。有了触觉、表象和统觉，就有了诠释学，因为正是它们使肉身成为可以去理解和解释的器官或主体，从而成就了肉身诠释学。

利科深受现象学的影响，他在胡塞尔那里发现了“肉身本体论最有希望的雏形”[2]，为自身的肉身解释找到了一个理论支点。在胡塞尔那里，自我是先验自我和经验自我的统一，这个经验的自我主要体现在人的肉体、躯体方面，因此根据通常的说法，自我“包括着‘整个’人，连同其躯体和心灵”[3]。在利科看来，虽然胡塞尔把笛卡儿作为自己的哲学出发点之一，主张“支配性的先验我思”[4]，但他在解释自我方面却超越了笛卡儿的观念主义，把自我首先看成是一个肉身，一个具有空间性的“绝对在此”。对利科来说，胡塞尔的肉身本体论最大的贡献表现在两个方面，一个方面是明确地区分了作为自身的“肉身”（*Leib*）和作为一个外在对象的“身体”（Körper）：自身不是一个由机械原因决定的纯粹外部对象，

---

[1] 保罗·利科：《作为一个他者的自身》，第471页。

[2] 同上书，第469页。

[3] [德] 胡塞尔：《现象学的构成研究》，李幼蒸译，中国人民大学出版社，2013年，第78页。

[4] Richard Kearney, *Dialogues With Contemporary Continental Thinkers: The Phenomenological Heritage* (Manchester: Manchester University Press, 1984), p. 27.

而是一个真正生存着的活的人的身体，一个构成精神现实的生命体；另一个方面是挑明了肉身的触觉性，“事实上，肉身在最原初的意义上是属我的，而且是万物中最临近的，其感知的能力特别表现在触觉中”[1]。反过来说，“身体本身最初只有在触觉中，以及在所有被触觉定位事物中，才能构成”[2]，也就是说只有在触觉中，肉体才真正成为或者表现为一个活的人的身体。

胡塞尔为利科开辟了走向肉身诠释学的道路，海德格尔则为利科提供了一个最合适的框架。海德格尔在《存在与时间》中的主要任务是唤回被遗忘的存在本身，揭示存在的意义，从而构建基本的本体论。[3] 但同时，海德格尔也将对“此在”（人）的分析作为入门，进而围绕着“此在”阐释了一种“在世之在”的哲学，意味着肉身自我与意识哲学的我思自我彻底决裂了。在海德格尔祭出“此在”这个概念时，以基础本体论探索的名义剥夺了“此在”（人）的肉身、性别，因此海德格尔实际上“并没有确立生存论意义上的肉身概念”[4]。虽然如此，但在利科看来，海德格尔所谈论的“此在”却蕴含着“此在”就是一个肉身的存在。因为，在海德格尔那里，“此在”首先是一个“被抛的”存在，它“被抛入世”。按照继承海德格尔思想的萨特的解释，这个被抛入世的存在是一个纯粹的肉体存在[5]。不仅如此，“此在”来到世上之后，就开始了它的筹划活动，它向着各种可能性开放。“此在”生存于世，经历了时间性的存在，逐渐走向它的终点，即“向死而在”，体现了它的有限性。而且“此在”与世界处于紧密的关联之中，“此在”“在世界之中存在”把自身与世界构成一个整

---

[1] 保罗·利科：《作为一个他者的自身》，第471页。

[2] Edmund Husserl, *Ideas Pertaining to a Pure Phenomenology and to a Phenomenological Philosophy*, Second Book, trans. R. Rojcewicz and A. Schuwer (Dord recht: Kluwer, 1989), p. 151.

[3] [德] 海德格尔：《存在与时间》（修订译本），陈嘉映、王庆节译，生活·读书·新知三联书店，1999年。

[4] 保罗·利科：《作为一个他者的自身》，第476页。

[5] Jean-Paul Sartre, *Being and Nothingness: A Phenomenological Essay on Ontology*, trans. Hazel E. Barnes (New York: Washington Square Press, 1993), p. 39.

体："世界的存在就是自身的存在所必要的相关项。没有一个在世界中出现和行动的自身，就没有世界；没有一个以某种方式可以实践的世界，就没有自身。"[1] "此在"在世界中存在的整体就是所谓的"烦"，"此在"与人打交道是烦神，"此在"与物打交道是烦忙。不难看出，尽管海德格尔避谈"人"这个概念，更避谈"肉身"这个概念，但他通过"良知"呼唤出来的"此在"却深刻地启发了利科对作为肉身的基本规定。海德格尔虽然重视"此在"的时间性和有限性，但忽视了"此在"的空间性，所以利科认为，与胡塞尔比较，海德格尔在某种程度上有所倒退。

总之，利科后期通过对自我作为自身的重构，超越笛卡儿为代表的传统哲学的"我思之我"，到对精神分析学、结构主义和语言学的批判和解释后[2]，注意到了自我之肉身性的倾向和探索，为进一步探究肉身的诠释学性质和内涵奠定了基础，在某种程度上实现了诠释学的一次新的"肉身转向"。对于当代诠释学的发展来说，这种肉身转向开辟了一个新途径，展现了诠释学发展的新视域，终将肉身的理解和解释纳入诠释学的理解和解释之中，形成心灵的理解和解释之外的新指向。当然，这种新的肉身诠释学发展方向不是否定或取代传统的文本诠释学或心智诠释学，而是与之互补，因而是对诠释学整体图景的一个补充和丰富，展现当代诠释学的多样性和丰富性。就目前来看，利科所开启和推动的当代肉身诠释学转向已经取得了丰硕的成果。比如，在肉身诠释学领域，我们看到，当代法国著名哲学家理查德·科尔尼主编了《肉身诠释学》一书，发表了《肉身诠释学之赌》一文，他看到了存在着先于语言或非语言的理解方式，所以不仅主张诠释学必须一路向下，从头到脚，从心灵到肉体，阐释肉体感觉在理解和解释方面的重要作用，而且追溯了肉身诠释学的早期根源和历史发展，描绘了肉身诠释学在当代诸多哲学家那里表现出来的深刻内涵和广泛

---

[1] 保罗·利科：《作为一个他者的自身》，第 451 页。

[2] 高宣扬：《利科的反思诠释学》，同济大学出版社，2004 年，第 118 页。

图景。[1]

Reconstructing the self: the hermeneutics of the self

(Liu Liping, Tie Shenglin, School of Politics and Public Management, Qufu Normal University, Rizhao, 276826)

Abstract: French philosopher Paul Ricoeur puts forward and expounds a kind of hermeneutics of the self in later thought. Setting off from the farewell to Descartes's "I of I think", drawing on the achievements of contemporary philosophy, this "hermeneutics of the self" reconstructs the self on the four aspects of linguistic, practical, narrative and normative, highlighting the physical aspect of the self, thereby makes "self" become "oneself", and makes the hermeneutics of contemplative self become the hermeneutics of the physical self. The importance of the reconstruction is not only presenting a new hermeneutics of the self, representing a new direction of development of Ricoeur's own hermeneutics, but also propelling "the carnal turn of hermeneutics" in the development of the contemporary western hermeneutics.

Keywords: self; oneself; Ricoeur; hermeneutics; flesh

[1] Richard Kearney and Brian Treanor (eds.), *Carnal Hermeneutics* (New York: Fordham University Press, 2015).

康德哲学研究

普遍主义伦理学与判断力：从亚里士多德的角度看康德

[德] 奥特弗里德·赫费/文　王咏诗/译*

摘要：随着里德学派（核心代表：里德、施佩曼、马夸德和吕贝）于40年代在德国实践哲学研究领域的兴起，亚里士多德伦理学得以复兴。面对当时流行的“要么亚里士多德，要么康德”的对垒，赫费提倡一种“中介性立场”（不是折中的中间道路），即寻找沟通亚里士多德实践哲学与康德道德哲学之间的桥梁。对赫费来说，此桥梁就是“判断力”。赫费令人信服地证明，康德式普遍主义立场为道德的应用敞开了广阔空间，而判断力正是道德法则在其应用过程中的必要因素。通过对行动过程不同阶段的划分，赫费分析了与经验有关的判断力在哪些环节发挥作用、哪些环节不发挥作用。借此，面临新的时代伦理冲突，赫费提出一种容纳了判断力的普遍主义伦理学说。

关键词：判断力；康德；亚里士多德；普遍主义伦理学

---

* 作者简介：奥特弗里德·赫费（Otfried Höffe），图宾根大学教授，哲学和伦理学研究所所长，海德堡科学院院士，当代德国最有影响的哲学家之一。代表作有《政治的正义性》《全球化时代的民主》等。译者简介：王咏诗，武汉大学哲学学院特聘副研究员，外国哲学教研室副主任，德国哲学研究所副所长，主要研究领域为德国哲学、形而上学和实践哲学。基金项目：2021 年度国家社科基金一般项目“基于时间问题的康德批判的形而上学研究”（21BZX089）；武汉大学自主科研项目（人文社会科学）（413000126）。本文原题为“Universalistische Ethik und Urteilskraft：Ein aristotelischer Blick auf Kant”，收录于 *Zeitschrift für philosophische Forschung*，Bd. 44，H. 4（1990），pp. 537—563。感谢赫费教授惠允翻译本文。原文无摘要，摘要为译者撰写。

一、对“二者择一”的消解

如果哲学完全是关于巧妙的戏剧化、通过机智或洞察力的论证来闪光，以及尖锐或矛盾的（简而言之：优美的）措辞，那么人们将很难理解约翰·罗尔斯的学术成功。在他的巨著中，作者并不追求修辞上的花哨技巧，但其写作却已经成为一种新政治伦理学的起点，而且这一成就有着充分的理由。与一般当代伦理学（尤其当它诉诸经典时）喜欢简单的非此即彼不同——尽管非此即彼（由于更丰富的哲学传统）在不同的话语中看起来不同——《正义论》（虽然是一部繁琐的著作）以令人惊叹的方式极大地拓展了传统的战线。

我们知道：由元伦理学主导的英美辩论很容易向规范话语敞开大门。如果它确实存在，那也是功利主义塑造的；罗尔斯将它与康德对峙。然而，凭借对福利国家的强烈支持，罗尔斯超越了对单纯法治国家的限制，从而帮助他（当然不是故意这样做）克服了“要么康德，要么黑格尔”的非此即彼。最后，在论证策略上，罗尔斯求助于决策理论和福利经济学，从而求助于他在道德实质方面所拒绝的传统：功利主义。

在当时的话语中，罗尔斯进行了一个综合性的转变。我追问的是，对于目前德语世界盛行的对垒“要么新亚里士多德主义，要么康德式伦理学”，难道就没有一个类似的任务吗？无论我们是在考虑环境保护、新生命医学“技术”还是核时代，同时考虑能源和军事政策方面：我们的社会都面临着新问题，我将其解释为——相当暂时的——一个新的现代化推力。“要么亚里士多德，要么康德”的对垒是基于各方面不同的诊断。因此，任何想要改变当前话语的人都可以而且必须将两种意图结合起来。从体系性的、同时又是时代批判的观点来看，我们要问当前的现代化推力所带来的实际问题本性是什么。我们现在通过哲学历史的尝试来接近答案，以扬弃流行的“要么亚里士多德，要么康德”这一伦理学对立。这两种意图都汇聚在一个假设中：如果人们想要克服简单的“要么亚里士多德，要么康德”二者择一，那么当今生活世界特有的困难只能通过哲学才能正确地诊断。

在我开始这一尝试之前，有必要先提出一些警示：被同质化地称为“新亚里士多德主义”的诸思想（在此指“里德学派”——译者）实际上包含多个动机，即使我们局限于“新亚里士多德主义”的反康德动机以及在德语世界中的论辩[1]，它仍然涉及至少三个不同的命题。为了简化起见，我们可以将它们中的每一个分配给一个主要代表，那我们可将其分别称为“施佩曼命题”“马夸德命题”和“吕贝命题”。

与康德对幸福论的批判相反，施佩曼（R. Spaemann，1989）试图重新将伦理学理解为“成功生活的学说”，即恢复幸福（Glück）原则。但由于该原则本身会导致二律背反，施佩曼提出第二个原则“福祉”（Wohlwollen），因此——无论如何是创造性的——远远超出了亚里士多德伦理学的复兴。我本人还曾提出一种类似尝试，既承认幸福原则，又以第二个康德式原则，即正义的理念来对其进行补充。[2] 下文中，我将主要处理其他两个命题。

为保存下来的“传统”“惯例”（Üblichkeiten）进行辩护正是起源于马夸德（O. Marquard）。相应的“马夸德命题”[3] 是对黑格尔就康德式“应当”所提出批判的转化，它反对的是据称包含在“对话伦理学”中的对所有受惯例引导的行动的怀疑。我要提出的“吕贝（H. Lübbe）命题”，则是以“政治道德主义”为副标题的论文所讲的内容[4]，这篇论文对

---

[1] 关于英美的“新亚里士多德主义”，可参看 Alasdair Chalmers Maclntyre, *After Virtue: A Study in Moral Theory*, Notre Dame, Ind, 1981; *Whose Justice? Which Rationality?* London: Duckworth, 1988. 以及 Martha Nussbaum, *The Fragility of Goodness: Luck and Ethics in Greek Tragedy and Philosophy*, London: Cambridge University Press, 1986。

[2] 参见 Otfried Höffe, “Die Ethik der Natur im Streit um die Moderne,” *Scheidewege*, 19 (1989): 57—74。

[3] 参见 Odo Marquard, *Apologie des Zufälligen. Philosophische Studien*, Stuttgart: Reclam, 1986, 122ff。

[4] 参见 Hermann Lübbe, *Politischer Moralismus. Der Triumph der Gesinnung Über die Urteilskraft*, Berlin: Siedler, 1987, 37ff。

“思虑（Gesinnung）胜过判断力”进行了有力批判，而康德在道德哲学经典中恰恰对此负有责任。

我们的法制社会在多方面都受到了康德的启发，不仅仅是在人权（也即跨文化有效的原则）方面。此外，因为这些原则在实定法中长期以来一直有效，所以这些原则本身就带有马夸德所倡导的惯例因素。出于这个原因，“要么新亚里士多德主义，要么康德”的简单对立就第一次被消解了。现在的问题不是关于是要习俗道德还是要后习俗道德这种漫长徒劳的争论，而是如何让普遍主义原则获得“惯例”概念所意味着的那种自明的承认。

进一步来说，这些普遍主义原则在实践以及政治上困难——正是因为这些原则早已得到承认——并不在于它们的奠基，许多情况下只是其应用出现了问题。然而，在这方面，奠基仍是一项实践的政治上的任务：因为人权构成了现代性道德政治构想的核心要素，所以人权看上去似乎取决于特定的文化，也取决于特定的时代。如果这种依赖性确实存在，那么人们既不应该将人权视为普遍的法律原则，也不应该像联合国人权宣言以来发生的那样：人们不应该期望法律制度被强加于所有文化。反过来说，如果这种强加是合理的，那么人们就必须能够提出一种明确地摆脱了与西方和现代“人之图景”的任何一种关联的合法性论证。

对于今天紧迫且有意识进行的跨文化法律讨论，人权的奠基问题仍然是一个热门话题。正是为了实现这一话题的目标，人们开始寻求独立于历史和文化的有效论据，对哲学人类学的复兴与重新设计就是例证之一。然而，在西方法权文化中，对普遍原则的奠基不如它们的“应用”重要。这意味着我们从亚里士多德那里所学到的东西变得重要：道德判断力理论。但今天，它的主要参考点不再是美德，而是普遍的法权原则。这是第二次我们看到，“要么亚里士多德，要么康德”的简单非此即彼被扬弃掉了。我们发掘亚里士多德及其传统的哲学任务恰恰是为了“转移”（übertragen）到一个新的康德思想。

因此，不同于今天伦理学话语所要求的那样，提倡一种“亚里士多德复兴”，我建议采取一种更加谨慎的转变。我们不能忘记，里德（J. Ritter,

1969）、库恩（H. Kuhn，1962）和亨尼斯（W. Hennis，1963），还有伽达默尔（Gadamer，1963）、克卢克森（W. Kluxen，1964）以及安斯康姆（G. E. M. Anscombe，1957）、富特（Ph. Foot，1978）和肯尼（A. Kenny，1963）的研究所开启的“实践哲学复兴”，其主要论题或灵感来源不是康德，而是亚里士多德和伟大的新亚里士多德主义者托马斯·阿奎那以及黑格尔。但随着辩论的进行，康德只会获得应有的重视。今天，既然我们知道了各种思想家的长处和短处，那么保证更多成功的不是中间道路（Mittelwege），而是中介性立场（vermittelnde Positionen），例如向亚里士多德提出康德式问题：德性伦理学如何恰恰因为其是普遍的所以是非习俗性的？然而，在下文中，我将转向第二个补充性任务，从亚里士多德的角度来看康德，亦即普遍主义原则在多大程度上可以接受判断力？

这个问题本身就涉及普遍主义伦理学之一般；关于普遍主义伦理学奠基的家族争论[1]可以暂时搁置一旁。因为对话伦理学中道德原则的实质性理论还很欠缺——顺便说一下，对马夸德来说，他的“惯例”学说也缺乏实质性理论——所以我的研究指向的是康德本人，既然我们已经很了解他的立场，那一些提醒就足够了。

二、判断力的失落

根据传统解读，亚里士多德的观点几乎没有成功的希望。证据既简单又令人信服：我们没有在康德伦理学的核心概念中发现判断力，甚至在其更重要的附属概念中也没有发现判断力。

众所周知，该术语在其他地方起着核心作用，因此人们尝试从那里开始，即从“第三批判”开始，以弥补主题亏缺并重视判断力。然而，相应

[1] 参见 Höffe, *Kategorische Rechtsprinzipien. Ein Kontrapunkt der Moderne*, Frankfurt a. M.: Suhrkamp, 1990，第三部分。

的研究——沃尔拉特（E. Vollrath）[1]的政治判断力和普莱恩斯（J. E. Pleines）[2]的实践判断力——很快就遇到了瓶颈。在“第三批判”的主要任务理论哲学和实践哲学、审美理论和目的论判断力之间的调和中，伦理学（包括政治伦理学）的核心主题，并没有出现。

受到阿伦特[3]的启发，沃尔拉特正确地强调，康德所证明的审美判断力中的共通感，在政治判断中也需要。（当然，康德非常清楚，共通感不仅在审美判断中发挥作用，还归属于“规则如何应用到具体情境”的每一种方式。）同样，普莱恩斯所重视的得体（Takt）在某些道德行动中也绝对是至关重要的。然而，这两种解释都没有指出政治或实践判断力的主要任务：道德原则是有待应用的。值得说明的是，沃尔拉特那里缺乏现代政治的特征，缺乏以基本权利和人权为蓝本的普遍宪法原则；没有这些普遍主义原则，以亚里士多德的眼光看康德就显得过时了。任何支持康德伦理学的人想要恢复判断力，都必须为判断力在普遍主义道德中找到一席之地；而其实康德并不是在《判断力批判》中，而是在伦理学的基本著作中发展了这一点。

在这些著作中，判断力既不扮演主要角色，也不扮演次要角色。那人们是否可以借此重新提出一种流行的指责，指责康德完全无视经验？如果主题亏缺是绝对的，那么人们可能确实会重提黑格尔对康德的批评，并且像马夸德（1986，127）一样，谈论一种“过度应当”（Sollenshypertrophie）；也可能会像利科（P. Ricoeur）[4]那样对由先验方法所助长的对人类行为的干

[1] 参见 Ernst Vollrath，*Die Rekonstruktion der politischen Urteilskraft*，Stuttgart：Klett-Cotta Verlag，1977，146ff。

[2] 参见 J. E. Pleines，*Praxis und Vernunft. Zum Begriff praktischer Urteilskraft*，Würzburg-Amsterdam：Königshausen & Neumann Verlag，1983，89ff。

[3] 参见 Hannah Arendt，*The Human Condition*：*A Study of the Central Dilemmas Facing Modern Man*（Chicago：University of Chicago Press，1958）（dt. Vita activa oder Vom tätigen Leben，München，1960）以及 Arendt，*Lectures on Kant's Political Philosophy*，hrsg. v. R. Beiner（Chicago：University of Chicago Press，1982），尤其第 2 和第 10 讲。

[4] 参见 Paul Ricoeur，*Du texte a l´action. Essais d´hermeneutique* II，Paris：Seuil Press，1986，p. 249。

扰（“démantèlement”：磨平、拆除）表示遗憾，或者效仿施韦默尔（O. Schwemmer）[1] 声称一种“与真实的行动问题的隔绝”，以及尤其是“对各自的个体性的消磨”。最后，人们可能怀有南希（J. L. Nancy）[2] 所引用的那种广泛的担忧：“命令式压制主动引发的自由，定言命令式压制解放的自由。”

然而，“判断力”的主题亏缺并不存在，康德的纲领中已经出现了关键词“判断力”，并且是在一个重要的位置上出现的。为了完成话语转换，我们需要执行第三个意图，即对我们实际上已经熟悉的文本给予新的关注：康德在《奠基》的“前言”谈到道德法则时说，“这些法则还需要由经验磨砺的判断力”[3]。因此，首先要提醒的是：对康德来说，不言而喻的是，判断能力是必要的。据此，他解释了具体行动中必不可少的是人们认为在他的伦理学中所缺少的东西：实践世界的经验以及对其个别性（Individualität）的考虑。至少“原则上”，利科在以上引用段落中所希望的东西已经在康德理论中呈现了：对先天和经验之间所需的过渡和调解保持警觉的意识。

根据康德此“前言”中对判断力的论述，判断力之所以必要，“一方面是为了分辨道德法则在什么场合可以应用，另一方面是为了使道德法则具有进入人们的意志的通道和实施的坚定性”（GMS IV 389）。因此，判断力接受了两项任务，这两项任务都可以在亚里士多德的“有目的的选择”（prohairesis）学说中找到其起源。与“考量”（bouleusis）或“明智”（phronesis）类似，“有目的的选择”学说一方面带来了源初的理论或认知成就：它调解了“个别情况”（Einzelfall）与“一般”（Allgemeines），后者对亚里士多德来说是一种道德态度，对康德来说是一种道德准则（Maxime）；另一方面，它还承担了一个实践性任务，帮助原则得到现实的

---

[1] 参见 Oswald Schwemmer，*Ethische Untersuchungen. Rückfragen zu einigen Grundbegriffen*，Frankfurt a. M：Suhrkamp Verlag，1986，p. 154，p. 166。

[2] 参见 Jean-Luc Nancy，*L'imperatif categorique*，Paris：Flammarion Press，1983，p. 8。

[3] Immanuel Kant，GMS IV：389。康德文本作者是以普鲁士科学院版的卷数和页码进行引用。——译者注

承认；大致上，它的成就对亚里士多德来说，不再是由判断力，而是由在逻辑上先于判断力的道德态度，即伦理德性（arete ethike）承担。因为在康德那里——为了我们的目的，我们可以撇开一些具体细节——我们重新发现了“有目的的选择”（prohairesis）所具有的两个要素，因此流行的“要亚里士多德，还是康德”二者择一方案实际上就提得太仓促了：我们首先发现了它们之间的基本一致性，而不是两个不同的立场。

在给出了亚里士多德所说的第二个要素，即伦理德性的地方，相应的行动就会合乎规则地发生。因此，马夸德所辩护的观点也就映入眼帘：存在着惯例。然而，亚里士多德和新亚里士多德主义者之间有一个重要区别：亚里士多德的“伦理德性”概念有两个构成部分，而马夸德则将“德性”（arete）放在一边，只对另一部分，即“伦理”（ethos）或“品质”（hexis）感到满意。这个操作引起了一系列后果。因为在纯粹的“惯例”概念中缺少了亚里士多德哲学的一种道德成分，故马夸德只代表了一半的亚里士多德。将判断力与道德的先行规定（Vorgabe）联系起来的康德在这里被证明是反对去道德化的更忠实的亚里士多德主义者。今天，无论谁想要复兴亚里士多德，都必须捍卫他免受新亚里士多德主义中某些倾向的影响。

康德在《奠基》“前言”里关于判断力的从句中安置了判断力的经验关联及其双重任务，包括认知上的和意志上的。这样看起来，似乎至少如下这种弱化的批评也有道理：判断力的范围被低估了。然而，关于意志自愿方面，康德本人强调了它的重要性；判断力是必要的，因为人的意志“虽然能有一种纯粹实践理性的理念，但却并非如此轻易地就能够使其在自己的生活方式中具体地发挥作用”。[1]

康德在“前言”中虽然简短却如此详细地探讨了判断力，但令人惊讶的是，无论是在《奠基》正文本身还是后来的《道德形而上学》中却都没有再提到它。为什么在伦理纲领中发挥作用的判断力，却在其纲领的执行中不再出现呢？其中一个原因，也是本文的第二个提醒，在于康德主题的

---

[1] Kant，GMS IV：389.

区分化和专门化，而且这不仅仅意味着伦理学上的，更是在一般意义上科学理论的进步。谁在纯粹道德哲学中为饱含经验的判断力寻求一个中心位置，那他就犯了类似于“范畴错误”（category mistake）的错误，这是对哲学学科的混淆：他在明确的非经验性伦理学中，寻找一个经验性对象；他在道德形而上学及其奠基之中看到了作为其对立面和补充物所引入的实践人类学。

当然，主题的专门化只是为一个决定性论证所做的准备。正如康德所清楚的那样，具体的道德行动产生于非经验性要素与经验性要素的共同作用。但是因为真正道德的东西并不存在于共同作用中，而是明确且排他性地存在于一个要素方面，即独立于经验的意志规定，因此——这是本文第三个也是决定性的提醒——康德看到自己被迫接受另一个要素的失落，即对经验的剥夺。

当然，判断力也受其影响，因为它是要“经验磨砺”的。那么，个别性的贬值、“思虑战胜判断力”到底有没有发生呢？让我们想象一下这幅图景：“凯旋”是古罗马授予胜利将军和他军队的节日名称。这个表达方式保留了他在击败危险对手时的权利，保留了对胜利感到满意并且值得庆祝的权利——正因为对手危险，因此才值得凯旋庆祝。（仅作为旁注：在罗马，胜利者必须特别成功；如果将军在战场上没有杀掉至少5，000敌人回来，他就必定只能满足于“小小的胜利”，即鼓掌。如果思虑值得凯旋式的庆祝，则判断力就必须是一个特别危险的敌人，并且思虑相对判断力的胜利必须得是清楚明了的。）

在康德的伦理学中，判断力无疑不扮演危险而最终不幸惜败的对手这一角色。诚然，我们应当克服一种经验，然而却不是那种能够调解普遍规则与具体情境的经验，这就是为什么说康德伦理学并没有贬低个别性的原因。唯一需要克服的是企图去定义规则（更准确地说：行为的主观根据，准则）的经验。经验需要被克服，并不是就经验进入具体行动而言，而是就它规定了奠基性的意志而言。用康德的话说，就是：在道德中，义务（Pflicht）战胜了倾向（Neigung）。

三、一种新的判断力

即使在涉及道德意志的情况下，判断力也不会被简单地克服；只有它被经验磨砺过的形式，才被搁置一旁。《奠基》中，康德还未看到判断力在他道德标准、可普遍化的思想实验中所发挥的作用，直到“第二批判”中康德才看到这一点。这就涉及本文的第四个提醒：由经验磨砺出来的判断力正在被剥夺，取而代之的是一种独立于经验的形式，即“纯粹实践理性的判断力”，简称为“纯粹实践判断力”[1]。

因为只有“纯粹实践判断力”才能决定真正的道德因素，所以只有它才能算作“道德判断力”。康德也引入了这个表达——道德判断力——但时间相对较晚，而且只是顺带引入的。康德似乎只是逐渐才弄清楚判断力的重要性：自《奠基》以来，他已经有了基本的洞察力，能够做出真正道德性决定的一定是非经验性的成就。而判断力也对这一成就负有责任这一事实仅在“第二批判”“纯粹实践判断力的模型论”一节中明确说明；当然，《奠基》中还包含了一个相关的暗示（其判断的标准、实践判断力等）。康德仅在《判断力批判》出版之后，即在《纯然理性限度内的宗教》中才得出结论（这也许也是不言而喻的）：只有非经验性的判断力才具有真正的道德特性。

令人担心的是，一种祛除经验的伦理学会使与具体情境适配的行动变得不可能；这里的关键词是：一般优先于个别。人们喜欢用如下观点来反驳这一关键词：在道德中，一般之物并没有发挥作用或者说仅仅起干扰作用；更重要的，甚至决定性的乃是：对具体情境的敏锐知觉。这种观点潜在地包含在对康德的各种批评中（施韦默尔那里很明显）；麦克诺顿（D. McNaughton）最近在没有讨论康德的情况下也明确地提倡这一观

---

[1] Kant, KpV V: 67f.

点[1]。作者称这种立场为“特殊主义”——我想更准确地称为：道德特殊主义——并将其与“原则伦理学”进行对比。

该立场忽略了一个对于知觉的描述形式来说是构成性的结构特征，并且对实践的形式有效。这个特征是一种行动理论的根据，即前伦理的根据，它反对对原则的怀疑：知觉某物意味着，将某物理解为某物，并将单个事件作为规则的一个案例来处理。考虑一个《奠基》中的例子，即救助诫命（Hilfsgebot）；我们对康德的解决方案不感兴趣，只对它的道德逻辑感兴趣。

为了将相关情境理解为道德挑战，必须将其作为某个情境类型的个案来处理。根本上使救助成为可能的原因乃是：紧急情况（Notlage）。为了让行动理论简明扼要，需要区分两个要素（Momente）；在这两个要素中，“作为结构”——个别被作为一般而理解——都存在，并且这两个要素都需要经验磨砺的判断力。在知觉的理论性或描述性方面，以及判断力的理论性方面，同样都将情境确定为紧急情况；在对知觉的描述中同时也包含了实践性或规范性方面，即感知到了“对紧急情况采取立场”的要求。

让我们继续行动理论的第二步，即关于备选方案的陈述。这里也需要经验磨砺的判断力。为了使个人的反应易于进行道德评价，必须将反应理解为准则的一个具体单例，亦即“一般”的单例。在“救助诫命”这个例子中有如下的二者择一：要么敞开心扉接受紧急情况并试图提供救助，要么拒绝接受紧急情况并对救助的需求保持漠不关心。

前两个步骤中，经验性的判断力以及关涉情境和规则的判断力都是不可或缺的，而从行动理论的角度来看的第三个步骤中，亦即针对“两者中的哪一个准则配得上道德的地位”这一问题，判断力则失去了它的权利。但即使在这里，判断力也没有像对手一样被克服；如果它不对回答负责，它就会失业，甚至这只是“暂时的”。任何决定愿意提供救助的人——根据康德的说法：基于先于经验而有效的理由——必须始终考虑他实际上如何提供

---

[1] 参见 David McNaughton, *Moral Vision: An Introduction to Ethics*（Oxford: Blackwell Press, 1988），第 13 章。

救助。这需要在“对根据的决定中”（Grundentscheidung）被排除了的东西，即实践性经验，并且根据紧急情况，还需要高度的专业能力。

因为依赖于经验的判断力已经指向某种“一般的”东西，所以“一般”对“个别”的优先地位并不在于判断力被祛除了。毋宁说，有两种不同的“个别”（Individuell）概念和两种不同的“一般”（Allgemein）概念。“个别”既针对情境，也针对对情境的回应；道德的回应在“个别性”上并不亚于非道德的回应。另一方面，“一般”既针对人们解释情境的规则，也针对个别化回应所依据的规则；在回应中的道德和非道德规则其实也都具有一般性。纯粹实践的判断力并不标榜“一般性”优先于“个别性”，而是标榜道德的“一般性”优先于非道德的“一般性”。而由于道德行动是道德规则的一个例子，所以一个“个别性”概念就与另一个“个别性”概念形成对垒。

所以我们看到，行动的个别化在康德那里并没有受到威胁。康德代表了一种行动理论——诚然只是通过暗示的方式——根据该理论，具体的做与不做就包含了一个三阶段的判断过程；其中，第三阶段专门要求独立于经验。而在前两个阶段，即依赖于经验的阶段，个别与一般被调解了，在第三个阶段，仅是关涉一般性的方式。判断力在这里独立于经验运作的事实意味着，道德的一般性优先于非道德的一般性，而不是为了一般性而牺牲个别性。

因此，本文在此提出第五个提醒，它实际上是一个重提：我们在康德那里发现的是主题（即将“判断力”作为主题——译者）的延伸，而不是主题的亏缺。道德行动不仅包括我们简单地称之为应用或归摄的能力，而且实际上展示了一种创造性的成就，即根据规则对个别情境进行判断的成就。此外，从道德的角度来看，对规则进行判断的能力是最重要的。与亚里士多德相比，这种能力是新的。明智仅在有限的条件下是道德的，即在服务于道德目标的前提下——这对于明智来说当然是不言而喻的，而与之相反，道德品质却直接内在于纯粹的实践判断力中。

众所周知，纯粹实践判断力的标准是一般化（Verallgemeinerung）的思想检验。我们知道，关于检验是否真的完全无关经验的问题是争论不休的。本文并不想对此给出最终回答。无论如何，人们几乎都有如下印象，康德提出思想检验是为了给现在几代人的博士生和博士后提供哲学面包。我只是介绍一个有助于更准确地阐述争论点的一个区分[1]。

根据一种广泛接受的解释，如果一般化不考虑任何后果，则一般化被认为与经验无关，但如果需要这样的考虑，则被认为依赖于经验。事实上，即使在康德之后，对后果的考虑也是被允许的；然而，对后果的考虑并不涉及对准则的选择，而是涉及所选的准则在具体情境中如何现实化的方式，以及哪些准则与这个情境相关的问题。在所有这些情况下，对后果的考虑都归属于《奠基》的例子中“自在行动本身的概念”[2] 所意味着的东西；我则是从行动的内部来谈论后果考量的，并且我将它——根据康德的说法——与并不被允许的从行动外部来谈论后果考量进行对立。行动外部的后果，是指那些与行动本身的概念无关的后果，尽管它们可以共同规定“对根据的决定”。任何被行动外部后果所引导的人，都依其本身将他或她的行动相对化为其他事物，准确地说是外部根据——此根据因此成为真正的规定根据——的手段。

在救助诫命中，行动外部的后果在于对理念性（“感谢”）或物质性（“金钱”）奖励的期望。行动内部的后果则在于这样一个事实：一个人——在可能非常复杂的行动链的末尾——实际上消除了紧急情况。对于这种行动内部的后果，人们就不能总是确定如何实现它们。这就是为什么康德不想要“一些人希望而另一些人害怕的东西”，即定言命令式的伦理学不能也不愿使人们摆脱对道德生活方式的所有不安定感。

四、一种“道德精神”

传统的形式被新的判断力剥夺了其权能。让我们问问自己，尽管在道德的重要性上是次要的，但经验磨砺的判断力在多大程度上仍然保留了它

[1] 参见 Höffe，1990，第 7 章。
[2] 参见 Kant，IV：402，33f。

的权利。

对此，我们必须要预先制定基本条件。如果康德伦理学既不贬低个别性也不排斥经验，如果它实际上应该对经验友好并且对判断力敏感，那么一方面，具体的行动就需要一种道德的先行规定，后者提供比人们偶尔对原则伦理学所担忧的“没有导向价值的空洞公式”更多的东西。另一方面，这种先行规定不能面面俱到；普遍主义原则必须搁置它们无能为力的一切：人格与情境的一切个别性、群体以及文化与亚文化的一切特殊性。不得将原则的普遍性与其应用的统一性相混淆。这些原则虽然提供了导向价值，但也必须掌握放任的艺术，并自觉地将这种放任作为赢获承担起来。对此，我们需要一种“伦理的禁欲”，它专注于原则的本质，普遍性的特征，同时对具体实践的个别性和特殊性保持开放。基本条件是由道德先行规定的确定性与对具体实践的开放性同时组成的。

在康德那里，这种同时性（即，在专注原则的普遍性的同时也对具体实践的个别性保持开放——译者）是清楚地存在的。这使得康德可以反驳以下两种反对意见，即最近所讨论的“义务伦理学的局限性”以及康德理论需要由功利主义或更一般地由后果导向的伦理学（“结果主义者”）进行补充和纠正的说法。道德的确定性和实践的不确定性的结合就表现在判断力出场的双重构型（Doppelgestalt）中。纯粹的实践判断力与行动本身无关，毋宁说，它关涉的只是一部分，但仍是规定性的根据，即意志。意志总是已经被定义了，这就是说先行规定的展示；意志的定义只延伸到意志，而不延伸到它的手段和方式，在这个事实中就展现了与先行规定互补的开放性。

我们现在要问，这种开放性需要有多大的范围：一种伦理学给予它最重要的判断力——鉴于道德规则（更准确地说：道德原则）应当是无关于经验的判断力——多大的对于经验、个别性的偏差和后果的考量，（首要的）极限情境及其对决定的不可否认的紧急需要的空间？

我们会发现不同的，甚至是结构上不同的开放性。实质上，它们在不同程度上相互补充。因此，任何喜欢分类的人都可以谈论判断过程的不同阶段——仍然是在经验磨砺的判断力范围内。我们时代的典型问题也可以归类到判断过程的不同阶段之中。在这里只是被暗示的综合性判断力的理论，如引言中所说的，超出了对“要么亚里士多德，要么康德”的二者择一的消解，它还尝试着诊断这个时代。

从哈贝马斯（1973）我们知道合法性危机问题[1]；吕贝则用“导向危机”来反击它[2]；维兰德（W. Wieland）谈到“实践理性的困境”[3]，尽管现在不再属于一个历史性时代；拉莫尔（Ch. E. Larmore）声称实践理性是异质的[4]；图根哈特（E. Tugendhat）感叹“哲学面对我们时代的道德挑战时的无助”[5]。在“判断力的任务”这一关键词下，我提议的是——针对范围广泛的当代问题——至少部分地替代目前提出的诊断方案。我比吕贝更明确地推荐一种伦理的诊断，与拉莫尔相反，它是伦理上同质的，而相对哈贝马斯和维兰德来说，它在伦理上是更加清醒的，尤其与图根哈特形成鲜明对比，它是一种不那么悲观的诊断。

康德并没有撰写实践判断力的理论，即便是成熟的理论结构的组件、定理，也很难在其著作中找到。我们坚持我们的方法，挑选可能的构建块料并将它们组合在一起形成初步框架，却并不寻求完整性。例如，康德一再强调判断力“是一种特殊的才能”[6]，因而单纯对规则或原则的认识，或者根本上说知性，无论它多么辉煌，这都是不够的。我们也没有表明康德本人拥有多么强的判断能力：针对如何从不同方面来评估法国大革命这个真正困难的问题，他以法权伦理原则为指导作出了不同的判断。我们也没

[1] 参见 Jürgen Habermas, *Legitimationsprobleme im Spätkapitalismus*, Frankfurt a. M: Suhrkamp Verlag, 1973, chap. II. 6。

[2] 参见 Hermann Lübbe, *Philosophie nach der Aufklärung. Von der Notwendigkeit pragmatischer Vernunft*, Düsseldorf-Wien: Econ Verlag, 1980, S. 36。

[3] 参见 Wolfgang Wieland, *Aporien der praktischen Vernunft*, Frankfurt a. M: Klostermann Verlag, 1989。

[4] 参见 Charles E. Larmore, "The Heterogeneity of Practical Reason," in: K. Gloy, E. Rudolph (Hrsg.), *Einheit als Grundlage der Philosophie*, Darmstadt: Wissenschaftlicher Buchgesellschaft, 1985, p. 323。

[5] 参见 Ernst Tugendhat, "Die Hilflosigkeit der Philosophie angesichts der moralischen Herausforderungen unserer Zeit," *Information Philosophie* 18 (1990): 5—15。

[6] 参见 Kant, KrV B: 172; Anthropologie VII: 199, 6。

有深入考察“共通感”（sensus communis）对于（鉴赏）判断的意义——注意，它是共通性的（gemeinschaftlich）感受，而不是共同（gemein）感[1]。最后，我们并没有强调这样一个事实，即准则作为绝对命令的关涉点，在许多情况下呈现了一种凝固的生活经验，因此保证了一个成功的判断能力。我们满足于以下要素：

1. 任何阅读《奠基》“前言”中所引段落的人都会得到这样的印象，即对个别性的开放毕竟还没有到如此的程度。任何需要“经验磨砺的判断力”的人只是“为了区分道德法则在哪些情况下有其应用”，剩下的似乎都是简单的、道德上微不足道的任务，它们是那种彻头彻尾的机械式的归摄成就，比如：这里有人厌倦了生活，所以便会追问自杀禁令；那里看到有人情况紧急，所以有了救助诫命；当人被要求提供信息，所以他有义务诚实。

以下这点无疑是正确的：结构上优先的应用问题就在于对道德任务的识别。这种识别以已经提到的将理论能力与道德敏感性结合起来的知觉为指导。由于这种结合，识别任务就被分为两部分。当前的两个例子表明了第一个结构性任务绝非微不足道的事实。第一个例子更多地涉及理论方面，另一个例子则更多地涉及道德敏感性，并且双方都证明：事情处于危急之中。

考虑到新的生物医学可能性，出现了一个始终困扰我们的问题：值得我们法律保护的生命究竟何时开始和结束？保护人的生命的要求，是不能妥协的要求，早已是不言自明的先行规定；然而，判断力及其依赖于经验的形式在此也被赋予了精确地确定先行规定的任务。

另一个例子可以在生态问题或动物保护中看到。在动物培育、工厂化养殖和动物的大规模运输中，即在这些新现象的情况下，人们不会无视相当传统的诫命，也不会在科学或经济方面的好处之外而简单地“忘记”动物感受痛苦的能力。道德敏感性是造成这种情况的原因。

2. 一旦识别了道德任务，就必须考虑具体的实施。在康德所谓的不完

---

[1] 参见 Kant，Anthropologie VII：139。

全义务情况下，这些义务概念本身就具有开放性，甚至是多重开放性。我们可以区分几个子阶段：首先，它关乎个别情境下实现道德意愿（例如救助）的方式。人们在后续救助（即不是当下救助）中犯下的许多错误可能反映了这项任务的当前性。

其次，它关乎尺度问题。在《德性论》31节中，当康德问一个人应该将自己多大比例的财富花在慈善事业上时，他提到了这一点，然后回答说："但可能不用到一个人最终变得还需要其他慈善事业的地步。"总的来说，《德性论》中这些"决疑问题"的例子已经明确证明，康德完全认识到了道德的应用问题。

再次，还出现了优先问题：需要向哪些人群提供救助以及以什么顺序提供救助？我们从基督教中的亚里士多德传统中认识到慈善（caritas）的优先规则。根据这一规则，人先对自己的配偶，再对孩子和父母负有义务；然后——按照这个顺序——是兄弟姐妹、亲戚和朋友，最后才是慈善上的恩人（Thomas Aquinas，Summatheologiae II-II，quaest. 26，6—13）。

此类优先规则仅在通常情况下有效。它们受"其他条件不变情况下"条款（ceteris-paribus-Klausel）的约束。如果这个条件不适用，就会——作为第四个子阶段——出现冲突，出现接受人之间的冲突，有时会升级为真正难以做出的决定，例如萨特提出的困境[1]：一个人到底应当留下来照顾生病的寡母，还是加入抵抗运动。这种冲突并不像通常所解释的那样是相互竞争的原则之间的冲突。判断力理论带来了第一个澄清：在实践生活中可能成为实际上生存困境的东西在判断理论中仅仅表现为一种特定的应用冲突，表现为一种接受人的冲突。

顺便说一句，对于此类冲突，不应期望有一个单一且客观上正确的解决方案；这同样适用于其他判断力任务。然而，这既不是任意的，也不是纯粹的主观感觉。为了在接受人冲突中找到一定程度的客观性，可以先制定几个判断参数：a. 紧急需求的大小，b. 自身的救助能力，c. 救助的可

[1] 参见 Jean-Paul Sartre，*L'existentialisme est un humanisme*，Paris：Nagel Press，1946，p. 40。

替代性。特别是第三个参数——“对于哪些任务，人们可以找到一种替代?”——这表明，判断力远比功利主义传统提供的要多。在某些决策任务中，享乐主义式的计算型理性工具无疑是有帮助的。然而，在许多情况下，需要高度的创造性想象力，这样，人们不仅可以选择相对最佳的行动方案，还可以筹划出全新的可能性。

关于道德规则具体实施的方式及其尺度、优先级设置和接受人冲突等问题中，即在第二个应用阶段的所有四个子阶段中，对于后果的估量都发挥着作用。按照通常的解释，对后果的估量在康德那里是不允许的；根据意志的确定性与行动的开放之间存在的差异，对后果的估量极可能如此。诚然，只有在意志的先行规定的范围内才允许对后果的估量，例如有提供救助的意愿情况下；一旦它干扰了意志本身的决定并使救助他人的意愿相对化以怀有其他目的，那对后果的估量就是绝不允许的。这种区别恰好对应于已经引入的行动内部和行动外部的后果考量之间的差异，并加强了这种区分的价值。

很容易看出，在不完全义务的情况下会出现此类问题。但如果是完全义务呢？经验磨砺的判断力发挥空间会变小吗？比如康德所举的一个很受欢迎的例子，退还寄存物的法权要求[1]，在如下情况下是否也依然有效，即“如果一个当下已经不再能够很好地控制自己精神的财物所有人要求退还的寄存物是一种武器”。基于这个问题，维兰德（1989）解释了一个他称之为“应用困境”的困难：“即使一个等待着纳入规则的具体情境的某个特性与在规范中被考虑到的每一个特性都可以对应，人们也不能完全确定此规范是否允许应用。”根据维兰德的说法，存在着理性地看来最好不要应用这一规范的极端情况。

从道德的角度来看，维兰德的解决方案对我们来说似乎是具有说服力的；然而，从道德哲学的角度来看，一个问题出现了：不应用是指与本规范的概念相矛盾的例外情况；法权义务属于完全义务，根据定义不允许有任何例外。那么我们是否找到了康德伦理学的第一个局限性？它是否禁止

---

[1] 参见 Kant，KpV V，第 4 节“注释”。

了一种判断问题，而根据所有道德常识，这种判断问题应该是完全被允许的？

在得出结论之前，让我们尝试另一种解释。在维兰德描述的情况下，退还寄存物本身并无不合理，只要描述正确即可。任何人如果等到武器的主人能够控制自己的精神时才归还武器，既不是对义务的例外，也没有使自己有罪地进行非理性的应用。相反，他认为对完全义务来说，它包括与情境相关的考量，但只是行动内部的考量，而不是“机械地应用”。

这再次说明，谁重视判断力，谁就能对道德问题进行结构性上更加清醒的解读。维兰德的例子并不代表规范的极端情况，而是代表其实践的开放性。即使是完全义务在如下情况下也是不完美的，即它们没有同时定义如何去履行的方式。对完全义务来说，具体的行动也是在亚里士多德用“个别情境”这个概念所总结的条件下发生的，即 kath´ hekasta（个别）（cf. Nicomachean Ethics III 3，1111 a 2—6）或在中世纪的传统中的 circumstantiae（情况）。亚里士多德列出了这个问题目录：“是谁在行动，他在做什么，他的行动关涉什么，他在什么样的情境下行动，间或他出于什么考虑而行动，出于什么目的而行动，比如也许是为了拯救之类的，以及他如何行动，比如多慢或多快行动。”

任何不进行创造性判断，无视时机（kairos），在错误的时间归还武器的人，都不是在道德地行事，而是在愚蠢地行事。任何这样做的人，即使他有考量的能力也缺乏属于善良意志的东西：“在我们力所能及的范围内使用一切手段。”[1] 他不仅在做傻事，而且也只是在有限的程度上是道德的。

道德原则的表现可以与语言的语法规则和语义规则进行类比。无视语法与语义的人会说错话，尊重它们却只能生搬硬套的人，是用枯燥的包装纸风格书写自己人生的书呆子。只有那些——同样得在现实生活中——对道德原则的语言敏锐、富有创造性和灵活的人，简而言之：能够机智地言说的人，才真正具有判断力。这不仅需要超出单纯的归摄，而且也需要超

[1] 参见 Kant，GMS IV：394.

出一种单纯的语境化。普遍主义原则不像一个已经完成的剧本；毋宁说，它只是指一个基本理念，根据此理念，人们在电影拍摄过程中——这意味着：一辈子——撰写这个剧本。

为了强调每一项道德义务所固有的开放性，我谈到了“道德原则的精神”（esprit d´un principe moral），简而言之：“道德精神”（esprit moral）。就寄存物例子而言，关键在于禁止欺诈和打劫。在上述情况下，即使寄存物的归还需要等待，“道德精神”也是被认可了的，但在其他情况下，等待可能会变得“不道德”。任何用他所保管的保险信进行投机并基于如下理由拒绝归还的人，即因为他现在有不愉快的成本，都不符合寄存物的相关的“精神道德”。

五、原则冲突

前两个阶段的问题表明，康德伦理学为个别性和经验留下了惊人的空间。那么在第三阶段，即对不同义务进行权衡的任务又如何呢？在这里出现的冲突就不再是义务内部的；原则内的竞争走向了原则之间的竞争。这是一个结构上的新问题，并且不是康德伦理学所独有的。这不再是应用问题，而是义务冲突问题。

根据广泛接受的观点，至少有一些义务之间的相互冲突是如此基本，以至于不能再使用单一的基本规范来解决。最近代表这种观点的是拉莫尔（1985），即实践理性的异质性。在他看来，具有同样说服力的基本规范是偏好（Parteilichkeit）、后果导向和义务论，即不可侵犯的义务思想。

在伦理方面，拉莫尔采用了现代国家发展的模式。在宗教信仰之间，以及在基本规范之间，都是竞争无法解决的地方，竞争者被宣布为同样真，尽管代价是它们也同样地不真：现代国家在宗教上变得中立。但是，在政治中可能发生的事情在规范伦理学中是行不通的。严格来说，即使在政治上也没有什么不同。现代国家并不是极端多元化的；毋宁说，宗教真理被认为是次要的课题，为了首要的政治任务，即社会和平，可以相对容易地将其宣布为私事。就规范伦理而言，寻找基本规范不是次要课题，而是核心任务本身。规范伦理学不能回避鉴于诸基本规范之间的竞争，人们该如何规定实际的基本规范的问题；三个方向不同的路标与没有一样好。根据拉莫尔的说法，存在"悲剧性选择"，这当然是正确的。然而，萨特的困境——照顾生病的母亲或参加抵抗——表明，"悲剧性选择"并不能帮助得出实践理性是异质性的结论；一个"悲剧性选择"已经发生在一个并且是同一个义务之中。

现在，拉莫尔的基本规范之一没有道德品质；偏好对应于康德所说的"倾向"（Neigung）。相反，如前所述，后果导向可以整合到义务论伦理学中。这就是为什么我认为——诚然这里只是一个假设——真正的道德原则更多地遵循着同一个基本规范，即普遍化，且尽管如此仍然能够相互碰撞。解决此类碰撞是一项额外的任务。它需要更高水平的判断能力；前面已经提及的能力——敏锐、灵活性和创造力——以一种综合的方式被需求。

道德哲学传统喜欢用说谎禁令和救助诫命之间的冲突来讨论义务的冲突。虽然康德似乎淡化了前两个应用任务，因为他没有详细研究它们，但他却为第三个任务提倡一种明确的优先规则：禁止说谎具有无一例外的优先性。甚至对杀人犯也保持诚实的后果（《论出自人类自爱而说谎的所谓法权》）[1] 显然与我们考量过后的道德信念相矛盾。现在禁止说谎之所以具有优先性，乃是因为它代表了一项完全义务，而救助诫命只是一项不完全义务。（关于《德性论》第 9 节给出的论证，说谎是"抛弃，并且可以说是破坏人类尊严"，这里只能忽略。）因此，康德没有引用外部原因，而是引用道德原因；他的毫不妥协的说谎禁令似乎来自道德哲学的动机。他的严格主义不仅仅是"普鲁士清教徒"的偶然误判；它似乎暗示了一种反直觉的道德哲学，一种"在体系性条件下"否认优先性冲突的道德主义。

---

[1] 参见 Kant，VIII：425.

为了真正讨论康德的方法，我们将他反对贡斯当（Benjamin Constant）[1] 的文章放在一边，而着手于《奠基》[2]。《奠基》也处理在紧急情况下不得撒谎的禁令；但是，需要紧急救助的不是第三者，而是自己或家人。康德没有讨论优先权的冲突；他坚持《奠基》的主题：义务与倾向之间的较量。这里所代表的严格主义只抵制有利于自爱（Selbstliebe）的例外；他禁止出于自身好处而撒谎。这种禁令对应于思虑的严格主义或真正道德的严格主义，而不同于合法化的（legalistisch）严格主义，后者扩展了对例外的禁止，并且不允许任何特殊情况，即使有利于其他道德义务。

我们可以撇开谎言是否在任何情况下都没有正当理由的道德问题。在检验判断力时，只有两点很重要：一方面，康德的方法将无经验的意志规定的定理，仅仅带向了相对的说谎禁令（正如《论俗语》中明确规定的那样[3]）；为履行其他义务而说谎，例如拯救生命，其自身并不是不道德的。另一方面，由于在道德的严格主义中不包含合法化的严格主义倾向，为了证明绝对的说谎禁令是正当的，康德就需要一个独立于《奠基》方法的定理。他于是从传统中采用了：完全和不完全的义务定理。（实际上，该定理也并非不可信。因为完全义务，就其关涉他人而言，具有法权义务的重要性，并包含接受人的法权要求，所以实际上并不容易将它们相对化以支持不完全义务。至于这一定理的范围就不在这里讨论了。）

合法化的严格主义并不包括在康德的伦理学方法中，那么康德的伦理学是否还提供了比这更多的消极诊断呢？康德是否也提供了某些理论工具，借助它们，即使不能解决义务冲突，至少也可以展开理性讨论呢？一个重要的工具在于康德对“背负的亏欠道德”与“赢获的功绩道德”，以

[1] 贡斯当，法国哲学家。康德在《道德形而上学》中认为不撒谎是一种完全的道德义务，应当无条件地被遵守。贡斯当提出其著名的例子试图说明康德的标准过于绝对化：当一个站在门口的杀人犯向你询问你的一位朋友是否藏在你家时，你难道也应当根据义务对他说真话吗？哪怕这会导致朋友的死亡。——译者注

[2] 参见 Höffe 1990，第 7.3 章。

[3] 参见 Kant，VIII：287f，19f。

及首要地与“背负的亏欠义务”之间的区分。此外，康德采纳了传统的“小恶”学说，并承认——尽管只是以一个谨慎的问题形式——“道德—实践理性的许可法则”。之后也可能“某种自身虽然不许可的东西为了防止一种更严重的违背（仿佛宽容地）成为许可的”（《德性论》）[1]。一个利益权衡的“理论”当然要在这个话题上多说几句。

在康德的补充“仿佛宽容地”中，他指出了在相应的利益权衡理论中必须更精确地解决的局限性之一：因为许可只是“宽容地”有效，那么行动者必须承认越过了诫命的要求，而不是道德上完全公正的。为达到目的不择手段的观点在道德上是过于轻浮的借口。更进一步：为了让对越过诫命行为的意识不再是“空话”，我们可以要求行动者努力改善状态，从而使许可法则的有效条件变得无效。最后，一种利益权衡理论必须澄清如下问题，即是否真的不存在完全不道德的行动，其中可能包括酷刑，尤其是杀害无辜者。

利益权衡的第三种工具是“紧急法权”（Notrecht）的概念，根据该概念，某些侵犯他人权利的行为并非无可指责，但尽管如此，他们仍被视为有罪不罚（《法权论》）[2]。第四个要素：康德区分了约束性与约束性的原因，并解释说，在发生冲突的情况下，约束性的更强有力的根据应该优先于更强大的约束性（《德性论》）[3]。

今天在结构上困难的道德问题往往正是这种类型：我们的法权道德包含若干原则，这些原则在个别情境中同样重要，但就其道德内容而言，它们指向不同的方向。例如，在生殖医学中，妇女的自决权允许至少可以考虑出于未来孩子的福祉而采用一些医用疗法。为这种原则的冲突发展一种理论，至少是一些理论工具，是目前真正实用的哲学的紧迫任务之一。

很多时候，我们根本没有意识到存在原则冲突。这种亏缺带来了实践的后果；它怂恿致命的替代方案。那些愿意道德地行事的人将自己固守在

---

[1] 参见 Kant，VI：426。
[2] 参见 Kant，VI：235f。
[3] 参见 Kant，VI：224。

相关原则之一上，并冒着陷入合法化的严格主义的风险，但是那些实际上缺乏道德的人很容易找到借口来掩饰自己。因此，对此问题意识的亏缺恰恰促进了“非此即彼”的计划，这虽然对双方来说，都释放了辩论的效能，但却使客观的解决方案更加困难；它助长了现在流行的“道德主义或去道德”的非此即彼。

康德为义务冲突提供的工具无疑是有帮助的；但很难宣布它们就足够了。(关于康德立场的解释，请参阅赫尔曼[1]。）那么，马夸德提出的建议“伦理的亚里士多德复兴”因而就是必要的了吗？有两个理由对此进行怀疑：一方面，正如我所说，我们生活在原则确定的法制社会中，因为法治社会一些典型的冲突，风俗—伦理（Ethos-Ethik）会辜负我们对普遍原则的追求。现在，我们倒可以将亚里士多德及其传统发展起来的理论工具转化到新的对象之上。比如，亚里士多德那里的不同美德之间的目标冲突或碰撞，实际上转化成了当代的原则之间的冲突。下面则是我持怀疑态度的第二个理由：我没有在《尼各马可伦理学》中找到任何解决相关冲突的理论工具。就算有，这些工具也无济于事，因为美德之间的碰撞对亚里士多德来说是陌生的。

“考量”或“明智”的学说只涉及手段、方式和目标（充其量只是中间目标的性质)。“情境”学说（kath´ hekasta 或 circumstantiae）也只负责“语境化”；“适度”（epieikeia，节制）优先于“正义”也是如此；并且提到的优先规则（配偶先于子女，再先于父母等）无助于解决不同道德目标之间的冲突。只有另一个优先规则，即中世纪亚里士多德传统中正义优先于仁慈的原则，是与此相关的。然而，这条法权义务优先于爱的义务的规则并没有超出康德的工具；完全义务优先于不完全义务，这恰好对应于在对他人的义务中法权义务优先于爱的义务。

人们可能仍然想参考《尼各马可伦理学》的“科学理论”（I 1，1094 b 16—22）论点，根据该论点，伦理学必须满足于多数情况下但并非总是

---

[1] 参见 Barbara Herman，“Obligation and Performance,” in：O. Flanagan，A. Rorty (eds.)，*Identity*，*Character and Morality*（Cambridge，Mass：MIT Press)，1990。

有效的陈述："hos epi to polu"（最多情况下）[1]；阿奎那翻译为："in pluribus"（Summa theologiae I–II，quaest. 94，4）；这些陈述的有效性是带有限制和例外情况的，即通常情况下如此（generell），但不是普遍的（universal）。然而，"单纯的通常有效性"概念将道德原则排除了的有利于自爱的例外情况，又重新包含进来。因此，需要一套更具体的工具来针对利益权衡。在义务与自爱的冲突中，义务应当是毫无妥协地有效的；在一种义务与另一种义务的冲突中，权衡是允许的，尽管只有在严格的限制下。

有了这份说明，我们的审查——诚然只是初步的——就到此结束了。我们没有找到任何超出康德哲学要素的理论工具。顺便说一下，我也没有在反对马夸德所提出的"复兴亚里士多德"的对立阵营"对话伦理学"中看到超出康德的要素。（然而，有一个关于语境化任务很好的研究方向[2]。）因此——我改变了我的主导动机——我呼吁，与其重新恢复亚里士多德，不如发展一个容纳了判断力的普遍主义原则的理论。本文的工作就是为此搭建一些基本的架构。

Universalistic Ethics and the Power of Judgment: An Aristotelian View of Kant

(Otfried Höffe, Universität Tübingen; Wang Yongshi, School of Philosophy, Wuhan University, Wuhan, 430072)

Abstract: With the rise of the Ritter School (Ritter, Spaemann, Marquard and Lübbe) in the field of practical philosophy in Germany in the 1940s, Aristotelian ethics was revived. Facing the confrontation of " Either Aristotle or Kant" that was popular at the time, Höffe advocated an " intermediary position" (not a middle way of compromise), that is, to find a bridge of communication

---

[1] 参见 Höffe, *Praktische Philosophie – Das Modell des Aristoteles*, München – Salzburg: Pustet Verlag, 1971，第二部分。

[2] 参见 Klaus Günther, *Der Sinn für Angemessenheit. Anwendungsdiskurse Moral und Recht*, Frankfurt a. M: Suhrkamp Verlag, 1988。

between Aristotle's practical philosophy and Kant's moral philosophy. For Höffe, this bridge is "the power of judgment." Through detailed textual analysis, Höffe convincingly demonstrates that the power of judgment is a necessary element in the application of moral law. By dividing the different stages of the action process, Höffe analyzed in which stages the power of judgment related to experience works and in which stages do not play a role. In this way, Höffe proposed a universalistic ethical theory that accommodates the power of judgment.

Keywords: the power of judgment; Kant; Aristotle; universalistic ethics

道德义务与完善性：沃尔夫与克鲁修斯对康德早期伦理学的影响

朱　毅*

摘要： 康德伦理学的缘起和发展，与近代启蒙伦理思潮的深入影响密不可分。其中，沃尔夫和克鲁修斯的理论影响功不可没，二者的伦理观点及其相关争论，潜在塑成了康德早期道义论思想形成的历史语境。这一影响主要体现在两个方面：其一，使康德认清，行动的必然性必须被严格界分为“法则的必然性”与“问题的必然性”。前者才是真正的道德义务，确立行为内在的道德价值，后者只是普通的实践规范，仅规定行为工具性的实用价值。这种区分方式后来演变成康德“绝对命令”与“假言命令”的对立模型。其二，在克鲁修斯的启发下，康德批判性地改造了沃尔夫的“完善性”概念，将其道德化地转变为理性意志意欲促成的客观目的。这使得“完善性”这个原本抽象空洞的形而上学概念，通过与理性意志的内在勾连发挥出其应有的实践意义。康德最终认识到，“完善性”绝非规定意志或法则的客观根据，而是道德法则独立规定意志的理想结果，即自由人格的道德完善。

关键词： 完善性；道德义务；沃尔夫；克鲁修斯；康德早期

康德伦理思想的缘起与发展，与近代启蒙伦理思潮的深入影响密不可

---

* 作者简介：朱毅，苏州大学政治与公共管理学院讲师，主要研究方向为康德实践哲学，电子邮箱：ilmare123@ sina. com。本文系江苏省高校哲学社会科学研究一般项目“康德早期伦理思想及发展问题研究（2020SJA1341）、江苏省“双创博士”人才计划项目的阶段性成果。

分。可以说，康德批判时期伦理学的成熟观点，正是通过对传统理论的继承、批判和超越才得以形成。因此，全面理解和审视康德与近代道德理论错综复杂的义理关联，历来是“康德伦理思想发展研究”的重点话题。

在众多为人熟知的理论资源中，沃尔夫（Christian Wolff）和克鲁修斯（Christian August Crusius）的伦理学很少受到普遍关注和讨论，致使二者对康德道义论极为深远的理论影响至今仍处于晦暗之中，鲜有人论及。基于此，本文将重点考察沃尔夫和克鲁修斯的伦理学，充分结合对康德早期[1]相关文本的哲学解析，阐明二者如何在道义论问题上深入推动了康德伦理思想的发展。

一、康德早期道义论的核心观点

虽然直到1785年起，康德才正式公开发表一系列伦理学著作，但此前他对伦理问题的研究早已展开（最早可追溯到1750年代），经历过一个漫长曲折的探索过程[2]。其间，康德对诸多重要议题都进行过深入细致的思考，道德义务就是其持久关注的核心问题之一。

康德于1762年撰写的“应征论文”《关于自然神学与道德的原则之明晰性的研究》，首次公开论及了伦理学问题。在这篇文章中，他直指近代

[1] 本文这里所论的“康德早期”，意指康德1747—1781年的学术生涯，包括“前批判时期”（1747—1770）和“沉默时期”（1771—1781）两个思想发展阶段。

[2] P. A. Schilpp, *Kant's pre-critical ethics* (Evanston: Northwestern University Press, 1960), pp. 7—9.

道德哲学的主导概念——义务（Verbindlichkeit）。[1] 虽然康德承认义务是道德哲学的"首要概念"，但旗帜鲜明地指出，当时流行的道德理论普遍缺乏对义务概念进行有效的阐释。[2] 当时康德的观点主要包含两个方面：其一，认为义务是一种以"应当"形式表达的"行动的必然性"，这种"行动的必然性"蕴含"双重含义"有待进一步澄清。其二，道德义务的初始根据应包括"形式"和"质料"两个维度，二者的协调配合才能规定道德义务的具体内容。

具体来说，康德认为，义务是对人的行为做出普遍规定的约束性概念，即"人们应当做这件事或那件事而放弃别的事"。其中，"应当"表达的是一种"行动的必然性"。然而，并非所有"行动的必然性"都有资格称作道德义务。例如，"当我期待某种别的东西（作为一种目的）时，我应该做某事（作为一种手段）"。这种"行动的必然性"只是一种"解决方案的准则"，其约束性是有限的，主要取决于行动意欲实现的实际目的。由于行动目的本身具有任意性和偶然性，无法始终确保行动本身的普遍必然性，因此康德把这种"行动的必然性"称作"手段的必然性"或"问题的必然性"（necessitatem problematicam），它旨在规定："就我想要达成某个目的而言，什么手段是我必须采用的。"[3]

---

[1] 康德原作使用的德文是"Verbindlichkeit"，该词源自拉丁文"obligatio"，严格来说译成"约束性"更为妥当（李秋零先生的中译本译为"责任"）。康德批判时期的文本大多用"Plicht"和"Verantwortung"指代"义务"和"责任"。但根据学者史怀格（Schwaiger）的考证，18世纪由"obligatio"衍生出的一系列德语用法基本含义差别并不大，区别只在于约束性的来源和程度。参见：Clemens Schwaiger，"The Theory of Obligation in Wolff，Baumgarten，and the Early Kant，" in *Kant's Moral and Legal Philosophy*，eds. Karl Ameriks，Otfried Höffe（Cambridge：Cambridge University Press，2009），p. 59。据此，"Verbindlichkeit"译成"约束性"或"义务"皆可，但"责任"的译法则不太妥当，它特指从事某类具体工作应担负的职责。综合考虑，本文统一将其译成"义务"，特此说明。

[2] AA II 298. 本文中关于康德著作的引文均标注普鲁士科学院版的标准页码（AA+卷次+页码），中译本参考的是李秋零编译的译本（康德：《康德著作全集》，李秋零等译，中国人民大学出版社，2004），部分译文有改动。

[3] AA II 298.

与之相对，“行动的必然性”还蕴含另一重含义，即“我直接做某件事（作为一种目的）并且使之成为现实”[1]。这种“行动的必然性”之特殊性在于，它并不考虑行动可能带来的实践后果，而是直接将行动本身视为“自在必然的目的”。康德认为，这种“行动的必然性”完全独立于行动之外的目的条件的限制，因而在实践上具有普遍必然性。这种“行动的必然性”可称为“目的的必然性”或“法则的必然性”（necessitatem legalem），与前者存在根本区别。

通过严格划分“行动的必然性”之“双重含义”，康德认定，只有“法则的必然性”才能真正表达道德义务，而“问题的必然性”则“根本不是义务，只是对人们在想达成一个目的时要采取的精明举动的指示”[2]。此时的康德敏锐意识到，道德义务规定的行动不能作为方法或手段，服务于行动之外的某个目的。“只要道德在某个目的条件下规定的所有行动不隶属于一个自在必然的目的，它们就是偶然的，就不能叫作义务”[3]。义务性的行为自在具有无条件的道德价值，普遍的道德法则以无条件的“应当”规定着行动自在的善。

显然，康德早期有关道德义务规范本性的理解，十分贴近于他批判时期的成熟观点，尤其是对行动“法则的必然性”与“问题的必然性”的划分，基本对应于后来的“绝对命令”和“假言命令”。康德在批判时期就反复强调，“绝对命令”与“假言命令”之间界限泾渭分明。唯有前者才是真正“道德的命令”，后者无论是“技巧的命令”还是“实用的命令”都是普通的实践规范，与道德无关。正如 P. A. Schilpp 所见：“康德很清楚，如果特定法则所规定的行动只是为了实现某种既定的目的，那么就不具有首要的道德重要性。”[4]

那么，康德有关道德义务规定根据的看法又如何呢？对这个问题，康

[1] AA II 298.

[2] Ibid.

[3] Ibid.

[4] P. A. Schilpp, *Kant's pre-critical ethics*, p. 26.

德认为，我们必须从“形式”和“质料”两个维度把握道德义务的根本基础，二者必须协调配合才能规定出具体的道德义务：

> 在我对这一对象进行长期的反复思考之后，我确信：做通过你而成为可能的最完善的事，这个规则是所有行动的义务的形式根据；放弃那阻碍由于你而极有可能的完善性的事，这个命题则是就放弃的责任来说的第一形式根据。就像在没有给定最初的质料根据的地方，就不能从我们关于真东西的判断的最初形式原则推出任何东西一样，在没有实践认识的不可证明的质料原则与之相结合的地方，也不能仅仅从这两个关于善的规则推出任何特殊规定的义务。[1]

在康德看来，道德义务的最高形式根据是“完善性”法则，即“你应当尽其所能地行最完善之事”，与之相应，道德义务的最高质料根据是一种单纯的、无法分解的“关于善的情感”，即“道德感”（moralisches Gefühl）。“如果一个行动直接被表象为善的，它并不以一种隐秘的方式包含通过解析可以在其中认识到的某种别的善，以及为什么它叫作完善之原因，那么，这个行动的必然性就是义务的一个无法证明的质料原则。”[2] 根据康德的判定，道德义务必须由“完善性”与“道德感”的协调配合才会有实质性的规范内容。其中，“完善性”法则从形式上确保了道德义务的普遍必然性，“道德感”则作为一种直觉性的道德感知，负责鉴别“完善性”行为的道德内容。康德对这个特殊的理论设计未作进一步阐发，只在文末委婉表达了自己的疑虑：“尽管在道德的最初根据中达到最高程度的哲学自明性必然是可能的，但义务的最高基本概念还是必须首先得到更可靠的规定。就此来说，实践哲学的缺陷比思辨哲学的缺陷更为严重，因为首先必须澄清仅仅是认识能力还是情感（追求能力的最初、内在的根

---

[1] AA II 299.

[2] AA II 300.

据）决定这方面的最初原则。”[1]

纵观康德在“应征论文”中的观点，同时结合他之后的伦理思想发展可知，康德在1762年之后，主要将研究重点放在道德义务的初始根据问题上，而对于道德义务的规范性问题，其核心立场则自始一以贯之，仅在表达术语方面存在细微的变化。康德一直坚持“行动的必然性”之“双重含义”的划分，最终演变成“假言命令”与“定言命令”的对立模型，借助这个对立模型，康德才得以阐明道德法则无条件的规范本性，以先验的方式论证“定言命令”如何可能[2]。因此，严格区分“行动的必然性”之“双重含义”，进而阐明道德义务概念独立的理论特质，是康德前后期伦理学始终坚持的核心观点。尽管如此，这也并非康德的理论原创，而是与近代德国启蒙哲学中沃尔夫和克鲁修斯的伦理学之争存在重大的理论关联。因为正是这一著名的哲学论争深刻影响了康德对道德义务规范性的正确理解。

二、沃尔夫与克鲁修斯的伦理学之争

众所周知，17—18世纪德国启蒙运动的兴起与发展构成康德思想发展的历史语境。一方面，受早年教育经历的影响，康德与其他许多同时代者一样，其最初哲学思想的“母体”是“莱布尼茨-沃尔夫学派”的理性主义传统；另一方面，与该传统长期分庭抗礼的还有另一股不可忽视的力量，即朗格（Joachim Lange）、吕迪格（Andreas Rüdiger）、霍夫曼（Adolf Friedrich Hoffmann）和克鲁修斯等人为代表的虔敬主义，后者与沃尔夫学派针锋相对，反对以思辨的形式研究神学教义、反对刻板的教会组织形式、鄙视对世俗事务无节制的欲求，突出强调意志、情感、良知相对于理

[1] AA II 300.

[2] 学者H. F. 克勒梅认为，康德早在1770年代就提出了道德法则“绝对命令”的可能性问题，但对这个问题的根本解决是在批判时期完成的。参见H. F. 克勒梅：《道德义务如何可能？——历史语境下的康德“自律原则”》，钱康译，《复旦学报》（社会科学版）2018年第3期。

性的优先性，极力主张个人内在虔诚的生活方式以及对上帝的依附关系[1]。康德早期对这两股重要的理论思潮均有关注，甚至直接撰文参与了各种问题的争论，独立发表自己的个人创见。这里，我们主要关注沃尔夫和克鲁修斯的伦理思想，考察他们对道德义务问题的不同见解。

(1) 沃尔夫的完善论伦理学

总体上，沃尔夫的实践哲学与其理论哲学互为关联，具有很强的体系性色彩。他曾力图构建一门“普遍实践哲学”（allegemeine praktische Weltweisheit），作为指导人类自由行动的实践科学。其中，“完善性”（Vollkommenheit）是沃尔夫伦理学的核心概念，他充分秉持莱布尼茨的哲学原则，从形而上学的角度把所有事物存在与发展的根据归结为“完善性”，后者意指一个复杂事物内部和外部“多方面和谐一致”（Übereinstimmung des mannigfaltigen）的理想状态。“完善性”既规定事物的自然本性，也是其存在发展朝向的最终目的。在沃尔夫看来，当一个复合物的各个部分为实现一个统一的目的彼此协调，该事物就获得了符合自身本质的“完善性”。例如，说一个钟表是完善的，即是说这块钟表的不同组成要件彼此完美配合，能够报出准确的时间。准确时间就是钟表之为钟表的“完善性”。与之类似，“完善性”也可用来描述人的实践活动，一个人的诸种行为彼此协调一致，共同致力于一个统一的目的，就可以说这个人的存在状态是完善的。[2]

对沃尔夫而言，由于万事万物都有朝向自身完善性的自然倾向，这个现实世界是所有可能世界中最完善的世界，充分体现了上帝创世的荣耀。

---

[1] 有关德国启蒙运动中沃尔夫学派与虔敬派之间哲学争论的历史背景的介绍，可参见 Lewis White Beck, *Early German Philosophy: Kant and His Predecessors* (Cambridge: Harvard University Press. 1969), pp. 393—394。

[2] 本文对沃尔夫和克鲁修斯著作原文的引用主要参考的是施尼温德（J. B. Schneewind）整理编辑的英译本，J. B. Schneewind trans/eds., *Moral Philosophy from Montaigne to Kant* (Cambridge: Cambridge University Press, 2003), p. 349。

基于这个根本立场，沃尔夫进一步以“完善性”来界定行动的道德价值。“使我们和我们的状态变得更为完善的东西就是善的；相反，那使之变得不完善的东西就是恶的”[1]。这里，不仅“道德善”被直接等同于“完善性”，而且任何行动只要有助于实现“完善性”目的，都可以在某种程度上被视为善的。沃尔夫的完善论伦理学明显带有很强的后果论色彩[2]。

沃尔夫的伦理学值得关注的另一个方面是他的理性心理学。沃尔夫依然延续了莱布尼茨“灵魂一元论”的哲学立场，认为灵魂（心灵）拥有表象世界（via repraesentativa universi）的权能，其各式各样的心灵机能（感觉、想象、记忆、欲望和意志等）均是灵魂表象世界的不同方式，其根本性质一致，只在清晰性和明晰性的表象程度上存在差别：越接近于感性层面的表象力越模糊、越混沌，越接近于理性层面的表象力越清楚、越分明[3]。基于此，沃尔夫直接取消了“理性”与“感性”的本质差异，进而否定“意志”作为一种独立的欲求能力。对他来说，“意志”作为“对完善性或善的根本努力”，只是受理性观念引导和控制的较高级别的表象力（区别于盲目的本能性欲望）。这样，由于“理性”与“意志”作为灵魂表象世界的不同方式本无实质差异，而“完善性”又是事物存在与发展的客观目的，沃尔夫很自然地认为，有关“完善性”的理性表象足以驱动意志进行自由行动，或者说，理性知识成就了真正的自由意志，“我们越理性，我们也就越自由”[4]。

综合上述立场，沃尔夫将“完善性”法则作为指导人类行动的最高实践法则：“做使你和你的或他人的状况更完善的事情；不做使完善性反而

[1] J. B. Schneewind trans/eds., *Moral Philosophy from Montaigne to Kant*, p. 335.

[2] Paul Guyer, “Kantian Perfectionism,” in *Perfecting Virtue: New Essays on Kantian Ethics and Virtue Ethics*, eds. Lawrence Jost and Julian Wuerth (Cambridge: Cambridge University Press, 2011), p. 201.

[3] Eric Watkins, *Kant's Critique of Pure Reason: Background Source Materials* (Cambridge: Cambridge University, 2009), pp. 48—49。

[4] 海纳·克勒梅：《“上帝将我指派给大学”——克里斯蒂安·沃尔夫和普遍实践哲学的发现》，王大封译，《清华西方哲学研究》2019 年第 1 期。

降低的事情。"[1] 这个普遍道德法则本质上是根据事物自然本性的规定确立起来的"自然法"，每个人应当履行的道德义务，其规范性来源并不出自任何外在的神圣意志或世俗权威，仅仅源自事物追求"完善性"的自然倾向。理性的"完善性"法则既普遍规定着人的意志，也适用于上帝的神圣意志。因为上帝同样必须按照"完善性"法则来创造和安排世界的秩序。基于此，沃尔夫甚至认为，理性规定着我们有所为和有所不为，一个理性的人不需要别的法，凭借理性，他就是他自己的法[2]。关于沃尔夫伦理学的特点，正如克勒梅（H. F. Klemme）所言："沃尔夫的义务概念最重要的一个方面就在于，他并不在'自然法'之外将'人法'和'神圣法'作为义务的来源。"[3] 史怀格（C. Schwaiger）则进一步指明，沃尔夫以更系统成熟的理论形态，有力论证了作为理性主体，人如何能够独立于上帝神圣意志的干预，仅凭自己的理性来诠释道德的基础和可能性。这对于深入推进近代启蒙道德哲学自主性的历史进程无疑是非常重要的[4]。

（2）克鲁修斯的神学意志论伦理学

尽管沃尔夫的哲学在当时的德国学界占据统治地位，但其相关论点并非没有争议。作为"莱布尼茨-沃尔夫学派"最强劲的"敌手"，虔敬主义的代表人物克鲁修斯就曾以系统的哲学论证，有力攻击了沃尔夫学派。

---

[1] J. B. Schneewind trans/eds., *Moral Philosophy from Montaigne to Kant*, p. 336.

[2] Ibid., p. 336.

[3] H. F. 克勒梅：《道德义务如何可能？——历史语境下的康德"自律原则"》，钱康译，《复旦学报》（社会科学版）2018年第3期。

[4] C. Sohwaiger, "Ethik," in *Hanolbuch Christian Wolff*. eds. Robert Theis and Alexander Aichele (New York: Springer ebook, 2018), S. 254.

或许正因为如此，克鲁修斯的哲学思想引起了早期康德极大的兴趣和关注[1]。

与沃尔夫不同，克鲁修斯的伦理学坚持一种神学唯意志论立场。一方面，他突出强调人类道德的神学基础，认为依赖和服从上帝的神圣意志，是人类所有道德的根源；另一方面，为阐明人在主观方面如何能够积极回应上帝旨意，他开创性地发展出一门"意志心理学"，与沃尔夫的"理性心理学"针锋相对。克鲁修斯认为，在人的心灵机能中"理性"和"意志"作为"基础性能力"（Grundkräfte），分别主导理论哲学和实践哲学领域，二者的根本性质截然不同。他尤其重视"意志"绝对的自主性和能动性，重新建立"理性"与"意志"的本质区别和因果关联，并以此为基础来阐释道德义务。

在克鲁修斯看来，意志是"心灵根据其表象去采取行动的能力"[2]。虽然理性为我们提供了清晰的观念或表象，积极引导意志的自由活动，但任何表象唯有通过意志才能真正从观念走向现实，从逻辑的可能性变为现实的实在性。就此而言，意志并非理性的"附庸"，而是更重要的心灵机能："所有心灵都必须拥有意志。如果没有意志，它们就不可能根据表象采取行动，这些表象就不会对它们或其他心灵有用，而是会完全无用。"[3] 克鲁修斯激烈抨击沃尔夫以"还原论"的方式混淆"理性"与"意志"，后者天真地认为对"完善性"清晰的理性表象就足以驱动意志采取行动。这不仅没有阐明意志独立自主的能动性，而且还会损害意志的绝

[1] 在以往的哲学史论中，克鲁修斯很少被提及，他对康德早期思想发展的积极影响也鲜有学者专门进行讨论。据了解，目前国外系统研究克鲁修斯的代表性著作是：Magdalene Benden, *Christian August Crusius: Wille und Verstand als Prinzipien des Handelns*, Bonn: Bouvier Verlag, 1972。此外，德国学者 Josef Schmucker 和 Dieter Henrich 比较性地探讨了克鲁修斯与康德伦理学发展的关系。参见：J. Schmucker, *Die Ursprünge der Ethik Kants*, Meisenheim am Glan: Anton Hain KG, 1961, SS. 79—85; D. Henrich, "Über Kants Früheste Ethik", *Kant-Studien* 54, no. 1—4 (1963): 404—431。

[2] J. B. Schneewind trans/eds., *Moral Philosophy from Montaigne to Kant*, p. 569.

[3] Ibid., p. 569.

对自由。对克鲁修斯而言，真正的自由意志若是道德归责的前提条件，就应该在任何情况下都能够以自主意愿的方式决定如何行动，或者根本就不行动。“自由就在于它是意志一种内在的、完全的能动性，它能够把其效力于意志当下活跃的冲动当中的一个联系起来，或者，忽视这种联系而不为所动”[1]。这里，克鲁修斯积极倡导的是一种“无干涉”的意志自由观。

通过否定对意志的理性主义解释，克鲁修斯进一步对人的意志结构作了更为详尽的剖析。他认为，欲望（Triebe/Begierde）是意志能动性最基本的表现形式，因表象对象不同，欲望的种类数不胜数。但有三种基本欲望先天植根于人的意志结构之中，构成理解其他具体欲望的基础：①追求自我完善的欲望，这种基本欲望推动着我们渴望真理、培养技艺、改善身体，积极从事一切有利于自我完善的活动；②联合其他完善性客体的欲望，这种基本欲望驱动着我们积极关注他人的完善性，使自我与他人结成互为目的的伦理关系；③识别和遵循神圣道德法则的“良知冲动”（Gewissenstrieb）[2]。这种欲望最为重要，它是人与上帝原初关联的枢纽，是上帝启示人心的自然方式，“良知冲动”本质上是我们一切道德责任感的根源。

有意思的是，根据对人的意志结构的解析，克鲁修斯将人的意志对象进一步区分为两个不同维度：一是由前两种基本欲望组成的意志对象，即对自我和他人完善性的追求，这个维度指向人类的世俗生活；二是由第三种基本欲望构成的意志对象，即根据“良知冲动”无条件地履行上帝的神圣诫命。根据人的意志对象的双重性，每个人实际上肩负着两种义务，即“审慎性”（Klugheit）的义务与“合法则性”（Gesetzlichkeit）的义务[3]。前者指向幸福，“为了达到目的而选择并运用有效手段的技巧”，后者则指向上帝创世的神圣目的——道德。克鲁修斯认为，只有后一种义务才“可

---

[1] J. B. Schneewind trans/eds., *Moral Philosophy from Montaigne to Kant*, p. 572.
[2] Ibid., pp. 573—574.
[3] Ibid., p. 577.

以被称为合法的义务，对美德的义务或狭义上的真正义务”[1]。真正的美德就是“心灵的道德境界与神法的步调一致”。“审慎性”的义务与“合法则性”的义务不能直接等同，因为追求自我或他人完善的行为在根本上指向幸福，并不必然导向道德。在“良知冲动”的驱使下，我们有时甚至能独立或违逆于对幸福的渴望，无条件地服从上帝的意志。“没有良知的基本驱动，美德就是不可能的。我们就会仅仅为了满足个人欲望或出于对他人的爱行事，但是，这种做法还不是服从”[2]。因此，克鲁修斯认为，道德义务规范本性的基础不是“完善性”，而是对神圣立法者意志的绝对服从。

三、沃尔夫和克鲁修斯对康德道义论的影响

通过对比沃尔夫与克鲁修斯的伦理学之争和康德早期的道义论观点，可以窥见，这场旷日持久的哲学论争对康德伦理思想的形成与发展，无疑产生过持久深远的理论影响。这主要体现在三个方面：

第一，沃尔夫和克鲁修斯的伦理学深刻启发了康德重新审视道德义务的规范性。沃尔夫以“完善性”确立普遍的道德法则，符合“完善性”法则的行动在道德上就是善的。然而，对克鲁修斯而言，这种朝向自我或他人完善的行为仅仅指向的是幸福而非道德。行为的道德性（Moralität）本质上是通过人对上帝意志的绝对依附关系确立起来的。因而必须将“审慎性”和“合法则性”这两种不同的义务类型区分开来。

反观康德的观点，不难看出，他充分吸收了沃尔夫和克鲁修斯伦理学的精神内核，同时又对之进行了辩证性的综合。一方面，康德接受了沃尔夫的“完善性”法则，将其视为道德义务初始根据的“最高形式原理”，为的是确保道德义务普遍必然的约束性；另一方面，受克鲁修斯的启发，他敏锐洞察到“行动的必然性”蕴含“双重含义”，果断将“问题的必然

[1] J. B. Schneewind trans/eds., *Moral Philosophy from Montaigne to Kant*, p. 577.

[2] Ibid., p. 579.

性”与“法则的必然性”进行区分，将前者视为解决实际问题的实践规则，把后者视为真正的道德义务。这种区别方式实际上潜在预设了“道德善”与“自然善”、“道德”与“幸福”之间的本质区别。而之所以要做这样的划分，是因为我们很容易模糊幸福与道德的界限，把普通的实践规范直接等同于道德义务，从而误解道德义务无条件的规范性。因为对幸福目的的追求并不必然在道德上就是善的。“一个人如果想促成自己的幸福就必须采取或放弃什么行动，他虽然可以把所有的道德说教都纳入其中，但它们已经不再是义务了”[1]。尽管康德坚持理性主义的核心立场，无法接受对道德法则来源的神学解释，但就道德义务规范本性的洞见他与克鲁修斯的核心观点几乎如出一辙。

第二，沃尔夫与克鲁修斯伦理学有关道德心理学的不同看法，促使康德重新思考“理性”“意志”与“完善性”之间的义理关联。沃尔夫的“灵魂一元论”模糊了“理性”与“意志”的本质区别，将二者观念化地解释为灵魂表象世界的不同方式。沃尔夫认为，理性对“完善性”清晰明确的认识，足以驱动意志采取行动。因此，“行善避恶”的道德能力的提升，最佳的途径是努力增进我们有关善恶的理性知识。然而，这套论证逻辑对克鲁修斯来说却是站不住脚的，后者恰恰认为，“意志”相对于“理性”具有无可替代的优先性，理性的道德真理不足以构成意志自由行动的“充足理由”。相反，唯有保持“意志”绝对的独立性和自主的能动性，才是真正的意志自由。任何可能的“完善性”客体必须通过意志活动才能被实现。就此而言，“完善性”目的不仅不决定意志，相反是人的意志自由的理想产物。

反观康德的观点，可以发现，他虽然在早期文本中广泛使用了沃尔夫的“完善性”概念，在“应征论文”中也公开承认“完善性”的实践法则，但康德从来不是不加批判地使用这个概念的。根据亨利希的研究，在 1755 年到 1762 年这段时间，康德已经开始重审“完善性”，他逐渐发现这个核心概念在实践哲学中的运用存在潜在的理论风险。“意志”与“完善

---

[1] AA II 300.

性”的因果关系构成康德批判反思的重要契机[1]。

具体来说，“完善性”作为指导人类道德行动的最高实践法则，最大问题在于其实践指向不明且充满歧义性。它的含混性体现在：“你应当尽其所能地追求完善”这个法则实际上并未具体告诉我们到底应当如何追求完善。鉴于行动者主观目的的任意性，“我应当追求身体的完善”与“我应当追求德性的完善”似乎是一回事，它们形式上都符合“完善性”法则，但只有后者与道德有关，并且还需进一步界定才会有特殊的内容。因此，在行动者行动意向尚不明确的情况下，“完善性”法则很可能同时适用于幸福和道德目的。这个法则的歧义性则体现在：甚至一个恶贯满盈的恶徒，其诸多行动若彼此协调，也可以围绕一个恶的意图达到最佳的理想状态，但我们绝不会因此认为这个恶徒是完善的，更不会认为他是有德的。

对此，康德特别在1763年发表的《证明上帝存在唯一可能的证据》中提到：

> 若不以一种符合知性的意志为前提，外在的可能性、秩序、优美和完善的根据似乎就是不充分的[2]。
>
> 在我同时或者单独地对完善性的概念进行长时间的详尽研究之后，我认识到，在对完善性更精确的认识中，蕴含着非常多的能够解释一个精神的本性、我们的情感甚至实践哲学的最初概念的东西……我认识到，完善性的表达……在任何时候都以与一个具有认识和欲望的存在者的关系为前提条件[3]。

这里，康德为达到对“完善性”概念“更精确的认识”，试图对它进行必要的限定和修正。“完善性”作为客观目的，并不完全独立于存在者

[1] D. Henrich, “Über Kants Früheste Ethik,” *Kant-Studien* 54, no. 1—4 (1963): 404—431.

[2] AA II 89.

[3] AA II 90—91.

的意志（无论是人的意志还是上帝的意志），它在任何时候都必须以“符合知性的意志”为前提，通过意志的自由活动才具有实践意义。这一论点的确立不仅与克鲁修斯的观点十分接近，而且对康德自己后来的伦理思想发展的影响也极其深远。正如希尔伯所见，批判时期康德意志自律的核心立场，标志着意志与对象之间的因果关系发生了一种根本性的“倒转”，即不是一种客观的善决定了意志，而是意志自身决定了客体的善[1]。康德甚至直到晚年都还在继续使用“完善性”概念，只不过这个目的性概念已不再作为规定意志或法则的客观根据，而是道德法则独立规定意志的理想性的目的，即自由人格的道德完善[2]。此外，康德还指责“完善性”法则存在空洞形式化的问题，他在 1769 年的一则反思笔记中写道：

> 沃尔夫采用的完善性概念（旨在为道德判断提供一个原则）。但是这个完善性的普遍概念并不通过自身而被理解，也无法提供实践的判断，相反它自身更像是一个被推导出来的概念，这个概念能在某些特定的情况下被称之为“完善”。从这个概念（从中人们可能无法确定判断什么是痛苦或愉悦）所有实践的规则都是被推导出来的（虽然它们仅仅是同义反复的原则，也就是一个人应当行善），既涉及道德，也涉及幸福，这种差别没有得到澄清[3]。

这一指控显然证实了上文的推论，即根据康德对“行动的必然性”之“双重含义”的认定，沃尔夫的“完善性”法则并非不可用，只是其实践指向模糊，容易混淆行动的“法则的必然性”和“问题的必然性”，混淆

---

[1] John Silber, *Kant's Ethics: The Good, Freedom, and the Will* (Berlin: Water de Gruyter, 2012), pp. 46—54.

[2] 参见 AA VI 386-387；AA VI 445—447。康德后期将“自我完善”作为德性义务，对此问题的具体阐释参见朱毅：《“自我完善”作为德性义务如何可能?》，《上海交通大学学报》（哲学社会科学版）2017 年第 6 期。

[3] AA XIX Rel. 6624. 参见 Immanuel Kant, *Note and Fragments* (Cambridge: Cambridge University Press, 2005), p. 426。

幸福与道德的区别，把普通的实践规范混同于普遍的道德义务。正因如此，康德才想要为“完善性”法则配备“最高的质料性根据”予以限定。这个“最高的质料性根据”取自英国道德情感论者哈奇森的核心概念“道德感”[1]。当时康德认为，这种直觉性的道德感知能够有效帮助我们鉴别道德对象的善恶价值，使其与“完善性”法则相配合，才能准确规定何种符合“完善性”的行为是道德的。这也是康德最初尝试以“形式—质料”原则界定道德义务初始根据的根本缘由。

第三，尽管沃尔夫与克鲁修斯的伦理学之争，对康德均产生过不同程度的理论影响，但康德始终坚定地站在理性主义阵营这一边，拒斥对道德的神学意志论解释。某种意义上，康德甚至更为彻底地贯彻了沃尔夫的理性主义立场。如上文所论，沃尔夫积极推动了近代启蒙道德哲学的自主化进程。“完善性”法则作为普遍必然的“自然法”，既适用于人的意志，也规定了上帝的意志。上帝必须按照“完善性”法则来设计和安排世界秩序。因此，不仅上帝的“神法”不能背离“完善性”法则，而且“即使上帝不存在，完善性法则也使我们负有义务”[2]。鉴于“完善性”与人的理性能力的本质关联，沃尔夫认为，作为一个理性的行动者，每个人都能通过自己的理性自主承担相应的道德责任，无须依靠外在的神圣意志或世俗权威。

显而易见，这种坚定追求“道德自治”的理性主义立场也深刻影响了康德。这不仅体现在康德早期同样是以“完善论”的目的论思维审视宇宙自然世界整体的演化过程[3]，而且更重要的是，康德在批判时期总是以

[1] D. Henrich，“Hutcheson und Kant，” *Kant-Studien*，49，no. 1—4（1957）：49—69. 另见 J. Schmucker，*Die Ursprünge der Ethik Kants*，Meisenheim am Glan：Anton Hain KG，1961，S. 80。

[2] J. B. Schneewind trans/eds.，*Moral Philosophy from Montaigne to Kant*，p. 336.

[3] 有学者认为，康德早期在自然哲学的研究中曾积极融入了“完善论”的目的论思维，主要是为了纠正近代机械论自然观的理论偏颇。相关讨论参见 Martin Schönfeld，*The Philosophy of the Young Kant*：*The Precritical Project*，（Oxford：Oxford University Press，2000），pp. 9—11。

纯粹理性的角度，探讨道德义务与上帝意志的关系问题。在他看来，“道德法则永远离不开理性，而是最密切地与理性结合在一起”[1]。正是“借助于纯粹的实践理性，道德是自给自足的”[2]。道德义务的规范性来源，若以上帝的神圣意志为基础只会导致意志的“他律性”，从而使人的行为仅具有“合法性”而无“道德性”。当然，鉴于对“至善”（summum bonum）问题的关注，康德有条件地承认我们可以在类比的意义上将道德法则设想为上帝颁布的“神圣诫命”[3]，但他依然强调，是理性意志的自律，而非对上帝意志的恐惧或希望，才是道德法则的本源。在晚年发表的《道德形而上学》中，康德甚至直接将宗教领域中“对神的义务的学说”，断然排除在纯粹伦理学之外[4]。这种以纯粹理性道德为宗教奠基的道德神学的论证逻辑，虽然本质上区别于沃尔夫理性主义的自然神学，但通过上文的对比论证可知，在康德理论的底色中，沃尔夫的思想痕迹依然清晰可见。

Moral Obligation and Perfection: The Influence of Wolff and Crusius on Kant's Early Ethics

(Zhu Yi, School of Politics and Public Administration, Soochow University, Suzhou, 215123)

Abstract: The origin and development of Kant's ethics are in-depth impacted by modern enlightenment ethics. Wolff and Crusius' theories are very important, their ethical views and disputes have potentially shaped the historical context of the formation of early Kant's deontology. Their influence is mainly reflected in two aspects: First, "the necessity of action" may contain "dual

---

[1] AA V 93.

[2] AA VI 3.

[3] AA V 130. 对这一问题的详细讨论参见朱毅：《康德“促进至善是人之道德义务”命题的义理基础与实践指向》，《中南大学学报》（社会科学版）2022年第3期。

[4] AA VI 488.

meanings" that need to be further clarified. There is an essential difference between the "necessity of the law" and the "necessity of the problem" in action. The former is a true moral obligation, which establishes the inner moral value of the action; the latter is just general practice rules, which determine the pragmatic value of the instrumental action. This distinction becomes a model of opposition between Kant's "categorical imperative" and "hypothetical imperative". Second, inspired by Crusius, Kant critically transformed the concept of perfection from Wolff, he made it as a moral end promoted by rational will. It makes the empty metaphysical concept of perfection play a unique practical significance with the connection of will. The purpose of perfection is not the objective ground of will, but the ideal result from moral law determines the will, that is, the moral perfection of the free personality.

Keywords: perfection; moral obligation; Wolff; Crusius; early Kant

情感的变奏

——康德道德哲学接纳情感的三种方式

惠永照[*]

摘要：虽然康德道德哲学将道德的基础建立在纯粹理性之上，但情感仍然可以通过“变奏”而被接纳进道德哲学之中。情感进行变奏从而进入康德道德哲学的方式有三种：由理性而生发，由义务而纯化和由目的而升华。三种方式分别适用于三种不同类型的情感：敬重和道德愉悦这类智性的道德情感由理性自身而生发，爱和同情等经验性的道德情感通过成为德性义务而获得纯粹化，美和激情等自然情感基于道德目的论也获得了道德上的某种承认，因而由目的而得以升华。然而情感的道德化并不意味着取消自然情感，自然情感也并不能够被道德情感所取代，自然情感服务于人的幸福，道德情感服务于人的德性，二者相互协调，共同构成了人生两个相对独立但都极其重要的方面。

关键词：自然情感；道德情感；情感的变奏；敬重；爱

康德道德哲学对情感的处理一开始就受到了席勒和叔本华的批评。20世纪后半叶，随着美德伦理学的复兴，康德的道德哲学又遭到了美德伦理学的激烈批评，他们认为康德的道德哲学建立在了错误的道德心理学之上。一定程度上正是为了回应美德伦理学的批评，康德学者将注意力转向了情感方面，并挖掘和阐释康德道德哲学中的情感，试图说明康德的道德哲学是有情感的。但这并不意味着情感能够原封不动地被接纳进道德哲学

---

* 作者简介：惠永照，河南师范大学政治与公共管理学院副教授，硕士生导师。主要研究方向为康德伦理学。电子邮箱：hyz969@ 126. com。本文系国家社科基金一般项目“康德道德心理学研究”（22BZX073）的阶段性成果。

之中，情感想要进入康德的道德哲学，成为一种道德上合法的情感，需要经历一种“情感的变奏”。

一、情感为什么需要变奏

所谓“情感的变奏”，就是通过改变情感的基调，褪去情感的自然属性，使之成为一种具有道德属性的情感；或者改变情感对人心的影响方式，将情感置于道德的约束之下，从而使之为道德服务。康德的道德哲学之所以要求情感的变奏，是因为从一种道德眼光看，自然情感是有缺陷的。这些缺陷导致了自然情感无法进入道德，成为道德的一个构成部分。康德与18世纪英国情感主义伦理学和20世纪美德伦理学的一个重要分歧就在对待自然情感上。接下来通过分析伯纳德·威廉斯反对道德的不偏不倚性所举的例子，我们能够看到自然情感在道德上的局限性。

威廉斯在《道德运气》中曾评价过弗里德举过的一个例子。一个人在面对危险的时候必须在救妻子和救一个陌生人之间进行选择，那么这时候他如何向别人解释为什么要救自己的妻子呢？他可以说救自己的妻子是道德上允许的或救自己的妻子是一种义务，这是一种道德上的辩护；或者救自己的妻子是由于对妻子的爱，这可以说是一种基于情感的辩护。威廉斯认为，如果在这种情形下考虑救自己的妻子在道德上是否允许、救自己的妻子是不是一种义务就是“想得太多”（one thought too many），他的妻子在这种情况下期望的是他出于对自己的爱而不是义务来救自己。[1]

威廉斯想要借此反对康德式道德哲学所要求的不偏不倚性。但威廉斯的例子是怪异的，因为事实上没有人在救自己的妻子时想到要征得道德的同意，出于对妻子的爱在这种情形下的确就是足够的，正如威廉斯所说：“在有些状况中，人们所采取的行动是不需要辩护的。”[2] 所以这时候道

---

[1] ［英］伯纳德·威廉斯：《道德运气》，徐向东译，上海译文出版社，2007年，第26—27页。

[2] 同上，第26页。

德是被强行拉进来的，道德的确要求不偏不倚性，但当前的情形并不是一个道德需要介入的情形：两个人基于爱而结成夫妻，这种爱作为一种自然的纽带成为了在危难时候彼此互助的基础。同样，这种爱也构成了一个人对其妻子偏爱的理由，使得当面对救自己的妻子和救陌生人的时候，人们并不需要承担道德上辩护的责任。

所以威廉斯的批评如果想要站得住脚，仅仅假设康德把道德价值看作是最高的价值[1]是不够的，而必须假设康德主张道德价值是唯一真正的价值，否则将无法解释为什么道德在一切情况下都是一个需要考虑的显著因素。在本文的第五小节我们将会看到，后一种假设在康德的道德哲学中是无法给出的。所以可以说，威廉斯在一个不需要道德出手的情形下用自然之爱的理由战胜了道德的理由。可一旦涉及需要道德介入的情形，那么爱的理由就不够了，这就是盖耶尔在评论这个例子的时候引进来的。盖耶尔说，在之前的讨论中，我们都没有考虑到那个需要被救的陌生人的情况，或者我们把他想象成了一个普通的、没有吸引力的中年男人。但是如果那个陌生人是一个比他的妻子更加年轻漂亮的女士，一出海就吸引了他的目光，那么如果出于爱去救人，这个人就反而不救自己的妻子而去救那个陌生人。[2] 所以盖耶尔评论说，如果这时候只是考虑当下的情感而不考虑义务，那就“想得太少”（one thought too few）了。

我们可以说当下对那个陌生的漂亮女士的情感并不是爱，而只是一时的欲望。但这并没有解决问题，因为我们可以将情形做一些改变：这个人早已对妻子不满（甚至想要杀死她），而这时候他们一起遇到了危险，这个人要在救妻子和救一个陌生人（无论对她有没有好感）之间进行选择。我们会发现，在这一事态下，并不是威廉斯所设想的去问：“救自己的妻子是道德上允许的吗？”而是要问：“不救自己的妻子在道德上是允许的吗？”道德在这一事态下的确构成了对个体行为的约束。所以当道德真正

[1] 伯纳德·威廉斯：《道德运气》，第31页。

[2] Paul Guyer, *Kant and the Experience of Freedom* (Cambridge: Cambridge University Press, 1996), p. 393.

需要介入的时候，仅仅只谈爱就是不够的。爱也需要道德的约束和监督，也需要道德作为监护人。[1] 因为自然情感本身不是能够用作规范的东西，而是有待规范的东西。

基于对这一例子的分析，结合康德的道德哲学，我们可以看到，在康德这里，至少有以下三个理由可以说明自然情感在道德上的局限性：

第一，自然情感在本性上便是前道德的。自然情感就是我们常说的"七情六欲"，它们反映的是人的自然性或动物性。自然情感建立在感性的接受性上，其产生依赖于对象对主体感官的刺激。萨比尼和西尔弗将康德的自然情感产生模式称为"疼痛模式"（pain model）：情感就像疼痛一样，与更高的精神功能无关，超越于意志，独立于理性。[2] 疼痛模式就其反映出情感产生的被动性而言是有道理的，这种被动接受的情感由于还未加入主体的意愿，因而只是自然生发的自然情感，还不具有道德属性。但疼痛模式并不完全正确，因为它用一种生理模式来表达的被动性与情感的被动性并不相同。情感作为一种精神状态具有被更高的精神功能，诸如理性来调节的可能性，而疼痛则完全免于这种调节。

在自然情感是被动的和接受性的意义上，被情感主义伦理学推崇的仁爱和同情虽然被冠以"道德情感"之名，但其生发方式仍然是自然的，因而仍然是自然情感。比如我们对一个对象表达的同情建立在这个对象的痛苦对我们同情心的影响之下，因而一个人出于同情而做出的善行是建立在一个人天生富有同情心这一自然事实之上，这时候同情所表现出的就只是一种自然的属性。

第二，自然情感是导向幸福的。自然情感属于人的爱好，康德认为对自然情感的满足最终都导向经验世界的一个幸福概念。"一切爱好正是在

---

[1] Kelly Sorensen and Diane Williamson (eds.), *Kant and the Faculty of Feeling* (Cambridge: Cambridge University Press, 2018), p. 214.

[2] J. Sabini and M. Silver, "Emotions, Responsibility, and Character," in *Responsibility, Character, and the Emotions*. ed. Ferdinand Schoeman (Cambridge: Cambridge University Press, 1987), p. 166.

幸福这个理念中结合为一个总体的。"[1] 但幸福并不必然导向道德，同样道德也不必然导向幸福，不论是主张"幸福就是德性"的伊壁鸠鲁派，还是主张"德性就是幸福"的斯多亚派都是错误的。[2] 当自然情感得到满足时，人的幸福会增加，但这并不意味着人的道德也得以提升，它们可以导向道德，也可以导向不道德，因而诉诸自然情感的道德行为就是偶然的、不确定的。[3]

第三，自然情感是个别性的。因为建立在个体感受性上的自然情感无法真正在主体间传达。虽然我们可以像休谟那样通过同情的机制而在主体内心模拟出类似的情感，[4] 但这需要建立在主体具有一个完善的同情机制的基础上。这一感受性上的阻隔使得任何建立在自然情感上的道德判断都无法有效地传达。比如说，若将道德判断建立在愉悦或不愉悦的情感上，那么使一个人产生愉悦的行为就无法向另一个人说明其有效性，如果那个人并没有由此产生什么愉悦的话。这就意味着我们实质上无法将基于自然情感的原则普遍化。情感的个别性与道德要求的普遍性是直接矛盾的。

以上三个方面是相互关联的：由于自然情感建立在人的自然性之上，因而是以经验世界的一个幸福概念为导向的。虽然自然情感都以幸福为目的，但由于大家对幸福的看法各不相同，每个人都有各自的幸福，人们"不可能对归于幸福名下的所有爱好的满足之总体制定出任何确定可靠的概念来"[5]。这就导致了以幸福为目的的所有原则都是个别的，无法被普遍化。

---

[1] [德] 康德：《道德形而上学奠基》，杨云飞译，邓晓芒校，人民出版社，2013年，第20页。

[2] [德] 康德：《实践理性批判》，邓晓芒译，杨祖陶校，人民出版社，2003年，第153—156页。

[3] 杨云飞：《康德论出于义务而行动的道德价值》，《哲学研究》2013年7期。

[4] [英] 休谟：《人性论》，关文运译，商务印书馆，1980年，第349、614页。

[5] 康德：《道德形而上学奠基》，第20页。

二、接纳情感的第一种方式：由理性而生发

由于自然情感的局限性，它们就无法直接进入到康德的道德哲学中成为道德哲学的一部分，但这并不意味着康德的道德哲学就完全拒斥各种情感。实际上，康德为情感进入道德哲学预备了多种方式，这些方式概括起来主要有三种：由理性而生发，由义务而纯化和由目的而升华。三种方式分别适用于三种不同类型的情感。

康德道德哲学接纳情感的第一种方式是由理性而生发，它适用于康德道德哲学中的一类特殊情感，即“智性的情感”。和斯宾诺莎等哲学家提出的“理性的情感”一样，康德在自然情感之外构想了另外一种情感类型的可能性，即情感不是受外在刺激而产生，而是由理性本身所产生。这一情感类型的可能性与道德自身的可能性相一致，都在于人能够从其理性本质中对自我进行规定。从理性中规定自身的能力将人从一种与各种爱好纠缠的现象世界提升到一种与自己的自由相适合的理知世界，道德就代表着理知世界对现象世界的规定。这种规定从理知世界的立场上看是本己的，因为它与人自身的理性和自由是一致的。但从双重立场上看，理知世界对现象世界的规定将会在我们的爱好上产生一种效果，这种效果被康德称为“敬重感”。

所以敬重感被康德描述为一种我们可以先天认识的、智性的情感。[1] 其先天可认识性和智性均来自这种情感独特的起源。一般的情感都与我们的爱好相关，表征着外在对象的刺激在我们内心所产生的主观印记，所以一般情感的原因都可以追溯到经验中的某个对象。但敬重感的原因是理性本身。所以敬重感从其根源上便不同于自然的情感。通过这种源头上的转换，敬重感改变了情感的出身，褪去了身上的自然性，而得以被接纳为一种道德上合法的情感。

---

[1] 康德：《实践理性批判》，第101页。

虽然敬重感被一些学者说成是对道德法则的意识，[1] 而并非一种情感，但敬重感的确包含着一些不同于认知意识的感受。在康德对“感觉”（Empfindung）和“情感”（Gefühl）的划分中已经确立了认识与情感的差异[2]：认识是朝向客体的，而情感是朝向主体的。当我把道德法则当作一个认识的对象来看待时，这种对道德法则的意识就类似于认知的状态，但康德的洞见恰恰在于，我们对道德法则的意识不可能是一种纯粹的认知，或者说道德法则不是那种能够产生纯粹认知意识的对象，在对道德法则的意识中必然包含着对道德法则权威性的意识和对道德法则权威性的认同，因而必然包含着主体对道德法则的主观反馈，即包含着一种内心中的感受。当道德法则通过对爱好的贬低和对人格的提升引发了敬重的感受时，敬重感便包含着否定性和肯定性两个方面的效应。否定性的效应是对爱好的贬低带来的，它在主体内心产生一种痛苦的感受。肯定性的效应是对人格的提升而在主体的内心产生的一种类似崇高感的感受，这种感受被康德在《判断力批判》中说成是一种“消极的愉快”。[3]

在康德的道德哲学中，由理性生发的情感有两种，除了敬重感，还有道德愉悦。[4] 道德愉悦是对善行的愉悦，从本质上说，它是由于道德行为的实现而在主体内心产生的一种自我满足感。[5] 这种自我满足感虽然表面上看与经验意义上的幸福相类似，但从根源上看又与幸福完全不同。[6] 幸福在康德的体系中与人的经验条件相关联，是人的诸种爱好得到满足所达到的状态。道德愉悦不是基于爱好的满足，而是基于人格的满

---

[1] Andrews Reath, “Kant's Theory of Moral Sensibility: Respect for the Moral Law and the Influence of Inclination,” *Kant-Studien* 80, no. 3 (1989): 289.

[2] ［德］康德：《判断力批判》，邓晓芒译，杨祖陶校，人民出版社，2002年，第41页。

[3] 同上，第83页。

[4] 参见惠永照：《道德切身与性格生成——论康德的“道德愉悦”》，《道德与文明》2022年第3期。

[5] 康德：《实践理性批判》，第161页。

[6] Kant, *Lecture on Ethics*, trans. Peter Heath (Cambridge: Cambridge University Press, 1997), p. 382.

足，通过道德行为的实现，人意识到了自己完全有能力独立于各种爱好而自由地行动，因而意识到了自我人格的尊严，因而道德愉悦的根据是人的理性而自由的本质，它是对人的本质的自我满足。

敬重感和道德愉悦构成了伴随着同一个道德行为的两个阶段的智性情感。敬重感是当我们意识到道德法则对我们的至上权威性的时候便感受到的，这时候道德行为还未发生，这也是敬重感充当动机的条件，借助于对道德法则的敬重，道德行为才得以发生。而道德愉悦是道德行为的一个伴随结果。虽然道德行为的目的并不是为了获得道德愉悦，但道德愉悦作为伴随的结果必然发生。而且吊诡的是，只有不以道德愉悦为目的的道德行为才能获得道德愉悦。如果为了道德愉悦而做出道德行为，那么行为的道德性将会丧失，由行为获得的愉悦将会成为一种经验性的愉悦。在康德这里，从一种严格的意义上说，并不存在为了道德愉悦而做出道德行为的可能性。虽然我们可以为了愉悦而做出一种有利于他人的行为，但这种行为由于其动机的问题而不能被称作一种道德行为，同时，作为动机的愉悦也只能是一种经验性的愉悦。

三、接纳情感的第二种方式：由义务而纯化

康德道德哲学接纳情感的第一种方式是由理性创造一种新的情感类型——智性的道德情感，然而这一类由理性生发的情感数量有限，面对原本已存在的自然情感，康德的道德哲学就需要新的方式将其接纳，新的方式主要有两种，由义务而纯化（本节）和由目的而升华（下节）。

由义务而纯化的情感是那些在情感主义伦理学家那里被看作是道德情感的情感，其中最为重要的是爱和同情。比如在18世纪英国情感主义伦理学家哈奇森那里，仁爱被当作我们道德生活中的一种最重要的情感。我们的道德判断就是建立在道德感官对于仁爱情感的回应上：道德感官让我们对那些包含着仁爱的行为、情感或品质表示赞许，而对相反的行为、情感或品质产生憎恶。康德前批判时期的伦理运思深受哈奇森思想的影响，康德1760年代的伦理观点鲜明地体现出了这种影响，以至于亨利希把哈奇森

称作“康德伦理学的休谟”。[1] 直到1770年的“教授就职论文”，康德才基于对感性与理性的划分从而对道德做出了新的定位：道德不再是与人的感性相关联的感性领域的东西，而从本性上来说是属于理性领域的东西。道德的概念和法则并不是从感性世界接受而来的，而是由理性从自身中给出的。这样，在哈奇森那里占据着中心地位的道德情感就在康德的道德哲学中被边缘化了。

所以爱和同情一类的情感在康德前两部道德哲学著作《道德形而上学奠基》和《实践理性批判》中一直处于边缘的地位，经常被研究者所忽视。这种局面直到《道德形而上学》才得以改观。在《道德形而上学》中，康德发展出了“德性义务”的学说，爱被他的义务体系所吸纳，成为了我们的一项重要的德性义务。同情被置于爱的义务之下，成为爱的义务之一。[2]

然而康德所说的爱不能够被理解为自然意义上的爱，同样也不能够被理解为哈奇森等人所说的仁爱。康德把这种作为一项德性义务的爱称为“实践的爱”。与此相对，自然意义上感性的、被激发的爱被称为病理学的爱。病理学的爱由“好意的爱”（Liebe des Wohlwollens）和“愉悦的爱”（Liebe des Wohlgefallens）两部分构成，“好意的爱在于增进他人幸福的意愿和爱好。愉悦的爱是我们从表达对他人完善的认可中获得的快乐。”[3] 同样地，实践的爱包含着一种行善的意志，并且在善行中感受到一种自我满足。[4] 这意味着，“实践的爱”的核心正在于善行。[5] 作为一种德性义务的“实践的爱”并不是由情感主导，而是由义务主导，最终实践的爱

---

[1] Dieter Henrich, “Hutcheson and Kant,” in *Kant's Moral and Legal Philosophy* eds. Karl Ameriks and Otfried Höffe (Cambridge: Cambridge University Press, 2009), p. 57.

[2] [德] 康德：《道德形而上学》，张荣、李秋零译注，中国人民大学出版社，2013年，第229页。

[3] Kant, *Lecture on Ethics*, p. 180.

[4] 惠永照：《论康德的“实践的爱”》，《道德与文明》2019年第3期。

[5] Allen Wood, *Kant's Ethical Thought* (Cambridge: Cambridge University Press, 1999), p. 270.

由激情转变为一种平静的情感，由个人的情感转变为一种普遍的情感。由自然情感转变成为一种真正的道德情感，这个过程便可以称为由义务带来的纯化之路。

由此可见，在康德的道德哲学中，情感的纯化之路有几个关键之点：（1）与义务相结合；（2）去除对个人利益的考虑；（3）以行动为目标；（4）平和激情。通过如上四个方面的改变，一种以个人幸福为导向的自然之爱就转变成了一种以善行为中心的道德之爱；一种以激情为主导的爱转变成了一种以行动为主导的爱。这种情感的变奏会引来与敬重感类似的质疑：实践的爱还是一种情感吗？比如李明辉先生就直言："康德在这里剥除了'爱'这个字眼中所有的情感成分，将'实践的爱'解释为一项义务，而非爱好。换言之，他所谓'实践的爱'根本不是爱，只是空有爱之名，而无其实。"[1]

然而我们可以看到，实践的爱虽然以善行为中心，但并非完全等同于善行，善行仅仅是"实践的爱"的一个组成部分，尽管可能是最重要的组成部分。康德以"爱"来命名这一义务，显然说明在这一义务中包含着超出善行的东西。比如康德在谈到实践的爱时说："爱邻人，意思是乐意履行对邻人的一切义务。"[2] 这就意味着，实践的爱并不单纯是一种行为，而且还包含着做出这一行为的乐意态度。基于与"病理学的爱"的类比，至少在两个层面上，实践的爱包含着情感：其一，善行的实施需要以一种对他人关爱的意愿为动机。就如自然之爱包含着"好意之爱"一样，实践之爱所释放的同样是对他人的好意。因此，实践的爱并不是仅仅做出了帮助他人的行为，而同样要求在一种善良的意愿下帮助他人，在对他人的帮助中，体现出的是一种关爱他人乃至整个人类的善心。其二，同样如在自然之爱中包含着"愉悦的爱"一样，实践的爱也包含着一种愉悦情感，这种愉悦情感实质上就是上节所说的由善行的完成而带来的道德愉悦。这种道德愉悦虽然不同于经验意义上的满足，但却仍是一种切实的自我满足。

---

[1] 李明辉：《儒家与康德》，广西师范大学出版社，2021 年，第 116 页。

[2] 康德：《实践理性批判》，第 114 页。

对康德而言，一个道德的人不可能是一个厌恶甚至痛恨人类的人，因为即使道德并不从对他人的关怀开始，道德仍然内在地包含着对他人的关怀。因此虽然我们不能出于哪怕是对他人关爱的情感而去做道德的事情，但对他人的关爱却必然呈现为道德的结果，道德愉悦正是这种善心的一个有力标志。

四、接纳情感的第三种方式：由目的而升华

康德道德哲学接纳情感的第三种方式是由目的而升华。爱和同情通过成为德性义务而被接纳进康德的道德哲学，但仍有一些无法成为德性义务的自然情感，这一类情感也没有被康德忽视。康德通过一种道德目的论的视角而将这些情感重新接纳进其道德哲学之中，使它们为人的道德教化服务，从这个意义上说，这些自然情感在道德的目的下得到了升华。

目的论是由反思判断力提供给主体的一种先验视角，借助于它，我们能够在把世界看作服从机械的因果规律的同时，也能够用一种目的论的视角看待这同一个世界。目的论发挥的作用是调节性的，它引导我们将自然和社会看作是一个统一的整体，这个整体是一个由最终目的所引导的目的论体系，而这个目的论体系的最终目的就是道德的人。正是在道德目的论的视角下，康德道德哲学展现出了对情感最大限度的包容性。一切有利于人的道德教化的情感都被康德吸纳进他的道德哲学之中。这一类情感众多，比如美、虔敬感、荣誉感、激情、权力欲等等，其中最为重要的是美（包括优美和崇高）和激情，前者在本性上有利于促进道德教化，后者虽在本性上妨碍道德教化但仍然存在着有利于道德教化的方面。

美被康德看作是自然与道德之间的纽带，因而可以用美来象征道德。象征是康德为不可直观的对象寻找的一种可以被间接演示的方式，[1] 美作为一种感性的愉悦可以被直观，道德法则作为纯粹理性的理念无法被直观，然而通过对美的反思，可以有机会让道德得到某种表现。在审美活动

---

[1] 康德：《判断力批判》，第 199 页。

中，人们能够感受到由想象力的自由游戏所带来的一种自由感，这种自由感虽然不是真正的意志自由，但它是对意志自由的一种表现和引导：一方面，在美的愉悦中，“内心同时意识到自己的某种高贵化和对感官印象的愉快的单纯感受性的超升”[1]。因而使我们觉察到了我们身上具有一种超出动物性的素质，这种素质完全不考虑爱好对我们的影响，使自己超出感受性而进入一种“无利害”的愉悦之境。所以通过美，我们内心的道德素质得以表现出来，虽然不是以道德的形式直接地表现出来，而只是以美的形式间接地表现出来。另一方面，通过审美活动，我们似乎将自身从各种爱好的纠缠中摆脱出来，从而将我们引向了人心所具有的更高的兴趣之上。而随着我们内心不断地增进对超功利的愉快的兴趣，我们就更乐意接受那些超越于爱好的道德动机对意志的影响。所以通过美的愉悦，我们的道德意识得到了萌发和增长。正由于美与道德的这种本性上的一致性，康德并不拒绝美在道德教育中发挥作用。

在优美和崇高这两种审美情感中，崇高与道德情感（即敬重感）更接近。因为崇高也拥有一种先贬低再提升的结构，这一结构与敬重感对爱好的贬低和对人格的提升是一致的。而且敬重与崇高二者是互相促进的：一方面崇高感根植于道德情感之中，崇高“在趋向于对（实践的）理念的情感即道德情感的素质中有其根基”[2]。另一方面，人的道德发展和文化教养也是获得崇高感的不可或缺的条件，“没有道德理念的发展，我们经过文化教养的准备而称之为崇高的东西，对于粗人来说只会显得吓人”[3]。

然而激情（Affect）在本性上与道德并不一致，在康德看来，激情是“在人心中突破对内在自由的束缚的那些愉快和不愉快的感情”[4]。激情是一种道德上的不健康状态，因为激情的猛烈爆发会使理性被遮蔽，人在激情之下完全被激情所控制从而无法听从理性的引导，因而激情使人盲

[1] 康德：《判断力批判》，第200页。
[2] 同上，第105页。
[3] 同上，第104页。
[4] [德] 康德：《实用人类学》，邓晓芒译，上海人民出版社，2012年，第110页。

目，使得思虑变得不可能或者更加困难。[1] 如果把道德建立在激情之上，就会使理性的作用无法彰显，人的道德生活被激情所主导，其结果就会导致道德上的狂热。然而康德并没有把激情看作是完全坏的东西，既然大自然将激情这种素质植于人们的心中，那么从道德目的论的角度看，它在一定的场合下也有利于人的道德教化，那就是当理性能力不足时，激情就可以暂时充当理性的替代品，借助于激情的冲动而引导人们去做道德的事。[2] 康德甚至认为理性本身可以引起激情，还特别将与善的理念联合在一起的激情称之为"热忱"，这时候，理性作为激情的原因在善的行为中灌注了生气，但与此同时，理性一直还在其中施行着约束。[3]

五、自然情感与道德情感的协调

综上，康德虽然拒绝了情感作为道德的基础，但康德的道德哲学并没有拒绝情感。情感与人作为有限理性者的有限性相关，不论愿意与否，人事实上具有感性的本性，所以与其扼杀情感，不如利用情感为道德服务。因此出于道德的意图，康德要求情感的变奏，即情感的道德化。通过理性的生发、义务的纯化和目的的升华，不同类型的情感最终都被康德纳入其道德体系之中，占据了一席之地。

然而情感的道德化并不意味着取消自然情感。康德说"爱作为一种爱好是无法被命令的"[4] 时就指出了一个事实：情感不是一个人们能够自主控制的领域。我们不可避免地会产生各种情感，我们不可避免地受到情感的影响，情感不可命令，也就意味着情感不可被命令着产生，也不可被命令着消亡。自然情感并不能够被道德情感所取代，它们是两个领域的事实：自然情感服务于人的幸福，但人并不会因为幸福而道德；道德情感服务于人的德性，但人并不会因为有德而直接就幸福。二者构成了人生的两

[1] 康德：《道德形而上学》，第 190 页。
[2] 康德：《实用人类学》，第 129 页。
[3] 同上，第 130 页。
[4] 康德：《道德形而上学奠基》，第 21 页；另见康德：《实践理性批判》，第 113 页。

个相对独立的但又都极其重要的方面。虽然康德的确将道德性看作高于自然性，将道德看作人们配享幸福的条件，但康德并没有就此用道德性淹没人的自然性。在道德之外，人的幸福也是值得追求的，在不与道德冲突的情况下，自然情感都可以合法地存在。

而且出于道德目的而将某些自然情感道德化之后，那些自然情感仍然在道德之外的地方大放光彩，比如爱在道德中成为了“实践的爱”，但人与人之间的情爱和友爱依然在，它们仍然构成人与人之间的自然纽带。所以在情感的变奏中，那些人生中美好的东西并没有被牺牲掉。意识到这一点，我们就能够更好地去理解美德伦理学家在批评康德道德哲学时（比如一开始威廉斯的例子）经常会犯的一个错误，也就是说，是美德伦理学家而不是康德不恰当地在情感和道德之间树立起了对立的关系。威廉斯要求在爱和义务之间进行选择的情境就是如此，斯托克为了反对规则伦理学所举的那个著名的例子也是如此。斯托克让我们设想，假设你在医院里，你的好朋友史密斯经常来看望你。他每次都要穿过整个城镇，花很多时间来鼓舞你。你觉得史密斯是你的好朋友，并情不自禁地向他表达了感谢，可是他却抗议道，他只是一直在尽力去做他所认为是自己责任的事情罢了，他来看你，实质上并不是因为你，并不是因为你是他的朋友，而是因为他认为这是他的责任。[1]

在斯托克的例子中，爱与义务之间是一种对立关系，并且义务被置于爱之上，成为压倒性的因素。但为什么当“我”能够以朋友的身份出于友爱去探望的时候，非要悬置“我”的朋友身份而仅仅出于责任去探望？康德的确认为出于友谊的行为没有道德价值，但在当前的情形中，“我”为什么非要去创造一种道德价值呢？友谊产生出来的价值虽然不是一种道德价值，但却是当前情境下最切合的价值形式，因为这个情境恰好可以被称为“由友谊主导的情境”。巴伦指出，在斯托克的例子中，史密斯的行为引起人们反感的主要原因是他不愿意见他的朋友。他不想去看望他的朋

---

[1] Michael Stocker, “The Schizophrenia of Modern Ethical Theories,” *The Journal of Philosophy* 73, no. 14 (1976): 462.

友，但他认为探望她是他的责任，所以他强迫自己去看望她。[1] 但当一个人只是出于责任（不管是从朋友身份中产生的责任还是从其他社会身份中产生的责任）去探望一个朋友时，这个朋友实质上已经不再是他的朋友了，因为他们之间已经没有友谊了。所以这时候情境已经发生了实质的变化，从一个由友谊主导的情境转换成了一个由责任主导的情境。所以斯托克的这个例子与一开始威廉斯的例子一样，表面看起来的怪异性都是为了反对康德的道德哲学而构建起来的，因而这样的例子充满了误导性。总的来看，这些例子直观化了两个对康德道德哲学的常见误解。

第一，人们认为康德的道德哲学将道德看作是在所有领域中都具有支配地位的东西。然而康德在“自由范畴表”的“模态”范畴中对“允许的事”的规定，以及康德对于“泛道德化”所带来的道德狂热的批评，都为一种非道德的领域留下了空间。在《实践理性批判》的模态范畴里面有“允许的事和不允许的事”这一对范畴。[2] 凡是允许的行为都是道德上中立的行为，做与不做在道德上都没有对错。但道德狂热会打破这种界限。道德狂热的人倾向于把一切现象或一切事物都打上道德的印记，在他们的眼中，一切行为都与道德相关，他不承认与道德无关的事情，不承认“究竟是吃肉还是吃鱼、喝啤酒还是喝葡萄酒，本是无关紧要的事”[3]。这就导致了道德的泛化，一切原本可以归于任意的事情都被附加上了一种道德上的强制性，把允许的事变成义务的事。在斯托克的例子中，史密斯从友爱出发的探望显然优于出于义务的探望，因为“你”正是从友谊的角度看待“你”和史密斯的关系的，如果这时候史密斯只是出于义务来探望，那只能说明史密斯没有把“你”当朋友，否则他就需要首先压制住对“你”的友爱，然后再出于义务来探望“你”。一个人当然可以出于义务而去探望一个病人，那么这时候他就没有把这个病人看作是他的朋友，而只是看作他的职责所及的一个对象。

---

[1] Marcia Baron, *Kantian ethics almost without apology* (Ithaca: Cornell University Press, 1995), p. 119.

[2] 康德：《实践理性批判》，第91页。

[3] 康德：《道德形而上学》，第192页。

第二，人们认为康德道德哲学将道德价值看作是唯一有价值的东西。康德的确高度评价道德价值，他区分“出于义务的行为”和“合于义务的行为”，“真正的道德价值”被归于出于义务的行为，但这并不意味着合于义务的行为在道德上就是无价值的。艾伦·伍德提醒我们，当康德使用“道德价值”一词时，他总是附加了一个修饰语，比如“内在的”“真正的”等。伍德认为，当康德区分有“道德内涵”和无“道德内涵”的行为时，他所区分的不是有道德价值的行为和无道德价值的行为，而是有一种特殊的、基本的、本质上的或真正的道德价值的行为，和从道德的观点看有价值但没有那种居于道德核心的价值的行为。[1] 所以说一个行为没有道德价值并不算是一种批评，比如证明了哥德巴赫猜想也没有道德价值。道德是唯一能够产生道德价值的事态，但不是唯一能产生价值的事态。道德价值是价值家族中的一种而不是全部。因此如果不把道德看作是在所有领域都占支配地位，不执着于寻求道德价值，那么爱与义务就不可能以这些例子中的方式非此即彼地相排斥。

因此，如果我们不去误解康德对义务和情感的关系，不在康德的道德哲学中有意地将二者对立起来，那么我们将会看到，康德并不像人们想象的那样排斥情感，康德仅仅表达的是，一般自然生发的情感无法满足道德的要求。但这并不意味着情感必须被拒绝。通过情感的某种变奏，相应的情感也能够被接纳进道德哲学之中。

---

[1] Allen Wood, *Kantian Ethics* (Cambridge: Cambridge University Press, 2008), p. 28.

Variation of emotions—Three ways of accepting emotions by Kant's moral philosophy

(Hui Yongzhao, College of Political Science and Public Administration, Henan Normal University, Xinxiang, 453007)

Abstract: Although Kant's moral philosophy bases morality on pure reason, emotions can still be accepted into moral philosophy through "variation" in some way. There are three ways for emotions to enter Kant's moral philosophy: Born from reason, purified from duty, and sublimated from purpose. The three ways are applicable to three different types of emotions: These intellectual moral emotions, such as respect and moral pleasure, are generated by reason itself; and empirical moral emotions, such as love and sympathy , are purified by becoming moral duties; then natural emotions, such as beauty and passion, have also obtained some moral recognition based on moral teleology, so they can be sublimated by purpose. However, the moralization of emotion does not mean the elimination of natural emotion. Natural emotions can not be replaced by moral emotions. Natural emotions serve people's happiness and moral emotions serve people's virtue. They coordinate with each other and jointly constitute two relatively independent but extremely important aspects of life.

Keywords: natural emotion; moral emotion; variation of emotion; respect; love

博士生论坛

功利概念的发展
——对休谟与边沁道德理论的互文性解读

刘　威*

摘要：休谟与边沁对功利概念的探索与研究，在哲学史上分别有着丰富的讨论。但是，如果将其放在道德理论的维度中，就会发现它们之间实际上存在着内在的联系。事实上，在这两位哲学家的功利概念中存在着一个不断发展的过程。它是在休谟与边沁不断对功利概念中主观主义的反思和对功利概念的规范性的发掘中逐渐清晰的。一方面，我们要注意到二者在论述功利概念间明显的差别；另一方面，我们要探索二者在道德理论的维度下对功利概念的发展与完善。如何克服功利概念及其之后的功利主义理论的各种问题，从休谟开始至今都是功利主义哲学的核心话题。而对其文本进行互文性解读是解答这一问题的重要方法之一。

关键词：休谟；边沁；功利；道德理论；互文性解读

在18世纪的西方哲学界，功利原则作为道德哲学的原则逐渐成为十分具有影响力的理论。其主要的代表人物就有休谟，他的功利观点引发了至今为止的讨论。而其后继者边沁在这一方面有着继承休谟并自己继续修正发展出来的一套理论。关于这一点，较为经典和一般的结论是：他们虽然

---

* 作者简介：刘威，北京大学外国哲学研究所、北京大学哲学系博士，研究方向为道德哲学、政治哲学。基金项目：2019年度教育部人文社会科学重点研究基地重大项目“西方哲学经典和名著解读”（19JJD720001）。

都使用了“功利”（utility）一词，但是其论证的出发点以及目的是不同的。[1] 边沁表现出了与休谟迥异的旨趣。例如，有学者认为休谟的功利概念是基于情感的，而边沁的功利则是定义善恶的标准，是道德唯一的根据与来源。[2] 又如，有学者认为，在方法论上，边沁的功利主义和以休谟为代表的苏格兰情感主义（Scottish Sentimentalism）者不同，它寻求的是爱尔维修–牛顿式的道德科学，而情感主义是这种道德科学面对的严重障碍。[3] 上述两种观点总的倾向是将休谟与边沁对立起来。与之相反，一种观点认为功利概念对休谟十分重要，并且影响了边沁功利原则的形成，苦乐在休谟和边沁的论述中均为行动提供了动机，并且理性在二者的理论中也都是从属于激情的，边沁对功利理论的客观性和普遍性的进一步论证是对休谟功利理论的修正与推进。通过互文性解读，我们将会发现这一观点更为合理。

一、边沁功利概念的来源之一：休谟的功利概念

“功利”这一概念在休谟的道德哲学中始终都是一个描述性概念，而不是一个规范性概念。这一点在《人性论》和《道德原则研究》中都可以体现出来。例如，在《人性论》中，休谟给出了基于有用性的关于快乐和痛苦的四个来源，“我们只要观察到一个性格自然地对他人是有用的，或对自己是有用的，或对他人是愉快的，或对自己是愉快的，就都感到一种快乐”[4]。这些标准可以被我们认作是德性和道德的唯一标准，但是这种利益和快乐究竟是什么？休谟并没有给出一个明确的定义。同样地，在《道德原则研究》中，休谟给予了功利很高的地位：

---

[1] Frederick Rosen, *Classical Utilitarianism from Hume to Mill* (London: Routledge, 2003, pp). 29—30.

[2] 李薇：《功利概念之辨：休谟与边沁》，《学术研究》2019年第3期，第25页。

[3] Douglas G. Long, “‘Utility’ and the ‘Utility Principle’: Hume, Smith, Bentham, Mill,” *Utilitas*2, no. 1 (1990): 17—18.

[4] [英] 休谟：《人性论》，关文运译，商务印书馆，2017年，第629页。

> 看来事实是：**效用**这个因素在所有主题中都是称赞和赞许的源泉，它是关于行动的价值或过失的所有道德决定经常诉诸的，它是正义、忠实、正直、忠诚和贞洁所受到的尊重的**惟一**源泉，它是与其他社会性德性如人道、慷慨、博爱、和蔼、宽大、怜悯和自我克制不可分离的，一言以蔽之，它是道德中关乎人类和我们同胞被造物的那个主要部分的基础。[1]

休谟宣称，“把我们所赋予社会性的德性的称赞归因于它们的效用，这似乎是如此自然的想法，以致人们会期望在道德作家们那里到处碰见这条原则，作为他们推理和探究的主要基础”[2]。当这种原则在其他道德哲学家那被拒绝时，休谟的解决办法不是给出功利的定义，而是说明功利的影响，因为功利原则是被经验证实的原则，但是这个原则究竟是什么，是“根据社会性的德性的这种显而易见的有用性”[3] 吗？是“那个人的交往和善行给社会带来的幸福和满足”[4] 吗？由此，可以明显地看出，在休谟的论述中，功利的内涵是模糊的，而外延也因此变得十分宽广，它至少包括了“利益”（interest）和“用处”（use）两个方面。

之所以出现这样的情况，是因为在休谟的论述中，还存在着一个更为重要的概念，即“共情能力”（the capacity of sympathy）。[5]这一点明确地体现在《人性论》中：

> 如果说任何行为是善良的或恶劣的，那只是因为它是某种性质或性格的标志。它必然是依靠于心灵的持久的原则，这些原则扩及于全

[1] ［英］休谟：《道德原则研究》，曾晓平译，商务印书馆，2001 年，第 82 页。

[2] 同上，第 63 页。

[3] 同上，第 64 页。

[4] 同上，第 30 页。

[5] Douglas G. Long, “‘Utility’ and the ‘Utility Principle’: Hume, Smith, Bentham, Mill,” *Utilitas* 2, no. 1 (1990): 22. 本文将“同情”一律修改为“共情”，以免与“同情心”等概念混淆。

> 部行为，并深入于个人的性格之中。[1]

以及，

> 达到目的的手段，既然只有在那个目的能使人愉快时，才能令人愉快；而且和我们自己没有利害关系的社会的福利或朋友的福利，既然只是借着同情作用才能使我们愉快的；所以结果就是：同情是我们对一切人为的德表示尊重的根源。[2]

共情的作用，在休谟的论述中，是为了在关于正确和错误的正义感中，通过共情让人们对不正义感到不快，即使这种不正义与我们的利益很遥远，这种共情能力是对在一个大的社会中的自利的必要补充。[3]事实上，很重要的一点是，在休谟的论述中，如果没有共情能力，自利的动机并不一定会导致对正义原则的遵行，所以在《道德原则研究》中，共情原则的地位相较于《人性论》就变得相对重要了。[4]

经由共情活动，那些令自己或他人愉快的事物就可以被称为道德，而在这一过程中，均不涉及规范性的要求，例如功利的最大化以及对于功利的计算。[5]这符合我们上述的判断，即休谟的功利概念是一种描述性的、后天的概念，而非一种规范性的、先天的概念。

不过，正如上文所引，功利在休谟的论述中是“道德中关乎人类和我们同胞被造物的那个主要部分的基础”，这就必然会引起下述问题：功利这一概念在休谟的道德哲学中的地位如何？我们前面论述的结论似乎是这

---

[1] 休谟：《人性论》，第613页。

[2] 同上，第615—616页。

[3] Henry Sidgwick, *Outlines of the History of Ethics for English Readers* (Indianapolis: Hackett Pub, 1988), pp. 205—206.

[4] 关于《人性论》和《道德原则研究》之间的种种差异，并不在本文的讨论范围之内。在此，很明确的一点是，至今人们没有就此问题达成一致。

[5] J. L. Mackie, *Hume's Moral Theory* (London · Boston: Routledge & K. Paul, 1980), pp. 151—152.

个概念不是当代功利主义所称的功利，甚至不是边沁所认为的功利，它不涉及其最大化和计算，而是作为正确和错误感觉，愉快和不快感觉的来源。一种行为可以称之为有道德的，是因为它对社会（或者对我们自己）有用，它让我们感到愉悦，我们由此赞同它，于是便称之为有道德的。在这一过程中，休谟确实没有提及判断愉悦程度的标准，也没有给出有用的标准。事实上，这和他的情感主义的伦理学密切相关。我们可以说这种情感是没有一个统一的标准的，一种令他人感到痛苦的行为或事物，可能会让另一个人感到愉悦。这似乎是一个棘手的问题。

解决这一问题的方法，是将功利从一种主观感受转变为一种客观的标准。在这里，休谟的解决方式是引入"旁观者立场"，"进言之，这些对人们有用的行为和品格都属于具有这些行为和品格的人，而对它们做出道德评价的则是'旁观者'"。[1] 由此，就可以建立道德评价的普遍性和客观性。但是，从这一角度论述功利的客观性似乎是有问题的。例如，某人认为某种行为可以给他带来愉悦感，他有理由称这种行为是有用的，至少对于他自己来说是这样的。但是如果这种行为是被他人折磨，那么似乎对于这种行为是否有用的评价就无法通过一个旁观者来建立其客观性。一方面，如果这种客观性是建立在行为和品格之上的，那就会产生一种行为和感觉不一致的情况，即折磨人的行为在旁观者的立场上是一个客观事件，但是它对于某人来说是令其愉悦的，亦即有用的。即使是旁观者，也是作为另一个主体来观察这一行为。另一方面，旁观者本身并不具有另外一种坚实的标准来建立功利概念的客观性。这是因为休谟并没有提出一个关于功利概念的规范性定义。所以当某人认为被折磨是有用的时候，作为旁观者的另一个人则有三种方式回应这种理论困难：第一，做出有用或者无用的判断；第二，放弃判断；第三，认为这种行为不属于人的行为。而且，这种行为不必一定是被人折磨。

第一种回应，如上所述，似乎是不可能的。通过旁观者来建立客观性而又不涉及某种规范性标准的结果是建立了一种主体间的标准，如果将这

[1] 李薇：《功利概念之辨：休谟与边沁》，第 26 页。

种标准称之为客观的，则无法和行为本身的客观性区分；此外，这种建立功利客观性的方式可能导致在旁观者之上再加上一个旁观者的无限倒退的情况。总之，因为主观与客观概念本身的混淆，这种建立功利客观性的方式最终实际上是失败的。即使做出了判断，最后也会被证明是主观的，或者说是主体间的，也就是说，它可以建立一种普遍性和恒常性，但不具有客观性，所以第二种回应也存在矫枉过正的问题。

第三种回应可以从哲学史的角度得到答案：

> 因此，在他（休谟）那里，真正的道德主体不是大众，而是精英，真正的道德标准不是先天的普遍的人性，而是精英的特定的趣味；大众是启蒙教化的对象，精英承担启蒙教化的使命，他们的任务是让大众感受德性的魅力和社会的好处，使他们自愿在道德上担负起对社会的义务。[1]

如此一来，那些不符合特定趣味的行为，即使是被非精英认为是有用的，也可以被排除于有用的标准之外，被认为是没有道德的或者是与道德无涉的。历史上，对于某些少数派，精英常常采取这种方式将其排除出道德的行列。当然，在当下，少数派中的精英与大众对于某些行为和品质的判断也是不同的。这似乎揭示了在现实的层面上，下文将要论述的功利普遍性问题也值得怀疑。

关于建立功利概念的普遍性，就其建立的方式来说，就是将旁观者由一人变为多人，也就是说不同的旁观者对同一行为或品格达成一致，形成共识。事实上，这种普遍性的最后结果是它在一定的范围内是可行的。但是，问题在于，这种对于功利的普遍性的设定的最大范围在哪里？是全体人类都可以同意的吗？如果是这样，似乎就要预设一种普遍同意的契约，但这明显不是休谟想要的。如果一定要达成共识，这种共识的标准是什么？需要绝对多数还是多于三分之一的旁观者同意，或者是某些有着特殊

---

[1] 休谟：《道德原则研究》，译者导言第 18 页。

裁判权的人同意？于是我们可以发现，不管是关于功利的客观性还是普遍性的设定，都存在这样一个问题：它们在远处看来，在表面上都是很合理的，然而一旦深入来看，都存在着大量的问题，它们似乎都跳不出一个主观的相对狭窄的范围。也就是说，它们还没有脱离主观感受的范围。

如果说以上论述中的功利多集中于个人，我们也可以将这种功利概念延伸到社会的层面，将其看作是一种“社会幸福”。由于它可以使人愉悦，人们于是赞同这种功利，进而将其确立为道德的基础。[1]这样一来，道德的基础就不是一种以自爱（self-love）为背景的功利概念，而是一种以仁爱（benevolence）为背景的功利概念了：

> 没有人是与他人的幸福和苦难绝对地漠不相关的。他人的幸福有一种产生快乐的自然趋向；他人的苦难有一种产生痛苦的自然趋向。这人人在其自身中都可以发现。或许这些原则不能被分解成更简单和更普遍的原则，无论我们为了这个目的而可能作出什么尝试。[2]

休谟在预设了人性之后，对于他人苦乐的共情能力就可以将功利、赞同、愉悦等联系起来，并使之成为我们人性的一部分。由此，通过对功利的赞同而来的愉悦感就成为了人性的来源。[3]

这里需要注意的是，休谟区分了两种道德行为，一种是由自然天性或直接的倾向驱动的，也就是个人的苦乐感；一种是由公共的或者私人的功利驱动的。就我们上述论证的这种来自一种公共的功利概念，进而由这种观念塑造的道德行为，在休谟看来是“第二类道德义务”[4]。在接下来的分析中我们将会发现，这与边沁的论述是完全不同的。

经过一系列的澄清，我们可以大致确定休谟的功利概念在其道德理论

---

[1] Frederick Rosen, *Classical Utilitarianism from Hume to Mill*, p. 34.

[2] 休谟：《道德原则研究》，第 70 页。

[3] Frederick Rosen, *Classical Utilitarianism from Hume to Mill*, p. 34.

[4] Douglas G. Long, “‘Utility’ and the ‘Utility Principle’: Hume, Smith, Bentham, Mill”, p. 24.

中的位置：通过对于他人苦乐的共情能力，公共功利、赞同、愉悦被联系起来，成为人性的一部分。这其中的公共功利（public utility）是一种描述性的概念，有着丰富的外延，也即在社会中我们可以经验到它们。但是其缺乏内涵，也就是说，它本身并不蕴含一个规范性标准。而通过这种过程形成的道德行为或道德义务都是属于第二类的。

在社会的现实层面，对于功利，休谟的态度是很正面的。一方面，公共功利必须在社会中被人们经验到；另一方面，这种功利之所以被人们赞同，是因为它不仅让人们感到愉悦，而且因为它可以让这种愉悦感在社会中不断增长并引起人们的共鸣，也就是说，我们不仅通过功利获得愉悦，而且通过共情能力，我们还能做到对于他人因功利而来的愉悦而感到愉悦。由此，在社会的层面上休谟摆脱了自爱的困扰。而功利则只是这一道德理论中的一个关键环节。

二、边沁对于功利概念的进一步发展

边沁功利概念的提出，在很大程度上是对休谟的功利概念的修正与推进。边沁认同休谟在《人性论》中“一切善德的基础蕴藏在功利之中”[1]的主题。但是他对这一概念最初的休谟版本并不是十分满意。而边沁自己对于功利概念的理解，最为明确的阐释体现在《道德与立法原理导论》中的这句话中：

> 自然把人类置于两位主公——快乐和痛苦——的主宰之下。只有它们才指示我们应当干什么，决定我们将要干什么。是非标准，因果联系，俱由其定夺……功利原理（最大幸福或最大福乐原理）承认这一被支配地位，把它当作旨在依靠理性和法律之手建造福乐大厦的制

[1] ［英］边沁：《政府片论》，沈叔平等译，商务印书馆，1997 年，第 149 页脚注。

度的基础。[1]

十分明显，功利的地位在边沁这里完全不同于休谟。对于休谟来说，尽管他在一些文本中给予了功利很高的地位，但是它本身不是独自发挥作用的，而是尤其依赖于人的共情能力，而在边沁的论述中，我们找不到这样的概念或者人类能力。

边沁的功利主义认为，行动仅仅是关于其快乐的或者痛苦的结果的，不管是期望的还是现实的结果。在任何行动中能够导向幸福的"趋向性"就是功利。[2] 也就是说，功利吸引人的注意力，使之成为人们的共同目标（幸福）。并且，他认为需要建立一个完全的、系统的关于结果的名册，而不必考虑通常的道德观点的影响。[3]从此我们可以看出休谟与边沁关于苦乐的一个共同之处，即他们二人都将这种基于苦乐的行为或者感觉纳入了自己的体系之中。但是，不同的是，在休谟那里，功利是通过苦乐的共情能力成为道德感的来源，苦乐在这里是人的一种感觉，并进而成为了人们赞同与否的根据。而在边沁这里，快乐有着明确的定义，它和实惠、好处、快乐、幸福、利益和功利是同义的，而且它是立法者考虑的目的：

> 已经表明，组成共同体的个人的幸福，或曰其快乐和安全，是立法者应当记住的目的，而且是唯一的目的。它是唯一的标准，依此应当在立法者确定的程度上，使得每个人都将自己的行为规范得符合该标准。[4]

相对于关于快乐、幸福等概念上二者存在的差异。休谟和边沁在不幸的问题上，有一个明显的相同之处，这就是他们都认为宗教，或者说宗教

[1] ［英］边沁：《道德与立法原理导论》，时殷弘译，商务印书馆，2000 年，第 57 页。
[2] 边沁：《政府片论》，第 115 页。
[3] Henry Sidgwick, *Outlines of the History of Ethics for English Readers*, p. 240.
[4] 边沁：《道德与立法原理导论》，第 81 页。

式的禁欲主义是不幸来源，这表现出了他们二人对于宗教相近的态度，例如，对于休谟来说：

> 哲学家中间，只有犬儒学派是一个离奇的例子，只有他们曾由纯粹哲学的推理陷入了极度狂妄的行为，正像世界上曾有的任何僧侣或托钵僧一样。一般说来，宗教中的错误是危险的；哲学中的错误则仅仅是可笑而已。[1]

而对于边沁来说：

> 僧侣们试图赖以把自己同其他人等区别开来的做法称为磨练。这些磨练是他们通过许许多多故意折磨自己的怪僻举动来进行的，其目的在于取悦于神。他们说：神是无限仁慈的，既然最俗相的仁慈者乐于看到别人使他们自己尽可能地快乐，那么使我们自己尽可能地不快乐便是取悦于神的办法。[2]

可以看出，这样的观点事实上能够体现这两位哲学家的自然主义倾向。在人类的世界中不存在为道德建立其客观性的上帝。对于休谟来说，他不得不面对一系列批评。如上所述，他的道德理论会有陷入主观主义的危险，甚至很多哲学家认为他的道德哲学就是主观主义的。[3]而主观主义构建的道德理论自然会遇到普遍性和规范性不足的问题。边沁同样拒绝将宗教作为道德客观性的基础。相对于休谟，他更进一步，提出了一种关于功利的道德实在论。

当然，就上述引文，导致不幸的原因不仅是宗教式的禁欲主义，还有

[1] 休谟：《人性论》，第299页。

[2] 边沁：《道德与立法原理导论》，第64页。

[3] Charles Taylor, *Sources of the self: The making of the modern identity* (USA: Harvard University Press, 1989), p. 53.

宗教本身。从更为宽泛的经验主义的角度来看，边沁无疑是一位无神论者，这让他与威廉·佩里的神学功利主义区分开来。人们对于什么能够给予人们快乐和痛苦的了解，远超过其对于上帝意志的了解，所以宣称自己在遵循上帝意志的立法者事实上是在遵循他个人的情感或者是个人利益。[1] 总之，在边沁的功利主义系统中，其他的理论都可以被认为是对功利原则的一种部分或者歪曲的表达，所以，道德感、常识、理性、正义法则、合宜性、自然法、天然正义、真实、上帝选民论等都可以还原为功利原则。

在有关休谟与边沁关于功利问题上最大差异的讨论中，最重要的主题应该就是关于功利的计算问题了。如前所述，休谟的功利概念是一个描述性概念，并没有规范性意义，这导致功利概念在休谟那里是比较模糊的，似乎有用就是功利，但是有用又是什么？功利的客观性问题我们已经讨论过，似乎这个问题只能转化为一种主体间性的问题，在拒绝了上帝之后，功利似乎找不到客观性的来源。边沁在这个问题上给出了自己的、相对于休谟更进一步的解决方法。正如边沁所述，这个问题可以在一种虚构的共同体中被讨论，而不是设置一个不偏不倚的旁观者：

> 共同体的利益是道德术语中所能有的最笼统的用语之一，因而它往往失去意义。在它确有意义时，它有如下述：共同体是个虚构体，由那些被认为可以说构成其成员的个人组成。那么，共同体的利益是什么呢？是组成共同体的若干成员的利益总和。[2]

在边沁的道德理论中，趋利避害是人的一个道德事实，这是用任何道德理论都无法掩盖与反对的。这就引出了功利的两个特征：客观性和道德性。在客观性方面，因为边沁将人的趋利避害的道德事实与功利概念联系

---

[1] ［英］蒂姆·莫尔根：《理解功利主义》，谭志福译，山东人民出版社，2012年，第17页。

[2] 边沁：《道德与立法原理导论》，第58页。

起来，其结论就是人在现实中追求的就是实实在在的功利，而不是一种休谟式的主观上的满足。在这里，如上所述，边沁不需要通过设定不偏不倚的旁观者来设定功利的客观性，因为功利就是一种现实中的客观存在。再用被折磨这个行为进行分析，其出发点就不是它使得某人感到愉快，所以它是有用的，进而受到赞同。而正是在这里休谟遇到了客观性如何设定的问题；但是，在边沁的论证中，并不存在这个问题。因为，对事物是否有功利的评价标准并不是来自主体，而是来自事物本身的特殊性质。所以，被折磨尽管可以使某人感到愉快，但是这个行为本身事实上对人是有害的，所以并不是功利的，进而也就不是道德的。对于“以自我为中心”的情感主义的共情理论，边沁也给出了自己的批评：

> 我说同情和厌恶原理，是指所以赞许和非难某些行动，并非由于它们趋于增大利益有关者的幸福，亦非由于趋于减小其幸福，而只是因为一个人自己感到倾向于赞许之或非难之。也就是说，他举出这一赞许或非难作为其本身的充足原因，否定有寻求任何外在理由的必要。[1]

总体而言，边沁点出了休谟，或者说情感主义者在对待功利问题上的缺陷：一方面，他们希望引入功利作为主观的情感之外的对于事物道德与否的评价的客观标准，而为了建立这种客观标准所引入的就是不偏不倚的旁观者概念。事实上，这个观点在亚当·斯密那里甚至成为了一个中心概念，但是其问题也是十分明显的。第一，这个旁观者是否是现实中的人？如果是，似乎不能保证其不偏不倚和客观，如果不是，那他是什么呢？是一种神秘的预设吗？还是一种主体间的共识？如果人们不能达成共识呢？共识的标准又是什么呢？这些问题在前文中已有所涉及，在此便不赘述。另一方面，这种通过不偏不倚的旁观者进行的论证甚至不能建立其功利的普遍性，很明显的是，这种不偏不倚的旁观者作为两个部分之间的第三

---

[1] 边沁：《道德与立法原理导论》，第 69—70 页。

者，它所建立的功利的范围是不能超出这三者之间的。如果持这类观点的人想要建立更为普遍的功利概念，就需要设置一个能够覆盖到至少是一个共同体的范围内的旁观者。但是这个旁观者是什么样的？休谟无法给出答案。既然目前还不能建立超出这个范围内的功利，我们只能说，它的普遍性是有限的。而从边沁关于事物本身特性的角度来建立普遍性的论证，这个问题就迎刃而解了。因为，一般认为，事物本身的特性是客观的、普遍的，是洛克式的“第一性质”。所以，边沁可以认为，在其基础上建立的功利概念自然就摆脱了上述对休谟的批评。

不过，边沁的论证也存在问题。问题在于，他需要说明这种特性是什么。因为，不论外在于人的事物有着什么特性，虽然这种特性本身是客观存在的，也就是说它存在与否的原因不是人的情感。但是，之所以我们会知道这种特性，还是因为它对人是有用的，所以问题又回来了：有用到底指的是什么？或者说，功利原则是什么？休谟的回应不能令其他哲学家满意，而边沁的定义相对来说就较为清晰，尽管它依旧存在问题。当然，正因为这种清晰也使它更容易被批判：

> 功利原理是指这样的原理：它按照看来势必增大或减小利益有关者之幸福的倾向，亦即促进或妨碍此种幸福的倾向，来赞成或非难任何一项行动。我说的是无论什么行动，因而不仅是私人的每项行动，而且是政府的每项措施。[1]

如上所述，边沁已经说明了幸福有着多个同义词，例如实惠、快乐、好处等等，这些同义词能否与我们刚才论证的功利的客观性和普遍性结合起来呢？总的来说是可以的。首先，人的实惠、好处等必须有一个相应的对象，也就是必须有一个客观的对象与之对应，当我们讨论的情况是现实社会时，这一观点就体现得更加明显。因为，在目前我们所处的社会中，并不存在《美丽新世界》中的未来技术，也没有《黑客帝国》中的那种纯

---

[1] 边沁：《道德与立法原理导论》，第58页。

粹的精神世界，我们不讨论这些特例。所以，对于伦理问题的讨论，边沁是立足于现实的，而不是从一种更加纯粹的“哲学”角度来进行论述。这一点其实在休谟那里也明确地体现出来了。其次，由于人的特定的结构，其与外在事物的关系更多的是为了符合其结构。例如，由于人们会更加关注能解决温饱问题的动植物，所以在历史中便驯化了它们，而不是驯化其他动植物，尽管它们也有各自客观的特征。也就是说，边沁所认为的事物的特性，也就是它们能够符合人的结构，所以，超过宇宙膨胀速度之外的世界虽然是客观存在的，但是似乎其特性与我们没有太大的关系。当然，关于人的结构，我认为边沁更多的是讨论基于趋乐避害的感官结构及其感官之乐，比如说吃饱穿暖，饱暖而思淫欲，等等。并由此，他建立了能够测量符合人的这种结构的详尽的标准。[1] 虽然他也详细地列举了诸如虔诚之乐、回忆之乐等快乐，但是基本上这些快乐如果要纳入测量的范围，就需要以感官之乐为基础。例如，回忆之乐需要有可回忆的之前的快乐，这种快乐至少应该是和感官的快乐复合在一起的，而不是一种没有具体依据的快乐。这是他相较于前人的进步，同时，这也是他的局限。而对这个过分注重感官满足的功利问题的解决，就是穆勒的任务了：

> 在所有这些方面，功利主义者都已充分地证明了自己的观点；但他们本可以完全自洽地采纳其他的也许可以说是更高层次的论据。承认某些种类的快乐比其他种类的快乐更值得欲求，更有价值，这与功利原则是完全相容的。荒谬的倒是，我们在评估其他各种事物时，质量与数量都是考虑的因素，然而在评估各种快乐的时候，有人却认为只需考虑数量这一个因素。[2]

---

[1] 边沁在《道德和立法原理导论》一书第五章中列举的苦乐的这种方式和佛教中的一些派别十分类似，它们都详细，甚至是繁琐地描述人在现实世界的处境，并且基于这些具体的处境给出关于这个世界的看法。当然，边沁是很乐观的，他列举了很多人世间的幸福快乐，并给出测量它们的标准。而佛教则相反。

[2] [英] 约翰·穆勒：《功利主义》，徐大建译，上海人民出版社，2008 年，第 8—9 页。

值得注意的是，不仅是边沁，休谟同样没有对人的快乐进行高低程度的区分，一些作者认为这是来自伊壁鸠鲁主义而不同于柏拉图主义和亚里士多德主义的观点。[1] 总的来说，这一点在这两位哲学家身上体现得还是较为明显的。所以，这就引出了边沁关于功利的数量上的测量的问题了。

对于实验方法，休谟与边沁有着不同的看法。休谟的实验方法“反映出他的一种信念，那就是对我们对外部世界和我们人类同胞偶然的和不确定的天性的判断”[2]。这明显是源自休谟的形而上学和认识论，是他的怀疑论所使用的理论工具。而对于边沁来说，实验方法是一种有着精确性和排他性的演示过程，它有着实践目的，是一种“科学”。由此他提出了估算快乐和痛苦的值的几个维度：强度、持续时间、确定性或不确定性、临近或偏远以及丰度、纯度和广度，并给出了一个严密的程序。[3] 这个程序有着很强的可行性，因为快乐和痛苦是立法者必须运用的工具。他甚至认为这种量化方式可以通过不断地修正成为真正的科学。最后，功利将会是“衡量和检验一切德行的标准”。[4] 而这对于休谟是完全不可想象的。这似乎就体现出了休谟的情感主义道德哲学和边沁的“理性主义”道德哲学（爱尔维修-牛顿式的道德科学）之间的差异了。“最大幸福原理”很难说是一个十分严谨的理论，但是它尽可能地摆脱了形而上学的思辨。[5] 在这一点上，这两位哲学家是一致的。其中的原因应该是：他们二者都是以经验世界为基础来建立各自的道德理论的。

---

[1] Frederick Rosen, *Classical Utilitarianism from Hume to Mill*, pp. 48—49.

[2] Douglas G. Long, “‘Utility’ and the ‘Utility Principle’: Hume, Smith, Bentham, Mill”, p. 22.

[3] 边沁：《道德与立法原理导论》，第 86—89 页。

[4] 边沁：《政府片论》，第 150 页脚注。

[5] 李薇：《功利概念之辨：休谟与边沁》，第 31 页。

三、结论

如上所述，功利概念从休谟到边沁的发展，有两个主要的线索：第一，脱离对功利的主观主义的态度，试图为功利概念赋予客观性。休谟的解决方式是引入不偏不倚的观察者，边沁的解决方式是将功利概念视作客观性质。第二，从描述性概念向规范性概念的发展。休谟的功利概念是一种描述性概念，而到了边沁这里，已经发展成为一种核心的规范性概念。“功利主义”开始成为道德哲学中的重要理论，甚至是主流理论。

此外，还有一些需要注意的细节。边沁特别重视社会作为人的一种虚构的理论（想象的共同体）。但是，边沁在方法论上是集体主义的。他认为，如果脱离了社会，功利是不可能的。[1]而休谟作为苏格兰情感主义的代表，与其学派中的其他代表人物不同，他不持有一种对于共同体的分离立场（disengaged stance）。[2] 也就是说，他不认为个人能够作为客体脱离社会，也不认为能够从方法论个人主义的立场来研究道德理论。在这一点上，边沁和休谟是一致的。

关于休谟和边沁哲学的异同研究，如果再加上亚当·斯密和穆勒的话，可谓汗牛充栋，功利是他们论述的一条主线。经过对其中的几个角度进行认真的分析，我们发现，其中最重要的问题是休谟道德理论中苦乐感、功利、赞同和非议以及共情概念之间的结构和边沁的以功利为核心的伦理理论之间关于功利的性质、地位和作用的讨论。在休谟的道德理论中，功利是作为客观标准被引入道德理论的，为的是克服道德理论的主观性、相对性。通过上述论证，我们认为这个通过不偏不倚的旁观者来建立功利客观性、普遍性的方式是失败的，而对这个困难正是依靠边沁引入事物自身特性的客观性和普遍性来解决的。总的来说，这种解决是有效的。

---

[1] Paola Rudan, "Society as a code: Bentham and the fabric of order," *History of European Ideas* 42, no. 1 (2016): 39—40.

[2] Charles Taylor, *Sources of the self: The making of the modern identity*, pp. 344—345.

但是，其中的问题是如何使得事物的特性与功利相联系，在此便引入了人的结构这一概念。在边沁的哲学中，主要体现为人的生理结构，更准确地说是人的感官结构，人只关心与其感官相关的事物的特性。但是很明显，这种观点会让许多哲学家不满意，解决这种过度在乎感官愉悦数量计算的功利问题，就是穆勒的任务了。

The Development of the Concept of Utility

— An intertextual reading of Hume's and Bentham's moral theories

(Liu Wei, Institute of Foreign Philosophy, Department of Philosophy and Religious Studies, Peking University, Beijing, 100871)

Abstract: Hume's and Bentham's exploration and study of the concept of utility have been richly discussed in the history of philosophy, respectively. However, if they are placed in the dimension of moral theory, it becomes clear that they are in fact intrinsically linked to each other. In fact, there is an ongoing process of development in the utility concepts of these two philosophers. It is gradually made clear by Hume's and Bentham's continuous reflection on the subjectivism in the concept of utility and the discovery of the normative nature of the concept of utility. On the one hand, we have to note the differences between the two in their exposition of the concept of utility; on the other hand, we have to explore the development and refinement of the concept of utility by both in the dimension of moral theory. How to overcome the various problems of the concept of utility and its subsequent theory of utility has been a central topic in utilitarian philosophy from Hume onwards to the present day. And an intertextual reading of his texts is one of the important ways to answer this question.

Keywords: Hume; Bentham; Utility; Moral theory; Intertextual reading

论布伦塔诺的内意识概念

葛　夏*

摘要：在布伦塔诺的论述中，内意识是对心理现象的知觉。在《从经验立场出发的心理学》中，布伦塔诺详细讨论了这门科学的研究对象，即心理现象，并通过对内意识的论述详细阐明了描述心理学的立场和方法。布伦塔诺对内意识的论述可以概括为三部分：内意识与心理现象之间的关系、内意识与无意识问题、内意识的分类。此外，布伦塔诺的内意识概念研究还涉及许多值得探讨的问题，如布伦塔诺的内意识概念与胡塞尔的内意识概念之间的思想联系，布伦塔诺与弗洛伊德、拉康的无意识概念之间的区别，布伦塔诺与其同时代心理学家李普斯就无意识问题所形成的分歧，以及布伦塔诺的内意识分类在哲学史上的意义等。

关键词：布伦塔诺；内意识；心理现象；无意识；认识论

布伦塔诺（F. Brentano，1838—1917）是20世纪初叶前后最重要的哲学家，也是精神分析学的创始人弗洛伊德（S. Freud，1856—1939）和现象学的奠基者胡塞尔（E. Husserl，1859—1938）的老师，国外对其研究经久不衰，在国内也渐受重视。他对欧洲哲学界影响深远，很多杰出的哲学家和心理学家都出自其门下，他以亚里士多德和穆勒（J. S. Mill，1806—1873）的经验主义反对德国观念论，主导了一场知识革命，“在哲学心理学、形而上学、本体论、价值论、认识论、三段论逻辑的改革、哲学神学

---

* 作者简介：葛夏，陕西师范大学哲学学院博士研究生。电子邮箱：evidenz1859@163. com。本文系国家社科基金项目“现象学认识论研究”（18BZX099）的阶段性成果。

与神正论、哲学史与哲学方法论等方面做出了重要贡献”。[1]

“内意识”（inneren Bewusstsein）是布伦塔诺代表作《从经验立场出发的心理学》中的重要概念。这部著作标志着描述心理学的诞生。布伦塔诺在该书中详细讨论了描述心理学的研究对象，即心理现象，在对心理现象的论述中，内意识概念占据了三分之二的篇幅，通过对内意识的论述，阐明了描述心理学的立场和方法。布伦塔诺的内意识概念得到国内外学者的关注和研究，[2] 相关概念的研究还有内知觉（innere Wahrnehmung）、心理现象（psychischen Phänomenen）、无意识（Unbewussten）等。本文将布伦塔诺对内意识的论述概括为三部分：内意识与心理现象之间的关系、内意识与无意识问题、内意识的分类。但就现有研究而言，除了需要对这些论述予以系统梳理之外，还有一些问题，如布伦塔诺的内意识概念与胡塞尔的内意识概念之间的思想联系，布伦塔诺与弗洛伊德、拉康（J. Lacan，1901—1981）的无意识概念之间的关系，与其同时代心理学家李普斯（T. Lipps，1851—1914）就无意识问题所形成的分歧，以及其内意识分类在哲学史上的意义等，都是值得讨论的问题。

---

[1] Dale Jacquette, “Brentano's Science Revolution,” in *The Cambridge Companion to Brentano*. ed. Dale Jacquette（Cambridge: Cambridge University Press, 2004）, pp. 1—2.

[2] Mark Textor 从高阶意识理论的观点阐明布伦塔诺对内意识的观念，这种理论认为，当且仅当它被伴随的心理行为“瞄准”时，心理行为才是有意识的，因此，用基本的意向性概念就可以解释内意识。参见 Mark Textor，“Brentano（and Some Neo-Brentanians）on Inner Consciousness,” *Dialectica* 60, no. 4（2006）: 411—432。Andrea Marchesi 以融合论的观点解释了布伦塔诺内意识划分中的“无限倒退问题”。参见 Andrea Marchesi，“Brentanian Inner Consciousness and the Infinite Regress Problem,” *Dialectica* 73, no. 1—2（2019）: 129—147。倪梁康认为“布伦塔诺对内意识和无意识的区分开启了现代心理学的两个研究方向，并在总体上厘清了无意识问题以及无意识理论的可能性问题”。倪梁康：《意识现象学与无意识研究的可能性》，《中国社会科学》2021 年第 3 期，第 138 页。

一、内意识与心理现象的关系

在布伦塔诺的论述中，内意识就是对心理现象的知觉。心理现象是描述心理学的研究对象，它的基本含义是表象和奠基于表象的现象，且它只能在内意识中被知觉。

在布伦塔诺的论述中，与内意识和心理现象相比，意识不仅指对当下行为的知觉，也指对先前行为的记忆，也用来表示对自己的心理行为的直接知识，不仅知觉和认识都是意识，而且所有的表象都是意识状态。布伦塔诺认为，这些用法并不能清楚地界定意识，但在没有严格考察时仍可以在日常用法上使用意识这个术语，这在研究尚未充分完成时反而是有好处的。布伦塔诺说："如果将这个词以下述方式运用则会更有帮助，即，用它表述一种重要的现象类别，特别是将一种它所缺乏的合适名称赋予它时，这个词内部的明显裂隙便随之被填平了。鉴于此，我宁愿将'意识'这个词当作与'心理现象'与'心理行为'同义的。"[1]

布伦塔诺将心理现象界定为表象和奠基于表象的现象，其中的表象并非指被表象的东西，而是指表象行为，这是对事物的表象和表象行为是同一回事情的不同说法。这种表象行为不仅是判断行为的基础，而且是欲求及其他任何一个心理行为的基础。布伦塔诺认为，只有一个东西被表象后，这个东西才能被判断、被欲求、被希望或害怕。为了区别于外感知所接受到的物理现象，布伦塔诺通过研究进一步认识到，心理现象的专有特性是意向的内存在，或具有一种内在对象性，即对象以表象的形式内在地存在于意识中，因而它自身在理解中就被视为包含着作为对象的某物，"对象意向的内存在"是心理现象的一个普遍特征，这种特征把心理现象和物理现象区别开来，心理现象"只在内意识中被知觉，而物理现象只有

---

[1] [德] 布伦塔诺：《从经验立场出发的心理学》，郝亿春译，商务印书馆，2017年，第120页。

通过外感知才能通达”。[1] 这即意味着，内意识是作为认识行为而言的，确切地说，它就是表象行为，在这个意义上，它与内感知和内知觉的含义是一样的。

布伦塔诺关于内意识和心理现象的论述对胡塞尔有直接影响，在后者的《逻辑研究》中就可以看到。在胡塞尔的理解中，“心理现象是内感知的现象，物理现象是外感知的现象”。由于胡塞尔的用词中感知（Perzeption）和知觉（Wahrnehmung）是同义语，所以，胡塞尔这里所说的内感知，就是布伦塔诺所说的内意识。胡塞尔引用布伦塔诺的原话并注释道：“内意识在这里只是对内感知的另一种表达。”[2] 可以说，胡塞尔以内感知的讨论取代了对内意识的讨论。在《逻辑研究》中，胡塞尔以大量篇幅引用并论述了布伦塔诺的内意识和心理现象概念。他的这些论述与布伦塔诺的内意识和心理现象概念并无不同，两者的差异在于借由内意识概念所要解决的问题不同。布伦塔诺的内意识概念是为了进一步说明心理现象的研究方法，由于心理现象只能在内意识中被知觉，所以对其的研究基本方法只能是描述的。而胡塞尔的内意识概念则包含着一种不彻底的本体论预设，如胡塞尔认为，内感知基于已经获得的“观念”而产生，它是精神对行为所做的反思，[3] 这意味着胡塞尔仍然是把内感知作为精神实体来对待的，试图完成的是对意识构成的分析。出于这种目的预设，在内时间意识现象学的研究中，胡塞尔给内意识赋予了新的含义，他认为每一个体验都是内在地被感知到或内在地被意识到，但内感知并不是同样意义上的体验，它本身不被再一次内感知到，这个意义上的内意识也被胡塞尔称作“原意识”（Urbewusstsein）或“自身意识”（Selbstbewusstsein）。[4] 这种对内意识的理解，已经被具体化为特定的心理行为，而布伦塔诺所说的内意识则伴随着每一个心理现象，不能被本体化。

---

[1] 布伦塔诺：《从经验立场出发的心理学》，第95—108页。

[2] ［德］胡塞尔：《逻辑研究》，倪梁康译，商务印书馆，2015年，第1113—1114页及脚注。

[3] 参见胡塞尔：《逻辑研究》，第1110页。

[4] 参见倪梁康：《胡塞尔现象学概念通释》，商务印书馆，2016年，第97—98页。

需说明的是，布伦塔诺在相关论述中也将意识与心理现象作为同义语使用，与之同义的还有心理行为这一概念。布伦塔诺认为，“每一种心理行为都被指向它的一种意识所伴随”，“任何心理行为都被双重的内意识所伴随，即，被指向它的一种表象与指向它的一种判断所伴随”。[1] 在这里的表述中，布伦塔诺将心理现象与心理行为作为同义语使用，它们被意识（或内意识）所伴随，也就意味着被知觉。因此，内意识也是对心理行为的内知觉。

上述论述显然意味着，在描述心理学的立场中，每一种心理现象被意识所伴随，或者说在内意识中被知觉，由此，它就可以被描述出来。描述出来之后，才能进一步形成对心理现象的规律性认识。这也同时意味着，无法意识到也就无法被描述出来，因而也就无法成为描述心理学的研究对象。因此，在描述心理学中就不存在无法被意识到的意识。但是，布伦塔诺同时代的哈特曼（E. V. Hartmann，1842—1906）已经提出了一套“无意识哲学”，这在当时颇有影响，且历史上的诸多哲学家和同时代的哲学家对“是否存在无意识”这个问题都没有统一的看法，因此，布伦塔诺认为有必要基于描述心理学立场来回应一下这个问题。

二、无意识的心理现象是否存在

布伦塔诺认为，如果认为“无意识的心理现象”是存在的，就必须以某种方式证明它的存在。这些可能存在的证明方式被布伦塔诺归结为四种：

1. 证明某些经验事实需要预设一种无意识的心理现象才能解释其形成的原因；

2. 需要证明经验事实导致了一种无意识的心理现象，且这种结果在意识中根本没有出现；

3. 内意识的强度是其所伴随的意识的强度，但它的强度实质上是缺乏

[1] 布伦塔诺：《从经验立场出发的心理学》，第 163、169—170 页。

的，因此可以证明无意识作为一种没有强度的意识同样存在；

4. 每一种心理现象都会成为新的心理现象的对象，由此无限发展下去，可以证明最终存在无意识。[1]

在《从经验立场出发的心理学》中，布伦塔诺以 11 节 39 页的篇幅(中译本)对这四种证明方式逐一进行排除，最终给出了肯定的回答："无意识的心理行为"或"无意识的意识"是不存在的。以下是布伦塔诺推翻这些证明方式的大致思路。

就第一种证明方式而言，布伦塔诺认为，如果某一事实被假定为是无意识的心理行为的结果，那么，能够得出这一认识需要满足三个条件：首先，这种事实已经被充分确立了；其次，经验事实能被解释为是一种相应原因产生的结果；最后，这种无意识的心理现象"不能在其他假定下被理解，至少它最后可能不被理解"。对于第一个条件，即是说，即使事实 A 充分确立了，但 A 自身无法确定自己的原因，所以，A 的确立不能证明无意识存在。如牛顿清楚地表明其杰出的发现都不是无意识思维的结果。第二个条件需要进一步假定有意识的心理现象通常已经包含了相似的结果，且无意识的心理现象必定同时不包含其他的结果时，这个假定才成立。这即意味着，如果事实 A 被假定为是一种无意识心理现象 B 的结果，且 B 不包含其他结果，且已表明有意识的现象B′是事实A′的原因，那么根据B′与A′的必然关系就可得知 B 必然是 A 的原因，但问题在于B′与A′的必然关系无法成为 B 与 A 有必然关系的解释。因此，无法假定 B 是 A 的根据，所以证明 B 是无意识的存在也就失去了意义。对于第三个条件，布伦塔诺说："事实上，从不同前提出发，我们往往可以达到同样的结论。"[2] 这即意味着，某一事实A′可能是B′、C′、D′等多个有意识的心理行为的结果，有意识的情况尚且不能断定，所以，假定某一结果 A 只对应某一无意识原因 B 则更是不可能的；此外，如果某一事实能够用有意识的心理现象获得解释，那就更没理由假设无意识这一原因。因此，假定某一事实是无意识的

[1] 参见布伦塔诺：《从经验立场出发的心理学》，第 124 页。

[2] 同上书，第 125、126、129 页。

心理现象所导致的，这是缺乏充分根据的。无意识的心理现象的类型不能确定，因而也就无法获得无意识的心理现象的规律。

就第二种证明方式而言，布伦塔诺将其转换为："如果一种给定的事实包含一种心理现象作为其必然结果，由于这时缺乏一种有意识的现象，我们也就有权设定一种无意识现象的存在。"这时候，首先需要排除遗忘掉的心理现象；其次，需要证明此种情形下的原因与其他情形下的原因相似；最后，证明阻碍伴随意识的原因没有出现在其他情形中，且没有阻碍心理现象。为了更清晰地理解布伦塔诺的排除过程，我们对此予以进一步转换：假设事实 A 产生了心理现象 B，而 B 的产生还有另外的原因 X，如果 X 不是有意识的现象，那么它就是无意识的现象，所以无意识是存在的。基于此，我们再来逐步推演一下布伦塔诺的排除过程。首先，如果 X 作为被遗忘的有意识的现象，就不能证明无意识的存在，反之则有权设定其存在。其次，某一与 B 相似的现象B′是由无意识现象X′导致的，所以可以同理证明 B 的原因 X 是无意识的现象，但对于无意识的现象无法予以性质和特征说明，所以，我们虽然可以证明 B 与B′的相似，但没有办法说明 X 与X′的相似，因此，X′说明不了 X 的存在。最后，如果某种东西阻碍了对 X 的知觉，则不能证明 X 就是无意识的心理现象，反之，如果证明没有东西阻碍对 X 的知觉，且 X 不是有意识的心理现象，那么 X 就有权被设定为无意识的心理现象。但由于无法证明阻碍着的东西的存在，所以就无法以此设定 X 作为无意识现象而存在。对于第三种情形，布伦塔诺举例说，刺激强度的变弱使一些东西不可见，但通过显微镜就可以看见，这实质上仍然是有意识的心理现象，只是刺激存在强弱之分，如分散性的棱镜也可以将光刺激弱化，使看得见的东西看不见，而且，视觉刺激无法证明它自身会阻碍意识而不会阻碍感觉的形成。[1]

就第三种证明方式而言，布伦塔诺认为，通过说明意识和无意识皆没有强度以证明无意识存在是不合适的。表象行为的强度总是与对象显现给我们的强度相等，即与构成表象内容的现象的强度相等，因此，"表象强

---

[1] 参见布伦塔诺：《从经验立场出发的心理学》，第 137—139 页。

度的变化是它所伴随心理现象的强度增减变化的必然结果”，因此，只要存在心理行为，就必然存在这一行为的表象，相应地，行为的强度就与表象的强度相等。[1] 与此相关，感觉的强度与呈现在感觉中的物理现象的强度是相同的，只有在这种情况下才能建立一种心理学的规律。这就是说，表象是有强度的，所以意识是有强度的，因而，不能以伴随心理行为的意识没有相应的强度来证明无意识是存在的。

就第四种证明方式而言，布伦塔诺认为，以设想心理状态的无限复杂化说明存在无意识的心理现象是站不住脚的。如果每种心理现象必定伴随意识，如“对声音的表象，对听的行为的表象”，对这种行为表象的表象，这样一来，就会导致表象系列的无限复杂化。然而，我们实际上是根据对象的数目确定表象的数目，而不是根据心理行为的数目确定对象的数目。对于同一对象，如果根据心理行为的数目来确定，将会产生无穷多的对象，这显然直接导致了荒谬性。所以，设想出表象系列的无限复杂化是荒谬的，因而，以表象系列的无限复杂化推论出最终存在无意识的心理行为是荒谬的。在一个听的行为中，除了声音作为一阶的物理对象外，还有二阶“听”这一行为。而实质上，进入对二阶心理现象的领会时心理行为就可以结束了。每种心理现象，都有双重对象，一阶对象和二阶对象，而对二阶对象的意识是三重的，“它包含着对听的表象、对听的认识，以及对听的感受”，因而，每种心理行为就有了四个被考察的方面：它作为其一阶对象的表象，作为其自身的表象，作为其对自身的认识，作为其对自身的感受。[2] 这就意味着表象的无限复杂化是不必要的。按照 Rollinger 的看法，布伦塔诺之所以反对无意识的意识（unbewusstes Bewusstsein），是因为这样会陷入到无限倒退的论证之中。[3] 这一看法符合布伦塔诺的立场。也即是说，这种做法无助于清晰明了地推进对问题的研究，而是将问

[1] 参见布伦塔诺：《从经验立场出发的心理学》，第 142—143 页。

[2] 参见布伦塔诺：《从经验立场出发的心理学》，第 143、150、182 页。

[3] 参见 Robin D. Rollinger，*Husserl's Position in the School of Brentano*（Dordrecht：Kluwer Academic Publishers，1999），p. 28。

题愈加含混化了，所以是无效的证明。

虽然布伦塔诺证明了“无意识”不必存在，但其后的心理学家弗洛伊德、拉康等人以“无意识”解释人的某些精神行为的尝试，是否构成了对布伦塔诺观点的挑战呢？实则不会。布伦塔诺所说的“无意识”指的是“无意识的意识”，这仍然是基于意识的知觉含义来讨论的。而弗洛伊德所说的“无意识”则是指心灵区域，是真正的精神实在。[1] 弗洛伊德认为精神机器由意识、前意识、无意识三个心灵区域组成，处于意识区域内的是各种能够为人所感知的观念，处于前意识区域的是暂未感知但随时可以感知的观念，处于无意识区域的是那些因受到压抑而不能感知的观念。根据弗洛伊德的动力学解释，心灵内部运行着各种驱力，彼此之间也会相互冲突，精神机器借助压抑机制改变各种驱力的位置，以减少或消除冲突引发的不快，在这个过程中，心灵的某些驱力或驱力的某些方面就成为无意识，它保护人不会因一些相互冲突的欲望而感到痛苦。拉康对“无意识”的理解是基于弗洛伊德的观点的。弗洛伊德认为，无意识系统的工作机制是基本程序，即压缩和移置，意识系统的工作机制是次要程序，即普通语言所采用的隐喻和换喻。这两种程序的区别在于：在无意识系统中，精神机器受快乐原则支配，将承载力比多的观念代表随意进行压缩和置换；在意识系统中，精神机器受现实原则支配，只能按照约定俗成的语言符号来表达自己。[2] 基于此，拉康进一步认为隐喻存在于压缩（Verdichtung）中，换喻表现的是移置（Verschiebung）。它们都是话语的基本运作机制，

---

[1] 参见［奥］弗洛伊德：《释梦》，孙名之译，商务印书馆，2002年，第614页。在该译本中，“无意识”（unconscious）译作“潜意识”。弗洛伊德从“无意识”进一步区分出了可以通向“意识”（conscious）的“前意识”（preconscious）和不能通向“意识”的“无意识”。无意识不能进入意识，而前意识的兴奋能够进入意识。前意识系统不仅阻隔着无意识通向意识，还控制着随意运动的力量，并有权支配精力倾注能量的分布，其中一部分就是我们熟悉的注意。相关的概念还有“超意识”（superconscious）和“下意识”（subconscious）。弗洛伊德认为对它们不必区别，因为它们恰好用来强调精神和意识的等同性。（第616页）

[2] 马元龙：《无意识：从弗洛伊德到拉康》，《外国文学》2022年第5期，第79—92页。

因此，无意识本质上也是一种话语，只是不同于一般通常的话语。拉康还认为："症状确是个隐喻，而欲望确是个换喻。"[1] 拉康的这一理论也是精神分析法中谈话疗法的理论基础。当"无意识"被拉康理解为一种特殊的话语时，就意味着可以通过对话语的特定分析，辨认无意识区域内残留的记忆痕迹，推断对心理行为曾产生影响的那些要素。但这些痕迹就像抹掉字的碑文，只知道曾经刻写过字，却难以知道其内容。而在弗洛伊德的思想中，"无意识"主要是对某些心理行为的形成原因所做的动力学解释，这种解释是生理学意义上的。虽然弗洛伊德以谈话疗法作为精神分析的方法，但拉康基于弗洛伊德的思想就这一疗法给出了理论解释。与之不同的是，布伦塔诺的"无意识"是在觉察和感知的层面来谈论的概念，布伦塔诺说它"不存在"，指的就是"无法被感知"，因而也就无法被描述，由此在描述心理学中它就是不存在且无法探讨的对象。

对于无意识之争，李普斯与布伦塔诺也是不同的。李普斯在1896年的论述中认为："如果心理学只为自己设定为描述体验的任务，那么心理学根本不需要无意识概念。但这样的心理学是荒谬的。如果心理学总是在进行描述，而并没有超越这里的和那里的单纯描述，那它就只能是自我的个体意识过程的描述或报告。"[2] 这一说法显然针对的是布伦塔诺的观点。李普斯认为，无意识是精神生活的普遍基础。这一观点获得了弗洛伊德的赞同。[3] 弗洛伊德对"无意识"的分析，显然就是在以动力学的方式解决心理行为的基础问题，这正是李普斯所期望的工作。李普斯还认为，在心理学中构想"无意识"这一概念，可以替代用各种一般概念和灵魂这样

---

[1] ［法］雅克·拉康：《无意识中文字的动因或自弗洛伊德以来的理性》，载《拉康选集》，褚孝泉译，华东师范大学出版社，2019年，第408、426页。

[2] Theodor Lipps, "Der Begriff des Unbewussten in der Psychologie" (Papier präsentiert auf der III. Internationaler Congress Für Psychogie in Müchen, Verlag von J. F. Lchmann, Müchen, 1896, S. 1).

[3] 参见［奥］弗洛伊德：《释梦》，孙名之译，商务印书馆，2002年，第613页。

的神秘力量来解释心理活动的方式。[1] 而布伦塔诺认为，阐明内在经验中即刻呈现的内容，首先对主观状况进行描述，这样的工作不是心理生理学的，而是纯粹心理学的，这样的工作先行于心理生理学，正如描述科学（descriptive sciences）一般先行于发生的科学（genetic sciences），解剖学先于生理学。[2] 这也就是说，布伦塔诺自己所确立的科学工作目标与李普斯和弗洛伊德是不一样的，他们关于无意识的论述并不存在实质的冲突。

三、布伦塔诺的内意识分类及其中存在的问题

布伦塔诺经过详细考察后认为，伴随每种心理现象的内意识都包含一种表象、一种认识与一种情感，这对应于心理现象就是三种类型，表象、判断和爱恨现象，对应于心理活动（心理行为）而言，就是表象行为、判断行为、爱恨行为。

布伦塔诺对心理现象的分类与柏拉图从先天结构中以伦理学角度对灵魂的分类在做法上是有区别的。在柏拉图那里，灵魂分为欲望、激情和理智三部分，对应于劳动阶层、武士阶层和统治者阶层。布伦塔诺认为这种划分是基于伦理学的考虑，因而是不完备的，而他自己的分类则是从对所划分对象的研究中产生的，而不是从一种先天结构中产生的。[3] 这即意味着，他不主张先于知识经验的分类，他的划分是基于对内意识的最原初的考察和分析而形成的。孔狄亚克（E. B. Condillac，1714—1780）说：“若要获得真正的认识，必须重新开始，不让流传的说法占得先机。”[4]

---

[1] 参见 Theodor Lipps，“Der Begriff des Unbewussten in der Psychologie”（Papier präsentiert auf der III. Internationaler Congress Für Psychogie in Müchen，Verlag von J. F. Lchmann，Müchen，1896，S. 12）。

[2] 参见 Robin D. Rollinger，*Husserl's Position in the School of Brentano*，p. 24。

[3] 参见布伦塔诺：《从经验立场出发的心理学》，第 212、231 页。

[4] ［法］艾蒂安·德·孔狄亚克：《孔狄亚克哲学三篇》，石左虎译，上海人民出版社，2018 年，第 208 页。

这正是布伦塔诺的研究态度。

与柏拉图相比，布伦塔诺更看重的是亚里士多德的划分方式。在这个划分中，心理行为被划分为广义上的思维和广义上的欲求。前者不仅包含抽象、判断、科学推理等高级的理智活动，也包括感知、想象、记忆和基于经验的预期，而后者是不属于思维的心理现象。除布伦塔诺外，沃尔夫（C. Wolff，1679—1754）、里得（T. Reid，1710—1796）、布朗（T. Brown，1778—1820）的划分方式也与亚里士多德相似。18 世纪著名的心理学家泰滕斯（J. N. Tetens，1736—1807）和门德尔松（M. Mendelssohn，1729—1786）虽然也将心理行为划分为三种类型，但其具体做法与亚里士多德等人是不同的，其认为每一种心理行为类型都具有特殊的心理能力，于此，泰滕斯分为感受、理解力、行动力（意欲），门德尔松则分为认识能力、感受或赞许能力、欲求能力。康德（I. Kant，1724—1804）采纳的正是这两位的划分，将其作为自己批判哲学的分类基础。[1] 对灵魂，或内意识，或心理现象，或心理能力的划分见下表：[2]

<table>
<tr><th>康德（柏拉图）</th><th>泰滕斯</th><th>门德尔松</th><th>布伦塔诺</th><th>亚里士多德</th></tr>
<tr><td rowspan="2">知（纯粹理性）</td><td rowspan="2">理解力</td><td rowspan="2">认识能力</td><td>表象</td><td rowspan="2">广义的思维</td></tr>
<tr><td>判断（认识）</td></tr>
<tr><td>情（判断力）</td><td>感受</td><td>感受或赞许能力</td><td rowspan="2">爱或恨（情感）</td><td rowspan="2">广义的欲求</td></tr>
<tr><td>意（实践理性）</td><td>行动力</td><td>欲求能力（意欲）</td></tr>
</table>

按照 Rollinger 的述评，布伦塔诺的划分是对“将心理现象分为思维、

[1] 参见布伦塔诺：《从经验立场出发的心理学》，第 214—216 页。

[2] 灵魂（nous）、精神（psyche）、心理（mental）等在古代哲学家的用法中都是指精神现象方面，与“自然”相对应，心（mind）、意识（consciousness）、思维（thinking）等都是后来指这方面现象的用词，在文献中这类词还有一些。

感受、意愿的流行的康德式分类的挑战”。[1] 与康德等拥有广泛的认同基础且在很长时间段内占据统治地位的三分法相比，布伦塔诺的划分缺少足够的关注。在他的划分中，理解力被分为表象和判断，而感受和意欲被合并为“爱或恨”。布伦塔诺认为，“属于这三种类型的心理现象都是非常紧密地结合在一起的”，“三种类型之间可以相互派生”，且由于每种意识状态都是统一体，“三种行为能力的每一种都能够在其中呈现”。在这三种现象中，存在一个排序，表象是三种现象中最为简单的和最为独立的，判断和爱通常都包含着表象。由于表象是基础，所以它也是最普遍的。排在第二位的是判断，是表象之后最简单的类型。因为判断只是基于表象，而非基于爱恨现象，所以它可以脱离爱恨而存在。排在第三位的是爱恨现象，因为爱恨与信念有关，恐惧或希望的形式，则都是依赖于对被爱对象的实存与否、可能与否做出的判断。[2] 相比而言，布伦塔诺的这一划分更为合理。

实质上，布伦塔诺的划分更为接近康德之先的笛卡儿（R. Descartes, 1596—1650）。在《第一哲学沉思集》中，笛卡儿认为思维有两种形式：一种是影像，如想起一个人、一个天使的时候，存在的就是这样的形式；另一种是体现在我的意愿、害怕、肯定、否定行为中的，一些叫作意志或情感，一些叫作判断。[3] 在这样的认识中，笛卡儿显然是把判断和情感视为类型上接近的东西。而布伦塔诺划分的每一个类型都有更为具体的意义，意义之间具有明确的生成关系。布伦塔诺在分类时明确指出，表象就是某种东西的呈现，如声音、颜色、意象的呈现，判断就是拒绝或接受。而第三类爱恨现象是指除前两种之外的所有心理现象，姑且可以称之为情感和兴趣，如愤怒和忧虑，兴趣指惊讶和好奇。为体现表述的严格性，布伦塔诺以“爱或恨”取代前面的表述，或单以“爱”简便称谓。

在《我们对与错的认识起源》中，布伦塔诺充分肯定了笛卡儿的做

---

[1] Robin D. Rollinger, *Husserl's Position in the School of Brentano*, p. 34.
[2] 参见布伦塔诺：《从经验立场出发的心理学》，第311、313—314页。
[3] 参见［法］笛卡尔：《第一哲学沉思集》，庞景仁译，商务印书馆，2009年，第39—40页。

法，批评了将表象和判断划分为同一个基本类型的做法。在他看来，表象可以不依赖于判断而存在，将表象随意组合和关联起来时，并不表示这就是判断，如："绿树""金山""一百个孩子的父亲""科学的朋友"等，并不是我们所做的判断。而判断除了要有"确定对象的观念或表象之外，其次还有指向该对象的意向关系。这种关系要么是肯定的，要么是否定的，即接受或拒绝的关系"[1]。

这一论述清楚表明表象和判断需要划分到不同层级。但对于判断和爱恨现象（意愿或情感）之间的奠基关系，布伦塔诺并没有给出具有说服力的论证，这之中还存在一些矛盾。

这样的矛盾实则在布伦塔诺的著述中也有体现。基于布伦塔诺在《从经验立场出发的心理学》（初版1874年）中的论述，我们会倾向于认为在表象、判断、情感（爱恨现象）三者之间具有一个由低到高、由简单到复杂的层级上的关系，但实质上，在后两者之间并不必然具有这样一种层级关系。我们需要注意到的是，在布伦塔诺后来的（1889年《我们对与错的认识起源》）思考中，他再度引述笛卡儿的思想，认为其论述（引文如前）还表明这样的认识：意志不仅对意志自身做出决定，而且也对判断做出决定。[2] 如果这样来看，意志的东西显然优先于判断而存在，依此，心理行为就可以分为表象、意志、判断三个层级。但这显然与布伦塔诺之前所做的三个层级的划分产生了明显的矛盾。布伦塔诺在这部分论述中没有再明确强调爱恨现象（情感）是基于判断的观点，对此他似乎有所疑虑，或已经看到了之前分析的不足。在1911年《从经验立场出发的心理学》再印时，布伦塔诺在序言中表明自己没有对正文内容再做修订，仅在再印版附录表达了一些修订观点，其中说："判断与情感态度只是奠基于直接样态的表象上，而不奠基于间接样态的表象上。"[3] 这可以看作是对1889

[1] Franz Brentano, *The Origin of Our Knowledge of Right and Wrong*, trans. R. M. Chisholm and E. H. Schneewind (London: Routledge and Kegan Paul, 2009), pp. 9—10.

[2] 参见 Franz Brentano, *The Origin of Our Knowledge of Right and Wrong*, p. 34。

[3] 布伦塔诺：《从经验立场出发的心理学》，第329页。

年《我们对与错的认识起源》中所存疑虑的解答，也是对初版中思想的一些纠正，但相关论述中没再强调和修正此前的划分。

基于布伦塔诺前后的这些分析和认识，无论是将内意识或心理现象划分为表象、认识（判断）、情感（爱恨现象）三个具有递进关系的层次，还是划分为表象、意志（情感或爱恨现象）、判断这三个具有递进关系的层次，都不是完全合适的。在笔者看来，布伦塔诺对内意识或心理现象的分类应该确立为两个层次三个类型更为合适：第一个层次是表象，这是构成第二个层次的基础；第二个层次包含判断和爱恨现象。如此一来，在描述心理学中，判断和爱恨现象都是表象之间的关系，爱恨现象是判断的一个类型，以此，通过对心理现象的内在的知觉（内感知），就可以将它们的要素逐一描述出来而予以进一步研究。需要说明的是，这里的判断显然可以具有双重的含义，一是指简单类型，二是指复杂类型。但在发生的次序上，爱恨现象（意志、情感）是否基于简单类型的判断是不一定的，但在认识和分析爱恨现象时，可以将其分解为简单类型的判断予以进一步认识。

四、结语

布伦塔诺论述内意识是为了进一步阐明描述心理学的立场和方法。描述心理学的立场是经验主义的，其方法是描述的，因而在方法上排除形而上学的预设，如排除“无意识”的存在。按照已有研究中的归纳，描述心理学的主要步骤是：“最初在内感知中与现象相遇，然后分析给予内感知的内容，最后从其中归纳推理出自然规律。”[1] 可见，描述是为了形成表象、判断、爱恨现象的规律性认识。

布伦塔诺对内意识的相关论述在心理学和哲学史上影响长远。当代高阶意识理论和自我表征主义试图解释我们心理状态的意识研究，早已在布

[1] Uriah Kriegel (eds.), *The Routledge Handbook of Franz Brentano and the Brentano School* (London and New York: Routledge, 2017), p. 2.

伦塔诺那里就以内意识的名义探讨过了。[1] 除前面所论及的哲学家外，其同时代的心理学家威廉·詹姆斯（W. James，1842—1910）在《心理学原理》中多次引证其著作，也几乎是以与其同样的方式反驳了可以证明无意识存在的十种论证。[2] 心理的无意识一直是备受尊崇的一个问题，不仅布伦塔诺之前的哲学史中有所论及，其同时代的哈特曼更是著有皇皇三卷本的《无意识哲学》（*Philosophie des Unbewussten*），[3] 随着认知心理学转变为认知神经心理学，研究人员在脑损伤患者的行为中看到了心理无意识的证据，研究了与之相关的健忘症与遗忘综合征问题。[4] 这是否否定了布伦塔诺的相关思想呢？不会。其中的无意识指的是无法感知但却影响心理活动的那些有待研究的因素，确切地说是生理学的研究对象。按照布伦塔诺的说法，描述心理学（descriptive psychology）先行于发生的科学（genetic psychology），因此，如果没有在描述心理学意义上对意识问题的厘定，那么，后来的心理生理学研究中就难以形成清晰的无意识问题以替代用灵魂这样的概念对心理行为予以神秘解释的做法。可以说，这些研究不是对布伦塔诺的否定，而是其思想和问题的延续。

创立描述心理学是布伦塔诺的重要贡献，对内意识的论述是这一工作的重中之重。18 世纪以来，创立一门科学是德国学者的最高理想，布伦塔诺无疑是此中的代表性人物，他不仅卓有成就，创立了描述心理学，教导的学生也创立了精神分析学、格式塔心理学、现象学。他总是努力把握科学问题的历史脉络，深入、周全地推进对问题的研究。布伦塔诺通过对内

---

[1] 参见 Andrea Marchesi，"Brentanian Inner Consciousness and the Infinite Regress Problem，" pp. 129—147。

[2] 参见［美］威廉·詹姆斯：《心理学原理》，方双虎等译，北京师范大学出版社，2019 年，第 170—181 页。

[3] 无意识在该书中的要义是反射行为、人类的各种心理本能（如厌恶、羞耻、死亡恐惧）、意识的起源问题等。参见 Dennis N. Kenedy Darnoi，*The Unconsciousness and Eduard von Hartmann：A Historico-Critical Monograph*（Netherlands：Martinus Nijhoff/the Hague，1967），pp. 32—54。

[4] 参见 John F. Kihlstrom，"The continuum of consciousness"（paper presented at the Claremont Conference on Consciousness and Cognition，Claremont，California，1993，pp. 334—354）。

意识及关联问题的深入研究，使得描述心理学的研究对象、立场和方法获得了充分的阐明。

On Brentano's Concept of Inner Consciousness

(Ge Xia, School of Philosophy, Shaanxi Normal University, Xi'an, 710199)

Abstract: In Brentano's argument, inner consciousness is the perception of mental phenomena. Brentano, in "*Psychology from an Empirical Standpoint*", discusses in detail the subjects of this science, namely mental phenomena, and elaborates on position and method of descriptive psychology through a discussion of inner consciousness. Brentano's discussion of inner consciousness can be summarized into three parts: the relationship between inner consciousness and mental phenomena, the problem of inner consciousness and unconsciousness, and the classification of inner consciousness. In addition, there are many issues worth exploring in the study of Brentano's concept of inner consciousness, such as the ideological connection between Brentano's concept of inner consciousness and Husserl's concept of inner consciousness, the difference between Brentano and Freud, Lacan's concept of the unconscious, the disagreement between Brentano and his contemporary psychologist Lipps on the issue of the unconscious, and the significance of Brentano's classification of inner consciousness in the history of philosophy, etc.

Keywords: Brentano; inner consciousness; mental phenomenon; unconscious; epistemology

马克思博士论文的“自我意识”概念及其理性主体维度

汪　洋*

摘要：马克思博士论文的自我意识概念是对伊壁鸠鲁派、斯多葛派、怀疑派哲学自我意识概念的扬弃和否定，这种扬弃和否定正凸显出马克思博士论文自我意识概念不同于伊壁鸠鲁派、斯多葛派、怀疑派哲学自我意识概念的理性主体维度。马克思博士论文自我意识概念的理性主体维度是西方近代哲学理性主体的环节和体现，但同时它依靠“定在中的自由”“世界的哲学化和哲学的世界化”等观点又蕴含着超出这种理性主体的可能，从而呈现出与唯心的理性主体的不同特征，并通过赋予主体以更多丰富的维度，预示着未来感性的自我意识的历史生成。

关键词：马克思博士论文；自我意识；理性主体；定在中的自由

马克思博士论文的题目是《德谟克利特的自然哲学和伊壁鸠鲁的自然哲学的差别》，其看似研究的是古希腊哲学的自然哲学问题，然而其真正要表达的思想内核是近代自我意识哲学。正如马克思将哲学的自白概括为，哲学“它反对一切天上的和地上的神，这些神不承认人的自我意识具有最高的神性，不应该有任何神同人的自我意识相并列”[1]。如果说，欧洲的文艺复兴是借恢复古希腊和古罗马文化之名，为近代资产阶级的兴起和发展奠定基础的文化运动，那么马克思博士论文就是借研究古希腊自然哲学之名，确立近代自我意识哲学和理性主体的思想成果。不过，马克思

* 作者简介：汪洋，武汉大学哲学学院博士研究生，研究方向为马克思主义哲学基础理论。电子邮箱：1064734453@ qq. com。

[1] 《马克思恩格斯全集》第 40 卷，人民出版社，1982 年，第 190 页。

在为自我意识和理性主体张目的同时，就已经隐隐预见到理性主体的局限。这一局限的发现也将马克思与同时代的思想家拉开差距，促成了马克思对理性主体的反思和主体其他维度的思考。

一、马克思对伊壁鸠鲁派、斯多葛派、怀疑派的自我意识概念的认识

要理解马克思博士论文的自我意识概念，首先要理解马克思对伊壁鸠鲁派、斯多葛派、怀疑派（以下简称“三派”）的自我意识概念的认识。在马克思看来，希腊哲学的历史出现了一种奇怪的断裂，“在希腊，哲学的客观历史似乎在亚里士多德这个希腊哲学中的马其顿王亚历山大那里就停止了”[1]，“伊壁鸠鲁派、斯多葛派、怀疑派几乎被看作一种不合适的附加品，同他们的巨大前提没有任何关系”[2]。马克思看到希腊哲学中亚里士多德哲学和三派哲学的断裂，这种断裂甚至被表述为希腊哲学和罗马哲学的断裂。关于希腊哲学和罗马哲学的本质特征，黑格尔有过精要的概括。黑格尔指出，亚里士多德哲学的本质特征就是“看到了对于理念或共相的意识，这本身就是目的——意识到一个普遍的，但同时又是自身规定的原则，因而能够以这个原则统摄特殊，并应用到特殊上去”[3]。而这种对理念或共相的强调终于导致普遍共相应用于所有特殊的东西，这种独断主义一旦将自我意识作为规定一切的原则，三派的本质特征就显现了：“它的原则，由于是形式的，所以是主观的；因此它具有自我意识的主观性……自我意识对于自身的纯粹关系，就是所有这几派哲学的原则。”[4] 黑格尔的概括表明，三派的自我意识概念并非凭空产生，而是在亚里士多德哲学重视理念或共相的哲学路径上的延伸。

---

[1] 《马克思恩格斯全集》第40卷，第193页。

[2] 同上。

[3] [德] 黑格尔：《哲学史讲演录》第三卷，贺麟、王太庆译，上海人民出版社，2013年，第5页。

[4] 同上书，第6页。

不仅如此，三派的哲学原则和对自我意识的理解还具有细节上的差别：“斯多葛派哲学把抽象思维当成原则；伊壁鸠鲁派把感觉当成原则；而怀疑主义则是对一切原则持否定态度，而且是行动性的否定。”[1] 这些细节上的差别仿佛重演着希腊哲学初期的哲人观点和派别之争，这也从侧面反映出三派哲学与希腊哲学的内在联系。不过，无论三派哲学与亚里士多德哲学存在着多少异同之处，三派哲学的自我意识概念都超出了希腊哲学的逻辑框架，即把一切事物客体化。“希腊哲学的全部局限在于直接性和客观性。如果事物是什么，思想就表现为什么，那么这里实际上只有知识并无任何思想。所以，严格来说，希腊哲学并没有达到思想的水平。”[2] 姑且放下黑格尔对希腊哲学有无达到思想的水平的判断，我们更应当聚焦于三派哲学自我意识概念的真正指向。从哲学史的发展来看，三派哲学的自我意识概念是希腊哲学特别是亚里士多德哲学强调理念或共相的哲学路径上的极端化结果。而从哲学与现实的相关性来看，三派哲学的自我意识概念并未超出希腊哲学乃至整个西方中世纪哲学个体主体隐没于集体实体的现状。这一点，黑格尔也说得十分清楚。三派哲学“与罗马世界相反对，并不适合于［罗马人］那种理性的实践的自我意识，因而被迫从外面的现实世界退回到自身，只是在自身内、为着自己个人而寻求合理性——只关心自己，正如抽象的基督徒只关心自己灵魂的拯救一样”。[3] 也就是说，三派哲学的自我意识概念不是完全从充分自由的理性主体中产生的主动原则，而是被迫从外面的世界退回到自身的被动原则。“罗马……是一个［冷酷的］统治、一个霸主支配着文明的世界。各族人民的个性被压抑着；一个异己的权力、一个抽象的共相沉重地压在每个人头上。”[4] 在强大的国家权力、宗教共同体等集体实体的压制下，三派哲学的自我意识概念有些类似中国道家庄子般“相忘于江湖”的自我告慰，

---

[1] 黑格尔：《哲学史讲演录》第三卷，第9页。

[2] 赵凯荣、邢学军：《马克思博士论文的独特理论贡献——对黑格尔的超越及自我意识哲学的新突破》，《武汉大学学报》（人文科学版）2012年第3期。

[3] 黑格尔：《哲学史讲演录》第三卷，第7页。

[4] 同上书，第8页。

"主体……赢得了精神的自由和独立。这是主体本身的内心的自由；这种精神的自由、这种不动心、这种漠不关心、宁静不摇、平静不扰、精神上的等视一切，不受外物干扰，不受外物牵连，乃是所有这几派哲学的共同目的"。[1]

可见，三派哲学的自我意识概念并非脱胎于近代以来独立于集体实体的主体，而是由深陷集体实体之中的心灵哲学和伦理学创造。马克思把三派哲学蕴含的精神表述为"充满了特殊性格的、强有力的、永恒的本质，以致现代世界也应该承认它们的充分的精神上的公民权"[2]。在马克思那里，作为真正从集体实体中独立出来的个体主体意识，自我意识概念具有与三派哲学形式相似但内容却完全不同的内涵，从而真正具有现代世界精神上的公民权。

二、马克思博士论文的自我意识概念

理解了三派的自我意识概念，就能理解马克思对三派哲学，特别是对伊壁鸠鲁自然哲学的自我意识概念的利用和改造。这一利用和改造的方法就是将笼罩在伊壁鸠鲁自然哲学的自我意识概念的集体实体迷雾驱散，从而使一个个感性鲜活的、不受实体力量限制的个体主体显现出来，成为哲学的新的原则。

在马克思看来，三派哲学"自我意识的一切环节都得到充分表述，不过每个环节都被表述为一个特殊的存在……这些体系合在一起形成自我意识的完备的结构"。[3] 既然马克思博士论文的自我意识概念是对三派哲学的利用和改造，那么其逻辑结构也具有与三派哲学自我意识概念相似的特征。概括而言，马克思博士论文的自我意识概念具有这样的逻辑结构：从普遍性的思维原则过渡到个别性的感觉原则，再否定性地综合两者。自我

[1] 黑格尔：《哲学史讲演录》第三卷，第 9 页。
[2] 《马克思恩格斯全集》第 40 卷，第 194 页。
[3] 同上书，第 195 页。

意识概念之所以呈现这样的一种逻辑结构和进程，是因为三派哲学本身就是这种逻辑结构的环节。独断哲学“有三个原则是必然的：（一）思维的原则，即普遍性本身的原则，而这个普遍性本身是确定的；思维是真理的标准，是规定真理的东西。（二）与思维对立的一方是特定的东西本身，是个别性的原则，也就是一般的感觉、知觉、直观。以上就是斯多葛派哲学和伊壁鸠鲁派哲学的原则……（三）在斯多葛主义和伊壁鸠鲁主义以外，存在着第三者，怀疑主义，这是前面两种片面性的否定”[1]。

首先，马克思博士论文的自我意识概念呈现为普遍性的思维原则。自我意识呈现为普遍的思维原则，这看似是希腊哲学对存在的抽象而获得形而上学实体的哲学翻版，但其实质内容却完全是由理性的自我意识所确定的。也就是说，呈现为普遍思维原则的自我意识在这里，不再是外在于我的、通过抽象思维而获得的客观世界和知识，而是内在于我的、依靠我的自我意识来确认的普遍思维原则。马克思指出，包括亚里士多德哲学及其以后的哲学体系中，三派哲学的主观形式，“即这些哲学体系的精神承担者，由于它们的形而上学的特点，直到现在几乎完全被遗忘了”[2]。因此，马克思所做的改造工作就是剔除这些哲学体系中形而上学的因素，重新将普遍性的思维原则视为内在于自我意识的哲学原则。

具体而言，马克思利用和改造了“必然性”和“偶然性”这两个概念，将普遍的思维原则从外部世界导回自我意识自身。一方面，就“必然性”概念而言，德谟克利特“把必然性看作现实性的反思形式”[3]，他认为必然性只是对现实事物存在及其规律的哲学抽象，是外在于自我意识的客体。而伊壁鸠鲁则认为，“‘被某些人当作万物的主宰的必然性，是不存在的……在必然性中生活，并不是一个必然性’”。[4] 必然性不是必然，而是一种伊壁鸠鲁认为可遵循但他不认可的生活方式。另一方面，就“偶

[1] 黑格尔：《哲学史讲演录》第三卷，第9页。
[2] 《马克思恩格斯全集》第40卷，第195页。
[3] 同上书，第203页。
[4] 同上书，第204页。

然性”概念而言，“凡在一般的东西和神性的东西开始的地方，德谟克利特的必然性概念和偶然便没有差别了”[1]，而伊壁鸠鲁则认为“‘应该承认的是偶然，而不是众人所相信的神’”[2]。在德谟克利特和伊壁鸠鲁对待“必然性”和“偶然性”两个概念的不同态度上，我们可以看到，德谟克利特更多的是在理论意识层面讨论这两个概念，而伊壁鸠鲁更多的是在实践活动层面看待这两个概念的。他们态度上的差别恰好反映了思维与存在的关系问题，而马克思对这两个概念的利用和改造，正包含着对思维和存在关系的新理解。

德谟克利特这类哲学家“在世界和思想之间所建立的一般关系中，他只是为自己而把他的特殊意识同现实世界的关系客观化了”[3]，伊壁鸠鲁则反对形而上学的必然性，把偶然看作一种与实在的可能性相对立的抽象的可能性，正是在这里，马克思指出“实在的可能性力求证明它的客体的必然性和现实性；而抽象的可能性感兴趣的不是被说明的客体，而是作出说明的主体。它只要求这对象是可能的，是可以想象的。凡是抽象的可能的东西，凡是可以想象的东西，它就不会妨碍思维着的主体，也不会成为这个主体的界限”。[4] 也就是说，在马克思看来，无论是“必然性”“偶然性”抑或是任何其他想象出来的概念，都是思维着的主体的自我意识的活动，都是为我的而非为他的，都是主观的而非客观的。思维和存在的关系问题的回答就不再是思维符合存在或者存在符合思维，而是思维和存在都是自我意识的对象，都要符合我的自我意识。而且这种符合不是伊壁鸠鲁式的出于逃避现实集体实体力量的被动符合，而是完全出于主体的理性思维能力的主动符合和主动规定。于是，在这种利用和改造中，无论是抽象的思维还是抽象的存在，都成了普遍的思维原则，都成为自我意识的逻辑环节和呈现。

---

[1] 《马克思恩格斯全集》第40卷，第205页。
[2] 同上书，第204页。
[3] 同上书，第203页。
[4] 同上书，第206页。

其次，马克思博士论文的自我意识概念呈现为个别性的感觉原则。自我意识概念从普遍性的思维原则过渡到个别性的感觉原则，这依赖于对伊壁鸠鲁自然哲学，特别是对其原子论的利用和改造。德谟克利特和伊壁鸠鲁都承认原子在虚空中的两种运动，即原子直线式的下落运动和原子由于许多原子互相排斥而引起的运动，但伊壁鸠鲁认为原子还存在一种偏离直线的运动。原子直线式的下落运动，恰好反映了原子概念中纯粹物质性存在和纯粹形式，即质料和形式矛盾关系的解决，这种解决是以原子对与原子相对立的存在给予否定的定在，即直线的方式实现的。而对原子直线下落“这一运动的直接否定乃是另外一种运动，因此，这一运动本身如果被想象为空间性的话，就是偏离直线的运动”[1]。

在伊壁鸠鲁那里，原子偏离直线的运动，正可以看作偶然对必然、特殊对普遍的反抗。“伊壁鸠鲁一般地否认概念和普遍的东西是本质。一切产生都是偶然的结合，这些结合又都偶然地分解……偶然既是支配一切的东西，因此一切目的性以至世界的整个最终目的也就一起消失了。”[2] 可见，伊壁鸠鲁强调偶然性和特殊性是为了消解必然性和普遍原则对人思想和行为的限制，其自然哲学真正指向的是回答如何幸福地生活的伦理学。而马克思利用和改造了伊壁鸠鲁关于原子偏离直线运动的思想。“原子偏离直线并不是特殊的、偶然出现在伊壁鸠鲁物理学中的规定。相反，偏斜所表现的规律贯穿于整个伊壁鸠鲁哲学”[3]，这一贯穿伊壁鸠鲁哲学的偏斜原则，马克思将其界定为“抽象的个体性”或“抽象的个别性”。“抽象的个体性只有对那个与其相对立的定在进行抽象，才能实现它的概念——它的形式规定、纯粹的自为存在、不依赖于直接定在的独立性、一切相对性的扬弃。”[4] 就原子概念和原子运动而言，原子是对纷繁的、感性的物质世界的抽象和否定，直线是原子的纯粹形式以空间化的形态对与

[1] 《马克思恩格斯全集》第40卷，第212页。
[2] 黑格尔：《哲学史讲演录》第三卷，第64页。
[3] 《马克思恩格斯全集》第40卷，第214页。
[4] 同上书，第214页。

之相对的原子质料性存在的否定，而原子偏离直线的运动是对直线运动这一固有运动形式的否定。概念只有在不断否定自身中才能不断自我确证，这也说明了自我意识概念从普遍性的思维原则过渡到个别性的感觉原则的原因。因此，马克思不仅将原子的偏斜原则用“抽象的个体性”加以概括，更说明了这一“抽象个体性”的否定之否定原则。“这种偏斜中所包含的东西——即原子对于他物的一切关系的否定——必须予以实现，必须以肯定的形式表现出来”[1]，而这正是以对原子自身的肯定实现的。

“正如原子不外是抽象的、个别的自我意识的自然形式，感性的自然也只是客观化了的、经验的、个别的自我意识，而这就是感性的自我意识。”[2] 实际上，在马克思看来，无论是具有质料和形式双重规定的原子，还是对定在抽象而得的“抽象的个体性”，他们都是自我意识的代名词，他们看似脱离了感觉和感性世界，但其根基却体现着自我意识的个别性感觉原则。“所以一个人，只有当同他发生关系的另一个人不是一个不同于他的存在，而他本身，即使还不是精神，也是一个个别的人时，这个人才不再是自然的产物。但是要使作为人的人成为他自己的唯一真实的客体，他就必须在他自身中打破他的相对的定在，欲望的力量和纯粹自然的力量。”[3] 自我意识以普遍性的思维原则将思维和存在都看作是自我意识的对象，当自我意识不以把握外在的客体作为对象来确证自身，转而以自我为对象时，自我意识的个别性感觉原则就得以显现。从自我意识的普遍性的思维原则过渡到自我意识的个别性感觉原则，自我意识正历经着从他物出发，向自身返还的对象性和自我确证过程。

最后，马克思博士论文的自我意识概念呈现为对普遍性的思维原则和个别性的感觉原则的否定综合。要理解自我意识对前面两个环节和原则的否定综合，必须先了解前两个环节和原则存在的局限性，而马克思对伊壁鸠鲁原子论内在矛盾的分析很好地说明了它们各自的局限。“若就原子的

[1] 《马克思恩格斯全集》第40卷，第215页。
[2] 同上书，第233页。
[3] 同上书，第216页。

纯粹概念来思维原子，则它的存在就是空虚的空间，被毁灭了的自然；若就原子的进入现实界而言，它就下降到物质的基础，这个物质基础，作为充满多种多样关系的世界的负荷者，永远只以存在于对它漠不相干的和外在的形式中。”[1] 与原子一样，自我意识如果以纯粹概念来确证自身，那么自我意识将没有现实根基，或者说连概念得以抽象的现实事物本身都无法获取，自我意识的根基就是无；反之，自我意识如果进入现实，下降到对现实事物的把握，那么就将停留于对纷繁复杂的现实事物的外在形式之中而无法反观和返回自身。这也就是说，自我意识虽然呈现为普遍性的思维原则和个别性的感觉原则，但同样容易沉湎于其中的一种原则而具有片面性。这种片面性也是伊壁鸠鲁的哲学倾向导致的。“伊壁鸠鲁……喜欢把一个概念的不同的规定看作不同的独立的存在……在他那里，发展的每一环节立即就转变成固定的、仿佛被空虚的空间从整体的联系中分离开来的现实。每个规定都采取了孤立的个体性的形式”[2]。马克思指出，伊壁鸠鲁原子论的认识方式使得他将自我意识的各个环节都看作孤立的存在，他无法洞悉各个环节之间的内在联系，更看不到它们之间相互否定从而达到更高程度上的综合的可能路径。

三派中的怀疑派哲学固然否定了普遍性的思维原则和个别性的感觉原则，或者说，怀疑派哲学否定一切原则，它将个人的、个别的自我意识普遍化了，即每个个人都是一切原则的否定者，每个个体的自我意识都是他所面对的一切的普遍原则。怀疑论哲学的这种倾向表明，它的“自我意识乃是这种分裂了的意识……正是在这种取消一切的运动中，意识对完全偶然地出现在它面前的东西，对向它呈现的东西，都一律漠然视之”[3]。在这里，怀疑派的自我意识只能以否定一切的方式来保持和确证自身的坚实性和不动性，它厌弃思维，厌弃感觉，厌弃一切使之感到不安和不稳定的东西。怀疑派的自我意识“所达到的，是向自己的内心深入……是精神本

[1] 《马克思恩格斯全集》第40卷，第228页。
[2] 同上书，第226页。
[3] 黑格尔：《哲学史讲演录》第三卷，第145页。

身的无限性的意识……在罗马，精神是从这个外在的、僵死的世界，从罗马原则的抽象（共和政体和帝王专制）逃回到自身——从一个不能给它任何解脱的现实中逃回到心灵”[1]。很明显，怀疑派的自我意识虽然否定了一切原则，真正地确立了自我意识的为我性，但这种否定和确立都不是出于自我意识的理性主体的主动，而是被迫无奈的、退缩式的、无路可退的否定和确立。

因此，无论是伊壁鸠鲁孤立化、片面性的哲学倾向还是怀疑派哲学被动的、分裂的自我意识，都无法真正实现自我意识对普遍性的思维原则和个别性的感觉原则的否定综合，而在马克思看来，这种否定综合表现为两种路径，一是自我意识中本质和存在的综合，二是自我意识中个体和类的综合。

一方面，马克思借助了伊壁鸠鲁自然哲学的天体概念来实现自我意识中本质和存在的综合。“整个伊壁鸠鲁的自然哲学……贯穿着本质和存在、形式和物质的矛盾。但是在天体中这个矛盾消除了，这些互相争斗的环节和解了。在天体系统里，物质在自身内接受了形式，在自身内包括了个体性，因而获得它的独立性。但在达到这一点后，它也就不再作为抽象自我意识的肯定。”[2] 本质与存在的否定综合是这样一种否定综合，具有本质的存在以形式否定了存在的纯粹物质性，具有存在的本质以物质否定了本质的纯粹形式性，普遍的本质和个别的存在一经结合，“物质已经和形式和解并成为独立的东西，个别的自我意识便脱颖而出，宣称它自己是真实的原理，并敌视那独立了的自然”[3]。而个别的自我意识对独立了的自然的敌视，正引出自我意识对普遍性的思维原则和个别性的感觉原则的否定综合的另一个方面，即自我意识中个体和类的综合。

另一方面，马克思首先借助伊壁鸠鲁的原子之间的排斥思想来说明自我意识中个体和类的矛盾。“排斥是自我意识的最初形式；因此，它是同

[1] 《马克思恩格斯全集》第40卷，第145—146页。
[2] 同上书，第240页。
[3] 同上。

那种自认为是直接存在着的、抽象单一的自我意识相适应的”[1]，“直接存在着的”标识自我意识的感觉现实性，“抽象”标识自我意识的普遍性思维原则，“单一”标识自我意识的个别性，因此，原子之间的排斥可以看作自我意识之间的排斥和冲突，也就是自我意识中个体和类的矛盾。在自我意识个体和类的综合上，马克思强调了政治领域的契约和社会生活中的友谊。契约是个体自我意识在政治生活中解决其与类自我意识之间矛盾的应用，友谊是个体自我意识在社会生活中实现其与类自我意识共存的应用，契约和友谊是解决自我意识中个体和类之间矛盾的现实方案。

自我意识在实现了本质与存在的综合、个体与类的综合的基础上，终于摒弃了三派哲学自我意识基于集体实体压制下的被动性质，只有在这时，自我意识才能既承认现实的他者，又遵循自我的原则，而这种自我意识正是近代理性主体的根本特征。

综而言之，马克思博士论文的自我意识概念呈现为从普遍性的思维原则过渡到个别性的感觉原则，再否定性地综合两者的逻辑结构。在这样的逻辑结构中，马克思利用和改造了三派哲学特别是伊壁鸠鲁哲学的内容，对其自我意识概念的三个环节或者说三重内涵进行了符合近代理性主体要求的阐释和改造，因而马克思博士论文自我意识概念始终表现出理性主体的维度。

三、马克思博士论文自我意识概念的理性主体维度

西方近代哲学从笛卡儿“我思故我在”的命题开始，就带有鲜明的理性主体特征。拥有自我意识的主体，充分地运用自己的理性能力，把包括自身在内的一切对象都纳入理性的考察范围内，即使是怀疑，也不过是理性的自我怀疑证明了自我意识的实存。如康德所言，“这个时代不能够再被虚假的知识拖后腿了，它是对理性的吁求，要求它重新接过它的一切任务中最困难的那件任务，即自我认识的任务，并委任一个法庭，这个法庭

[1] 《马克思恩格斯全集》第40卷，第216页。

能够受理理性的合法性保障的请求，相反，对于一切无根据的非分要求，不是通过强制命令，而是能按照理性的永恒不变的法则来处理。”[1] 在这里，自我意识与理性主体是同义语。自我意识就是表现为理性主体的自我意识，而并非为寻求心灵宁静的自我意识；理性主体就是自我意识的实现方式，理性主体对一切的考察最终都确证着自我意识。

马克思博士论文的自我意识概念同样表现出近代哲学以来的理性主体维度，它是对三派哲学自我意识概念的利用和改造，或者说扬弃和否定而形成的，因而其与三派自我意识概念形式相似，但实质不同。这一实质可以从马克思对伊壁鸠鲁哲学原理的概括和对伊壁鸠鲁的赞扬中窥见。“伊壁鸠鲁哲学的原理……是自我意识的绝对性和自由，尽管这个自我意识只是在个别性的形式上来理解的”[2]，“伊壁鸠鲁是最伟大的希腊启蒙思想家”[3]。这表明，自我意识的绝对性和自由就是启蒙精神的实质。

启蒙，即启发蒙昧，摆脱人加之于自身的不成熟状态，而启蒙要启发的蒙昧首先是宗教带来的蒙昧。马克思在博士论文的附录中揭示了宗教中神的存在证明的自我意识本质。“对神的存在的证明不外是对人的本质的自我意识存在的证明，对自我意识存在的逻辑说明”[4]，在马克思看来，神并不是人存在的根据，反过来，作为人的本质的自我意识才是神存在的证明。神这一概念，正是自我意识创造出的观念。在这一点上，马克思借普罗米修斯之口说“我痛恨所有的神”，这句话“是哲学的自白，它自己的格言，借以表示它反对一切天上的和地上的神，这些神不承认人的自我意识具有最高的神性。不应该有任何神同人的自我意识相并列。”[5] 人的自我意识的理性主体维度，即自由地运用自己的理性能力于一切对象之上的能力，才是马克思博士论文的旨趣和西方近代哲学的主题。理性主体，

---

[1] ［德］康德：《纯粹理性批判》，邓晓芒、杨祖陶译，人民出版社，2004年，第3页。

[2] 《马克思恩格斯全集》第40卷，第241页。

[3] 同上书，第242页。

[4] 同上书，第285页。

[5] 同上书，第190页。

不再屈服于任何内在的观念权威和外在的集体权威，它是真正的自我意识的实现，它从集体实体精神中脱离出来，自己做自己思想和行动的主人，它是绝对的、自由的、理性的主体。

然而，马克思博士论文自我意识概念的理性主体维度看似是绝对自由、不受限制的，但既然承认每个个体的自我意识都是自由的绝对原则，那一旦诸多个体、诸多个体的自我意识的不同原则发生冲突时，换句话说，理性主体之间发生冲突时，自我意识的绝对性就再次遇上对立面了，理性主体就遭遇其他理性主体的非难了。同时，理性主体虽然在自由地运用理性能力方面几乎无所不能，但一旦面对不符合理性原则的现实时，理性的强大能力在观念和现实的矛盾问题上就捉襟见肘了。马克思博士论文自我意识概念的理性主体维度立刻就面临着自己的局限性。面对这些问题和局限性，马克思在博士论文中的两个概念能够为问题的解决提供启发，一是“定在中的自由”，二是“世界的哲学化和哲学的世界化”。

马克思是这样描述“定在中的自由”的：“抽象的个别性是脱离定在的自由，而不是在定在中的自由……定在乃是使得它失掉自己的性质而成为物质的一个因素。”[1]“抽象的个别性”即个别的自我意识，定在即具有物质形式的原子和由原子组成的现实世界。个别的自由意识确实是自由的，或者说是由自的，但这种自由乃是脱离现实世界的自由，是完全与现实无关涉而只能对现实采取理论态度的自由。而“定在中的自由”这一概念，它承认了定在给予的规定，认可定在的现实性，在定在中，自由的、个别的自我意识可以与现实的人和事物进行超越理论态度的实践态度。因此，“定在中的自由”这一概念蕴含着马克思超越理性主体对待世界纯粹理论态度的内涵。

关于“世界的哲学化和哲学的世界化”，马克思这样写道：“世界的哲学化同时也就是哲学的世界化，哲学的实现同时也就是它的丧失，哲学在其外部所反对的东西就是它自己内在的缺陷，正是在斗争中它本身陷入了它所反对的错误，而且只有当它陷入这些错误时，它才消除掉这些错误。

---

[1]《马克思恩格斯全集》第40卷，第228页。

凡是反对它的东西、凡是它所反对的东西，总是跟它相同的东西，只不过具有相反的因素罢了。”[1] 马克思把哲学看作是自我意识，把世界看作是感性现实，因此世界的哲学化和哲学的世界化就等同于自我意识的感性现实化和感性现实的自我意识化。自我意识的感性现实化，就是使自我意识不单单成为一种理性的自由原则，更成为一种意志，一种能在现实中发挥力量改变现实的原则，自我意识的感性现实化就是自我意识的丧失，但这种丧失是以自我意识现实化为结果的。与自我意识对立的感性现实正是自我意识的感性缺陷，自我意识在感性现实化的过程中，丧失自己的理性原则，获得了感性的特征，从而不仅在理论中也在意志和实践中消除了自身纯粹的理性缺陷。因此，“世界的哲学化和哲学的世界化”这一概念包含着马克思对表现为感性现实的世界和表现为纯粹理性的哲学自我意识的和解。

总之，马克思博士论文自我意识概念的理性主体维度是西方近代哲学理性主体的环节和体现，但同时它依靠“定在中的自由”“世界的哲学化和哲学的世界化”等观点又蕴含着超出这种理性主体的可能。马克思博士论文的自我意识概念表明，近代以来，主体不能单单依靠理性来确立，理性不过是主体把握世界的方式之一，而且不是主体把握世界最为根本的方式。主体首先是感性地生活在世界之中，而后才发展出理性地把握世界的对象的能力，对主体概念的理解决定着对人自身的理解，从而决定着对历史的理解。

The concept of self - consciousness and its rational subject dimension in Marx's doctoral thesis

（Wang yang，School of Philosophy，Wuhan university，Wuhan，430072）

Abstract：The concept of self-consciousness in Marx's doctoral thesis is the sublation and negation of the concept of self-consciousness in Epicureans，Stoic

[1]《马克思恩格斯全集》第40卷，第258页。

and skeptical philosophy and this sublation and negation highlights the rational subject dimension of the concept of self-consciousness in Marx's doctoral thesis, which is different from the concept of self-consciousness in Epicureans, Stoic and skeptical philosophy. The rational subject dimension of the concept of self-consciousness in Marx's doctoral thesis is the link and embodiment of the rational subject of modern Western philosophy, meanwhile, it relies on the views of freedom in being determinate *and* the philosophization of the reality and the realization of the philosophy, which contains the possibility beyond modern western philosophy rational subject. Thus, the concept of self-consciousness in Marx's doctoral thesis presents different characteristics from the idealistic rational subject, and it heralds the historical generation of a future perceptual self-consciousness by giving the subject more rich dimensions.

Keywords: Marx's doctoral thesis; Self-consciousness; Rational subject; Freedom in being determinate

图书在版编目(CIP)数据

哲学评论. 第31辑/武汉大学哲学学院编. —长沙:岳麓书社,2023.5
ISBN 978-7-5538-1836-8

Ⅰ.①哲…　Ⅱ.①武…　Ⅲ.①哲学—文集　Ⅳ.①B-53

中国国家版本馆CIP数据核字(2023)第079109号

ZHEXUE PINGLUN DI 31 JI
哲学评论. 第31辑
编　　者:武汉大学哲学学院
责任编辑:刘　文　刘小敏
责任校对:舒　舍
封面设计:向　阳

岳麓书社出版发行
地址:湖南省长沙市爱民路47号
直销电话:0731-88804152　0731-88885616
邮编:410006

版次:2023年5月第1版
印次:2023年5月第1次印刷
开本:710mm×1000mm　1/16
印张:20.5
字数:315千字
书号:ISBN 978-7-5538-1836-8
定价:98.00元

承印:广东虎彩云印刷有限公司

如有印装质量问题,请与本社印务部联系
电话:0731-88884129